九州大学
人文学叢書
5

朝鮮中近世の公文書と国家

変革期の任命文書をめぐって

川西裕也

九州大学出版会

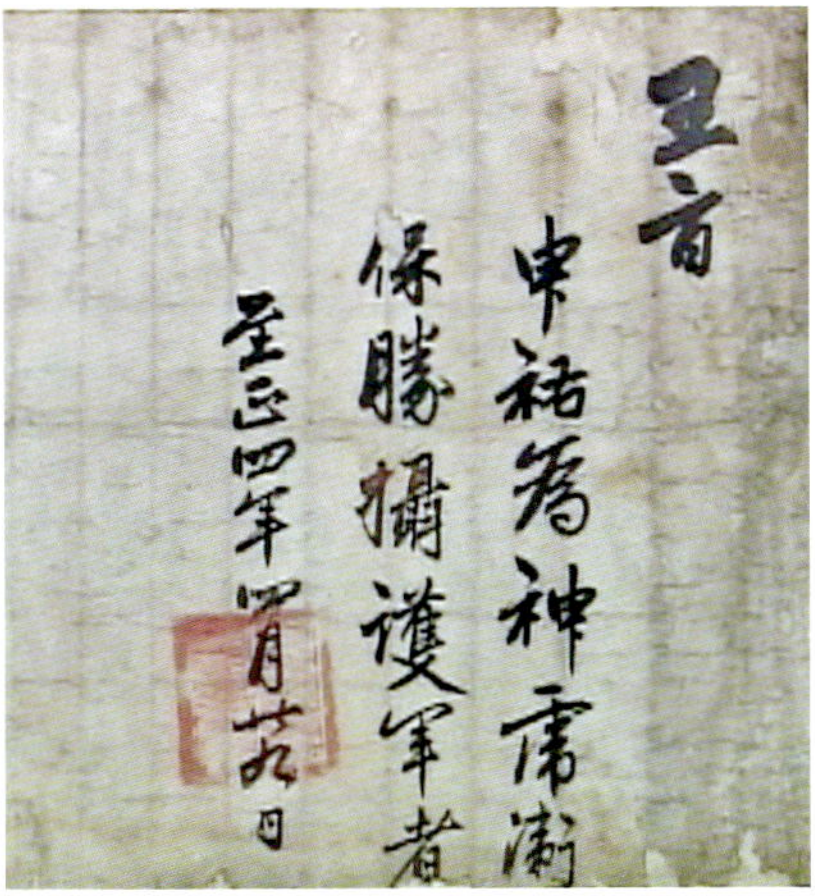
王旨
申祐爲神虎衛
保勝攝護軍者
至正四年四月廿九日

口絵1　「申祐官教」

口絵3　「朝鮮王宝」

口絵2　「申祐官教」印章部分拡大

口絵4　「朝鮮国王之印」

口絵5　「国王行宝」

口絵6　「施命之宝」（世宗作成）

口絵7　「施命」

口絵8　「施命之宝」（成宗作成）

目次

凡例

凡例

一、史料を引用するにあたっては新字体を用いた。

一、引用史料中における句読点や括弧などの各種記号は筆者による。……は中略箇所、（ ）は補注、〔 〕は文意の補足、「 」は史料の原注、□は判読不能な箇所、傍線部は吏読（漢字を借りた朝鮮語表記法）を意味する。また、本文を罫線で囲んでいる史料は原文書からの引用を意味する。

一、参考論文が書籍に再録されている場合、その初出の典拠は挙げずに刊行年のみ記したが、序章に限っては、学説史の整理という叙述の性格上、初出・再録の典拠・刊行年をすべて記載した。

朝鮮中近世の公文書と国家

――変革期の任命文書をめぐって――

序章

一　朝鮮古文書研究の歩み

本書は、高麗事元期[1]から朝鮮初期まで、すなわち高麗が事元（モンゴルへの藩属）した一三世紀中葉（一二六〇年）から、朝鮮王朝の基本法典『経国大典』が施行される一五世紀末（一四八五年）にいたる時期の任命文書の体系・体式[2]・機能を検討し、それをつうじて朝鮮中近世（一〇～一九世紀、高麗・朝鮮時代に相当）の任命文書制度の歴史的変遷を展望しようとするものである。高麗事元期より朝鮮初期にいたる時期は、王氏高麗から李氏朝鮮への易姓革命が起こり、また政治・社会・文化の各方面で大きな変化がもたらされており、朝鮮中近世における重大な変革期のひとつといえる。本書がこの時期の任命文書を取りあげるのは、これまで中近世を主な対象として進められてきた朝鮮古文書学[3]の研究状況を踏まえてのことであるが、まずその歴史を簡単に振りかえっておこう[4]。

朝鮮の古文書に関する研究は、一九一〇年、日本が韓国を併合する前後の時期にはじまる。併合直前には法典調査局、併合後には朝鮮総督府中枢院が中心となり、古文書の蒐集・整理作業が行われた。高麗・朝鮮時代の古文書を収録した史料集『朝鮮寺刹史料』[5]や『朝鮮史料集真』[6]などはその成果の一端である。また、一九二四年に設置された京城帝国大学の図書館でも、商人をつうじて多量の古文書を購入している。

当時、古文書の整理・蒐集作業に関与した研究者により、朝鮮初期の土地賜給文書や倭人告身（任命文書）など、個々の史料が紹介されることもあったが[7]、古文書の史料的価値が高く評価され研究が活発に行われたのは、朝鮮時代の社会経済史と法制史の分野であった。そのような研究の代表として、土地・財産関連文書の内容と体式を解説した朝鮮総督府臨時土地調査局[8]、多数の土地関連文書にもとづいて農村社会の実像に迫ろうとした周藤吉之[9]、文書の実例に即して土地や奴婢の売買・贈与・相続のあり方を説明した中枢院調査課[10]の論考を挙げることができる。これらの論考は土地・相続・身分制度の解明に貢献したが、こうした分野に古文書を利用した研究が集中したのは、関連古文書が比較的多量に残存しているという史料状況に起因するものと考えられる。朝鮮では帳簿や日記など民間で作成された記録類がそれほど多く残されておらず[11]、社会の実相を解明するためには、必然的に古文書に強く依存するほかなかったのである。現在の古文書研究においても、朝鮮時代（とくに後期）の社会経済史・法制史分野に関連する論考が全体に占める割合は非常に高い。

また、古文書は俗漢文や吏読（漢字を借りた朝鮮語表記法）を用いて記されるため、言語学者の関心を惹くこともあった。朝鮮時代の文書から吏読の用例を析出した小倉進平[12]や、高麗・朝鮮時代の文書にみえる吏読や難解語に詳細な注釈を施した鮎貝房之進[13]の論考は、そのような研究の嚆矢である。

史料数もさほど充実していないこの時期においては、古文書は補助材料として利用されることが多く、古文書それ自体に対する関心は比較的薄いものであった。この頃、古文書の体系的な研究が見当たらないのは、こうした理由によるところが大きいと思われる[14]。

一九四五年の植民地解放後、南北分断と朝鮮戦争の動乱の中、古文書に関する研究はほとんど途絶してしまった。関連論考がふたたび発表されはじめるのは一九六〇年代からであり、一九七〇年代末までに古文書研究は活況をむかえる。

この当時、韓国では国史館（現国史編纂委員会）などの行政機関、国立図書館（現国立中央図書館）やソウル大学校附属図書館をはじめとする各図書館で史料の蒐集・整理が進められた。この作業に携わった白麟[15]は、ごく簡単にではあるが、古文書の研究意義や分類方法などについて言及している。白麟の論考は、古文書をいかに整理・保管していくかという図書館学的な目的意識のもとに行われたものだが、古文書のもつ固有の問題を主題にすえた最初の研究として注目される。

個々の研究としては、戦前から古文書に関心を寄せていた田川孝三[16]らにより史料が紹介されたほか、古文書の吏読を分析した南豊鉉[17]の論考が発表されているが、もっとも活発に研究が行われたのは、やはり朝鮮時代の社会経済史や法制史の分野であった。司宮庄土（官府や宮房所属の土地）の管理の様相を考察した金容燮[18]、完文（官府発給の権利認定書）を利用して褓負商組織の解明を試みた朴元善[19]、分財記（相続関連文書）をつうじて財産相続の実態を分析した崔在錫[20]や李光奎[21]の論考など、多数の研究が発表されている。とくに朴秉濠[22]は多数の古文書を用いて、土地の所有・売買のシステム、訴訟・裁判の手続き、婚姻・養子制度の実態など、各種の法制度に対する理解を大きく前進させた。

この時期の研究の特徴として、古文書を体系的に捉えようとする論考が発表されはじめたという点を挙げることができる。まず金約瑟[23]は、文書の概念や伝来について略述し、各文書式の分類や体式の解説を行っているが、全体的に叙述が雑駁にすぎる感はぬぐえない。一方、金東旭[24]は体式と機能にもとづいて文書を細かく分類し、個々の文書式について簡略ながら説明を加えている。もちろん現在の水準からみれば改めるべき点も少なくないが、古文書の本格的な分類を試みた点は、研究史上はじめてのものとして注目に値する。また、田川孝三[25]は朝鮮古文書の概要を述べた上で、国王文書、および『経国大典』所載の文書式を解説しているが、紙幅の関係から筆が私文書にまでおよばなかったのは惜しまれる。とはいえ、朝鮮の古文書の大部分は王朝政府が発給に関与するため、朝鮮古文書の全体像を描き出そうとすれば、公文書（国王文書・官府文書）に対する言及が多くなるのは必然ともいえる。このような体系的研究は、朝鮮古文書の全体像を見渡すための基礎を準備したという点で、後の研究に刺激を与えるものであった。

一九八〇年代初頭、古文書研究は大きな画期をむかえる。その契機のひとつとなったのは、現在でも古文書学の概説として定評がある崔承熙『韓国古文書研究』の刊行である。[26] 本書は、朝鮮時代の古文書を網羅的に分類し、個々の文書の体式・機能についての解説を要領よくまとめ、文書特有の用語や吏読に対する注釈まで施しており、斯学の発展に大きく寄与した。ただ、本書は多種多様な古文書をあつかっているため、いきおい個々の文書式に対する理解が不十分となっており、その分類方法や体式・機能の捉え方にやや疑問が残る部分もある。[27] その補訂や修正は後進に残された大きな課題といえよう。

この頃を境に古文書の史料的価値が改めて見直され、ソウル大学校附属図書館や韓国精神文化研究院（現韓国学中央研究院）をはじめとする各図書館・研究機関により、古文書のマイクロフィルム化が大規模に推進され、『古文書』『古文書集成』など影印・翻刻文を収めた大部の史料集が刊行されるようになった。[28] とくに韓国精神文化研究院は古文書研究の中心的機関と位置づけられ、そこに所属する研究員が韓国全土の家門を訪ねて史料蒐集に努め、大きな成果を挙げた。[29]

従来の研究では朝鮮時代の社会経済史・法制史に関心が集中していたが、こうした精力的な史料蒐集の成果もあってか、ここに来て時代と分野の広がりをみせるようになった。

まず、朝鮮時代の社会経済史について述べれば、文書をつうじて奴婢・土地売買の実態を分析した鄭奭鍾[30]・李在洙[31]、分財記をもとに士族の財産所有や奴婢の動態を考察した金容晩[32]、「戸口単子」（戸籍関連文書）などによって奴婢の結婚・使役・居住の様相を解明した李海濬[33]・金炯沢[34]、各種文書を用いて身分変動の有り様を検討した崔承熙[35]や奴婢の性格を再規定した李栄薫[36]、在地士族の社会経済的基盤の構築経緯を考察した李樹健[37]の論考など、非常に多種多彩な研究が現れた。朝鮮時代、なかでも後期の社会経済史研究は、古文書の利用が不可欠な段階にいたったといえる。

古文書自体に対する関心の高まりや崔承熙『韓国古文書研究』の刊行の刺激もあってか、一点一点の古文書に密着し、その性格を微細に分析する研究も現れるようになった。例えば、梁泰鎮[38]や千恵鳳[39]は朝鮮初期に発給された「録券」（功臣として認定する文書）について詳細な検討を加えている。従来、古文書それ自体に関してはさほど考察が深められてこなかったが、ここに来て改めて関心が寄せられはじめたのである。また、高麗時代の文書が本格的に検討対象として取りあげられたことも注目に値する。許興植[40]は高麗時代の古文書をつぶさに検討して身分制社会の変動や仏教組織の実態を明らかにし、朴雲龍[41]は「紅牌」（科挙合格証）の体式と内容を分析して科挙制の実態に迫り、木下礼仁[42]や張東翼[43]は高麗前期の告身を唐のそれと比較することで高麗の中央官制の特徴を析出するのに成功した。

加えて、文書がいかにして生産・保存・破棄されてきたのかを考察する伝来論的研究が現れた点も重要である。その嚆矢である金相湜[44]は、ごく簡略な概説にとどまっているものの、朝鮮時代の公文書がいかなる方法で管理されていたのかについて検討を加えた。また南権熙[45]は、朝鮮初期、中央官府に設けられた文書保管庫である架閣庫の置廃経緯と機能について考察している。

一九九〇年代に入ると、古文書研究はさらなる発展を遂げることになった。韓国古文書学会（初代会長・朴秉濠）が開設され、学会誌『古文書研究』が創刊（一九九一年）されたのである。古文書の研究に特化した本会の登場が、古文書学を歴史学の一分野として周知させる契機となったことは疑いなく、以後、韓国における古文書研究を牽引する役割を担った。

古文書史料集の刊行はさらに増加の一途をたどったが[46]、史料の公開状況の面でとくに注目されるのが、精密な写真画像と翻刻文を掲載するデータベースサイトが登場したことである。既往の史料集では不鮮明で白黒の影印が主であり、その掲載数も限られていたが、いまや膨大な量の高画質フルカラー写真を容易に検索し閲覧することができるようになったのである。翻刻の誤りが多かったり分類が曖昧な点など、今後解決すべき問題も少なくないが、データベースサイトの登場は古文書研究史上で革命的な出来事と位置づけられる。

個々の研究成果を見渡せば、一九九〇年以降、様々な分野で論考の数が大幅に増加している。古文書分類の理論や方法を論じたもの[47]や、特定の時代の多様な古文書を多角的に分析したもの[48]など、これまでにない新たな研究が現れた。とりわけ社会経済史に関わる論考の数は膨大であり、研究書に限ってみても、金容晩[49]・全炅穆[50]・鄭求福[51]・金炫栄[52]・李在洙[53]・金建泰[54]・文叔子[55]・安承俊[56]・金赫[57]など多数を挙げることができる。また、古文書の体式や機能に着目した研究も増加しており、例えば、朴宰佑[58]は高麗時代の王命文書に関する考察をつうじて国政運営の実態を追跡し、朴竣鎬[59]は高麗事元期から朝鮮初期の公文書を取りあげて当時の文書行政の解明に迫った。古文書の体式と機能を明らかにし、その変化の過程を詳細にたどることにより、関連史料がとりわけ少なく不明な部分の多い、高麗や朝鮮初期の行政制度についての理解が深められたことは、大きな成果であった。その他にも言語学分野では、朴盛鍾[60]が吏読で書かれた朝鮮初期の古文書に訳注を施した大著を刊行している。

以上のような既往の研究分野の業績に加えて特記すべきは、モノとしての古文書に着目した論考が現れるようになった点である。署押（サイン）の様相を考究した朴竣鎬[61]、任命文書に捺された印章を精緻に分析した金恩美[62]、料紙の種類と特徴を検討した孫溪鉄[63]、多様な文書の書体について考察した沈永煥[64]などはその一端である。このような外形的特徴に関する詳密な研究は、文書の真偽判定にも寄与するところが大きく、今後のさらなる発展が望まれる。また、伝来論的研究が本格的に取りあげられるようになったことも注目に値する。高麗時代の成果としては、姜恩景[65]の研究が唯一あるにすぎないが、朝鮮時代については、近年、徐々に論考の数が増加してきている[66]。今後、伝来論的研究をつうじて、中央・地方の官府、門中（男系血族集団）や書院など、様々な社会組織がいかに文書を管理してきたか、その実態に関する理解が大きく前進することが期待される。

今日の古文書学は、研究のさらなる深化に加え、関心の多様さをともなう新たな段階に入ったといえよう。

二　朝鮮古文書研究の課題と本書の目的

以上、古文書研究の歩みを振りかえったが、今後重点的に取り組むべき課題として、文書の体系・体式・機能に関する研究を挙げなければならない。体系・体式・機能は、文書を分類する際の基準となる要素であり、その実態を明らかにすることは、文書のもつ性格を捉える上でもっとも基礎となる作業と考えられるためである。

前節でみたように、古文書学への関心が今日の水準まで高まったのは、せいぜい数十年前のことにすぎず、研究の蓄積は日本やヨーロッパの古文書学とは比較にならないほどに浅い。そのため、古文書の体系・体式・機能についての検討は、これまでにも行われてきたとはいえ、質量ともに十分とは到底いいがたいのである。古文書に関する基礎的研究の不在は、古文書の所蔵機関ごとにその整理・分類・解釈が大幅に異なるなど、混乱や障害をもたらしており、また古文書を史料として利用する際に誤った理解を生じさせる要因ともなる。そのため、古文書の有する基礎的な要素を徹底して解明することが急がれている。

現存する朝鮮の古文書において多数を占めるのは、国王や中央・地方官府が作成・発給する公文書である。したがって、公文書の研究は朝鮮古文書学のなかでもっとも重要な課題のひとつとなる。そして本書が対象とする中近世について、これらの公文書を考察する際にとりわけ喫緊の課題となるのは、高麗事元期から朝鮮初期にかけて文書の体系・体式・機能がいかに変化したかという点である。公文書の体系や体式を規定した高麗時代の法典類は一切現存していないが、一三世紀中葉に高麗が事元するより前の時期における公文書制度は、唐・宋制をかなりの程度踏襲したと推定されている。一方、朝鮮王朝では、一五世紀末に基本法典である『経国大典』が成立し、以後の公文書はそれに依拠して作成されたため、当時の公文書の体系・体式・機能を比較的瞭然と把握することができる(67)。しかし、この狭間にあたる高麗事元期から朝鮮初期の公文書制度に関する研究は十分に進んでいないのである。

高麗事元期から朝鮮初期は、宗主国である元の甚大な影響のもと、高麗が政治・社会・文化的に変容し、それを引きついだ朝鮮王朝の基礎が固められていく節目の時期であった。この影響は公文書の制度にもおよんでおり、その体系・体式・機能は大きな改変をこうむることになったのである。高麗事元期から朝鮮初期は、事元前における高麗の公文書の体系・体式・機能がいかに変化し、つづく朝鮮王朝のそれがいかに整えられ、『経国大典』に結実したかを探る上できわめて重要な意味をもつ。

加えて見逃せないのは、高麗事元期から朝鮮初期の公文書を考察することが、古文書学の研究にとどまらず、当該時期における国家の制度や思想の理解にもつながるという点である。すなわち、公文書の体系・体式・機能の分析をつうじて、当時の行政制度や為政者の政治思想といった、国家に関わる諸要素を解明することが可能となるのである。

高麗事元期から朝鮮初期の国家の制度や思想に関する既往の研究では、年代記・文集・金石文などの史料にもとづいて研究を進めることが多かった。しかし、これらの史料は、王朝政府や個人といった編纂主体によって強く干渉を受けるため、意図的に潤色・扮飾が加えられたり、予期せぬ誤りが生じたりしている危険性を常にはらんでいる。そこで注目されるのが公文書である。他の東アジア諸国と同様、高麗・朝鮮王朝においても強固な文書主義に立脚して国家は統治されていた。公文書は法制化された所定の手続きを厳格に踏んだ上で発給されるため、公文書の発給までの手続きは王朝政府における意志決定の過程を反映し、またその体式や機能は文書の発給主体をとりまく歴史的情況を如実に映しだす。それゆえ、公文書を体系的に捉え、その体式・機能・発給手続きなどを微細に検討することは、国家の制度や思想を理解する上で非常に有効な手段となり得る。こうした分析視角については、近年ようやく関心が寄せられるようになったとはいえ、手つかずのままに残された部分が多い。とくに、史料の数がきわめて限定されている高麗事元期から朝鮮初期については、公文書の分析という研究手法を積極的に導入する必要があると思われる。

本書は右に述べた問題意識の上に立って考察を進めていくが、高麗事元期から朝鮮初期の公文書すべてを対象とすることはもとより不可能である。そこで分析の対象を任命文書に絞って検討することにした。

その理由としては、第一に、高麗前期から朝鮮末期まで、ある程度まとまった量の事例が残存していることである。高麗時代の史料は残存数が非常に少なく、当時の公文書のうち、今日まで残っているものは限られている。しかし、任命文書は、先祖を顕彰する意図からか、族譜や文集などに録文の形で転載されているため、その事例数が他の文書に比べて多く、また朝鮮初期の原文書もある程度の数がそろっている。

第二に、任命文書が、王朝政府における権力関係や王の権威、為政者の政治思想を強く反映している点が注目される。高麗・朝鮮王朝において官職の任命は王命にもとづいて行われたが、場合によってはその後に監察機関の承認をへる必要があった。任命文書は王の権威のもとに作成されており、またその発給の主導権をめぐって王と官僚が争うこともあったのである。さらに任命文書は、対象者を国家の秩序中に位置づけて職役を担わせるという重要な性格をもつため、為政者が有する統治理念に忠実にしたがって作成・発給された。これらのことから、任命文書は、王朝政府の権力関係、王の権威、為政者の政治思想の有り様をうかがう際、格好の材料とみなすことができよう。

第三に、官職制度の変遷過程を考察する際、任命文書が他に得がたい史料である点を挙げたい。官職がいかに変遷したかを追跡するには正史百官志や法典の記述によるのが通例であるが、高麗時代の場合、当時の法典は現存しておらず、肝心の『高麗史』百官志は錯誤が多く、その史料の取りあつかいには慎重を要する。(68) そのため、年月と官職名を明記した任命文書は史料的価値が非常に高いといえる。

以上の三点の理由から、本書では任命文書に焦点をあてて研究を進めていくことにしたい。

三　高麗・朝鮮時代の任命関連文書の概観と問題点

それでは、高麗・朝鮮時代において、いかなる文書が官職任命に際して発給されていたのであろうか。ここでは、事元前の高麗、『経国大典』成立以後の朝鮮王朝、そして高麗事元期から朝鮮初期における任命関連の文書をそれぞれ概観し、本書が取り組むべき論点を確認しておくことにしたい。

○事元（一三世紀中葉）前における高麗の任命関連文書

一三世紀中葉に事元するより前、高麗は一一世紀までに唐・宋制に倣った国家体制を整備し、三省（中書省・門下省・尚書省）制の中央政治機構を敷いていた。(69) 先行研究によれば、その当時には、中書省が起草し門下省の審議をへた上で尚書省が発給する「制授告身」や「勅授告身」、また、中書門下（宰相府）や尚書吏部が王命を奉じて発給する「中書門下制牒」や「尚書吏部教牒」といった任命文書が使用されていたとされる[70]。

こうした三省制は武臣の政権掌握（一二世紀後半）を境に動揺を来たしはじめ、事元以後には政治機構が大きく再編され、三省制は完全に消滅するにいたった。これにともなって、制授告身などの文書もまた史料上にその存在をうかがえなくなる。そのため、高麗事元期における任命文書体系の変化は、政治機構の再編にしたがったものと考えられる。

○『経国大典』施行（一五世紀末期）以後の任命関連文書

高麗事元期から朝鮮初期の任命関連文書については後述することとし、先に『経国大典』成立以後の任命文書の体系を確認しよう。

朝鮮王朝の基本法典『経国大典』（乙巳大典）が施行されるのは成宗一六年（一四八五）のことであるが、同書には、四品以上告身と五品以下告身という二種類の任命文書の体式が規定されている。次に、『経国大典』の文武官四品以上告身式を掲げる。

史料1　（『経国大典』巻三、礼典、文武官四品以上告身式）

教旨、

　某為某階・某職者、

　　年　［宝］　月　日

四品以上告身は、頭辞の語を取って「教旨」と呼ぶことがあるが、『朝鮮王朝実録』などの史料に見られるように「官教」と称されることが多い。そのため、本書でもこの呼称にしたがうことにしたい[71]。官教の構成は、王命

（教旨）により某人を某職に任命するという簡略なものであり、年月部分に「宝」、すなわち王印（「施命之宝」）が捺されている。実例のひとつとして、嘉靖一六年（中宗三二、一五三七）二月、金縁を中訓大夫（従三品下）・行成均館司芸に任ずる官教を挙げよう。

史料2（「金縁官教」）

教旨、
　金縁為中訓
大夫・行成均館
司芸者、
嘉靖十六年二月初十日

写真1「金縁官教[72]」

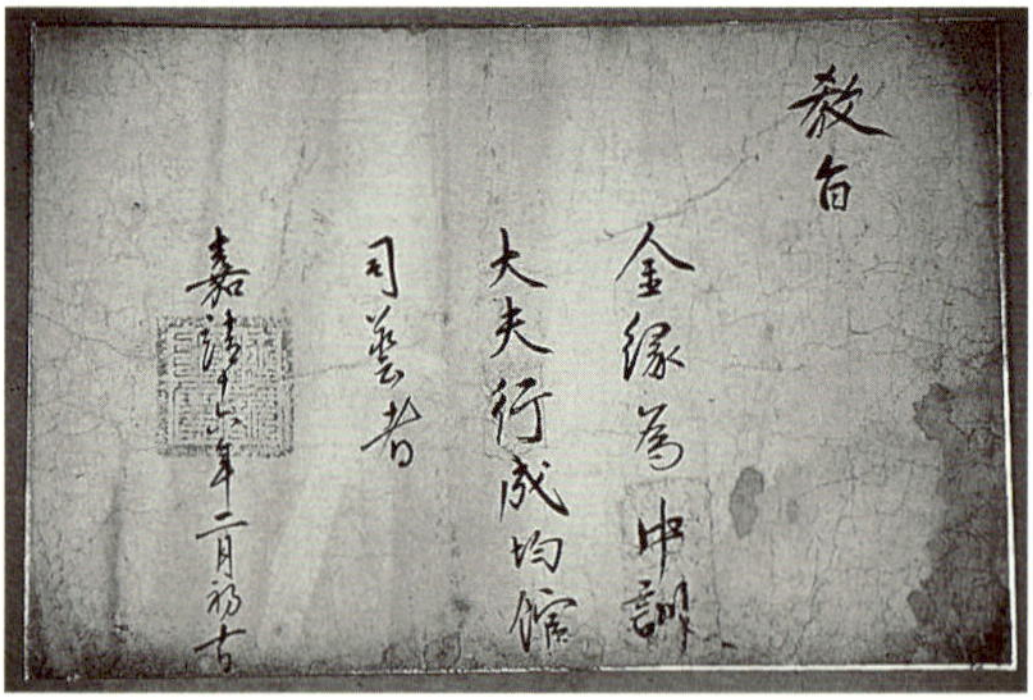

一方、『経国大典』の文武官五品以下告身式は次のとおりである。

史料3（『経国大典』巻三、礼典、文武官五品以下告身式）

某曹、某年某月某日、奉
教、具官某為某階・某職者、
年［印］月　日
判書臣某　参判臣某　参議臣某
正郎臣某　佐郎臣某

五品以下告身は、学界の慣例では「教牒」と称されているが、いわゆる牒式文書（本文中に「牒」字が含まれた文書形式）ではない点に注意を要する[73]。また論者によっては、右掲の五品以下告身式にもとづくもの以外の任命文書を指して「教牒」と称する場合がある。そのため、本書では誤解を避けるために、『経国大典』五品以下告身式を有する任命文書を仮に「奉教告身」と称することにしたい。奉教告身の構成は、発給機関（文官職は吏曹、武官職は兵曹）が王命（教）を奉じて某人を某職に任ずることを記し、年月部分に官印（「吏曹之印」あるいは「兵曹之印」）を捺す。そして、文書末尾に発給機関の官員を列記し、各員が署名を行うというものであった。一例として、嘉靖九年（中宗二五、一五三〇）七月、金縁を通善郎（正五品下）・守興海郡守に任ずる奉教告身を挙げれば、次のとおりである。

史料4（「金縁奉教告身」）

吏曹、嘉靖九年六月
二十七日、奉
教、通善郎・礼曹正郎
金縁為通善郎・守
興海郡守者、
嘉靖九年七月　日
正郎臣
判書　参判臣尹　参議臣元（着名）
佐郎臣姜（着名）

写真2　「金縁奉教告身[74]」

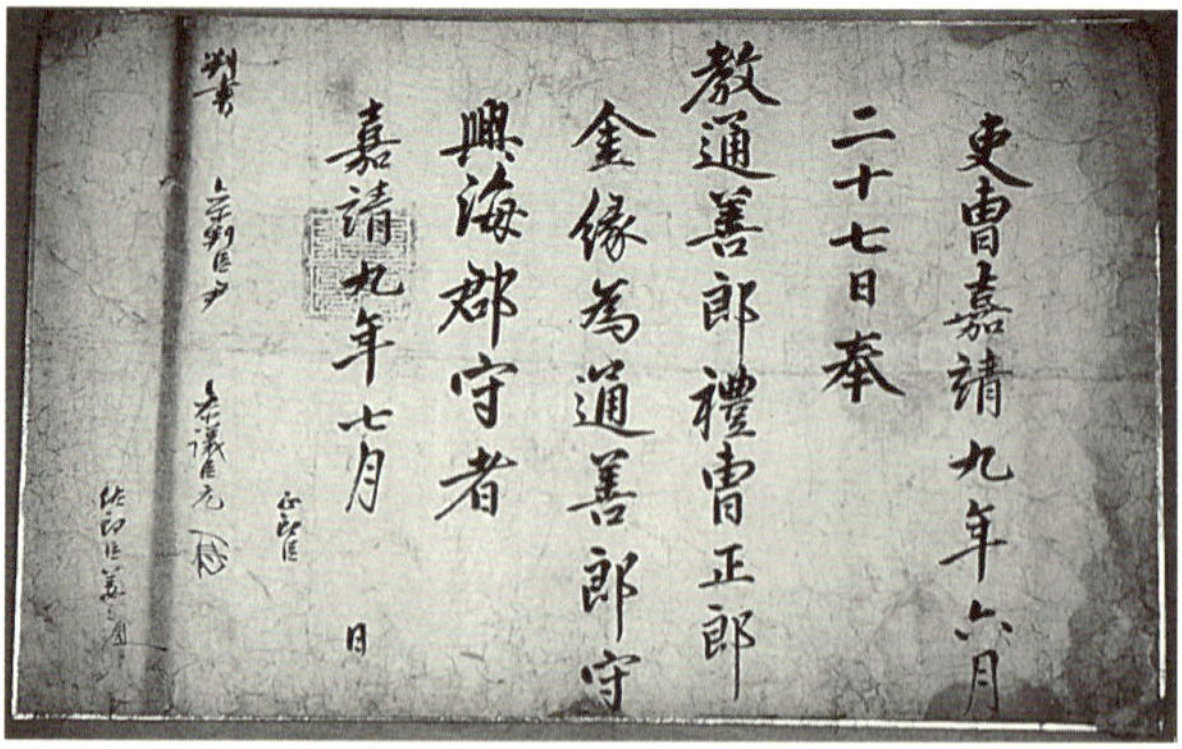
吏曹嘉靖九年六月
二十七日奉
教通善郎禮曹正郎
金縁為通善郎守
興海郡守者
嘉靖九年七月　日

このように、『経国大典』成立以後には官教（四品以上告身）と奉教告身（五品以下告身）という二種類の任命文書が使用され、その体系と体式は朝鮮末期まで継続した。

○高麗事元期から朝鮮初期（一三世紀中葉から一五世紀末期）の任命関連文書

高麗事元期から朝鮮初期においては、官職任命に関連する文書として官教や「朝謝文書」の存在が知られている。

まず、官教について述べるが、現在確認できる高麗事元期の官教の原文書としては、次掲の「申祐官教」が唯一の事例である。

史料5（「申祐官教[75]」）

王旨、
申祐為神虎衛
保勝摂護軍者、
至正四年四月廿九日

本文書は、至正四年（忠穆王即位、一三四四）四月、申祐を神虎衛保勝摂護軍という武官職に任じたものである。頭辞にみえる「王旨」とは、高麗事元期より朝鮮初期にかけて用いられた語であり、王命を意味する。本文書は南権熙によりはじめて学界に紹介されたが[76]、今日までその写真が公開されているだけで実見調査は行われていない。そのため、研究者によっては文書の真偽について疑念を提起することもある。

一方、朝鮮初期の官教は、太祖代に発給されたものをはじめとして多数現存するが、最終的に『経国大典』四品以上告身式に定着するまで、その頭辞と印章に変化がみられる。建国初期、「王旨」であった官教の頭辞が「教旨」と改められ、また印章も「朝鮮王宝」「朝鮮国王之印」「国王行宝」「施命之宝」などと目まぐるしく変わっていったが、その具体的な変遷過程は明らかとされていない。

つづいて朝謝文書の説明に移ることにしよう。朝謝文書は、文書本文中に「朝謝」[77]という語が含まれている点が特徴であり、『高麗史』や『朝鮮王朝実録』などの年代記には「朝謝」や「謝牒」という名称で現れている。[78]朝謝文書は官職の任命に際して発給されたことが確認されるが、それが官職を任命する文書であるのか、あるいは任命の妥当性を証明する文書であるのかという点については、論者によって意見がわかれている。

次に高麗末期（一三五六〜一三九二年）[79]の朝謝文書を一点挙げよう。

史料6（「李子脩朝謝文書」）

司上朝謝　斜《確認する》　准、
司憲府録事安天寿、洪武九年十月日　名《付けの》　貼、洪武九年
七月十二日、下　批、李子脩為奉順大夫・判書雲観事、朝謝由
出納為等以《したので》、施行、印《以上》、
唱
准
権知堂後官　押

写真3「李子脩朝謝文書[80]」

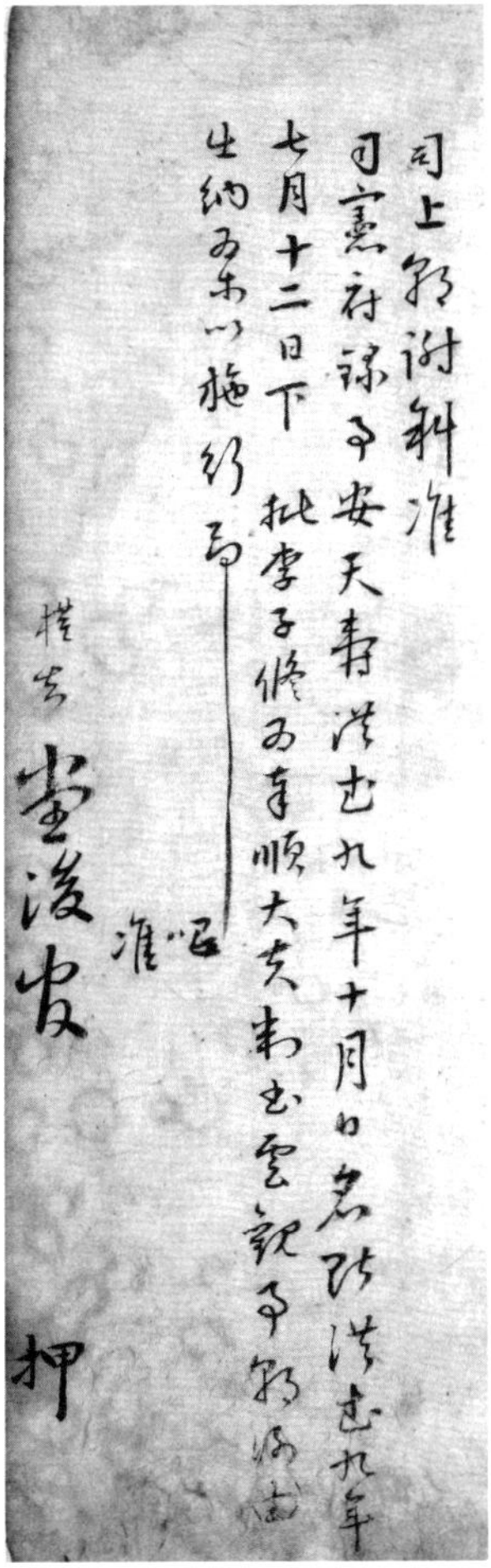

本文書は、洪武九年（禑王二、一三七六）一〇月頃、李子脩を奉順大夫（正三品下）・判書雲観事に任命する件に関連し、王命をつかさどる密直司から発給されたものである。文書本文の読み方についてはいくつか試論が出されており、論者によって意見を異にする部分もあるが、その発給過程は大略次のように整理できる。[81]①王命「下批」（あるいは「判」[82]）によって対象者を官職に任命する。②台諫（司憲府の官員と門下府の郎官）が任命の妥当性を審査し（これを「署経」という）、司憲府の録事が署経の終了を文書（貼）によって通報する。③それを受けた密直司が朝謝文書を発給する。

高麗事元期の朝謝文書の原文書や録文は発見されていないが、各種史料から、当時、すでに朝謝文書が用いられており、その体式も高麗末期のものと大差はなかったことがわかる。[83]なお、現在、高麗末期の朝謝文書は四点確認されているが、いずれも族譜や典籍に転載された録文である。それら録文については転載の過程で錯誤が生じたと推定されており、四点の朝謝文書の体式が必ずしも一定していない点には注意を要する。

朝鮮建国後、朝謝文書の体式は大きく変化した。これは、明で用いられていた公文書の体式を集成した『洪武礼制』署押体式を朝鮮王朝が受容し、自国の公文書に適用した結果と考えられる[84]。朝鮮初期の朝謝文書は受給者の品階の高低にしたがい、下行文書「帖」あるいは「牒」、平行・下行文書「関」の形式によって発給された。例として、永楽元年（太宗三、一四〇三）七月、鄭悛に宛てられた朝謝文書を次に掲げよう。

史料7（「鄭悛朝謝文書」）

吏曹為朝謝准事、司憲府吏房書吏李符、永楽元□□□（年七月）
二十二日名（付けの）関、永楽元年七月十六日、下
批、鄭悛為通徳郎・司諫院左献納・知製　教、
朝謝由移関為等以（したので）、合行故牒、須至故牒者、
右　　故　　牒
司諫院左献納・知製　教鄭
永楽元年七月二十二日
朝謝　　　　　　吏房
牒　判事　典書（押）　知事
議郎（押）　正郎　佐郎（押）
議郎（押）　正郎　佐郎

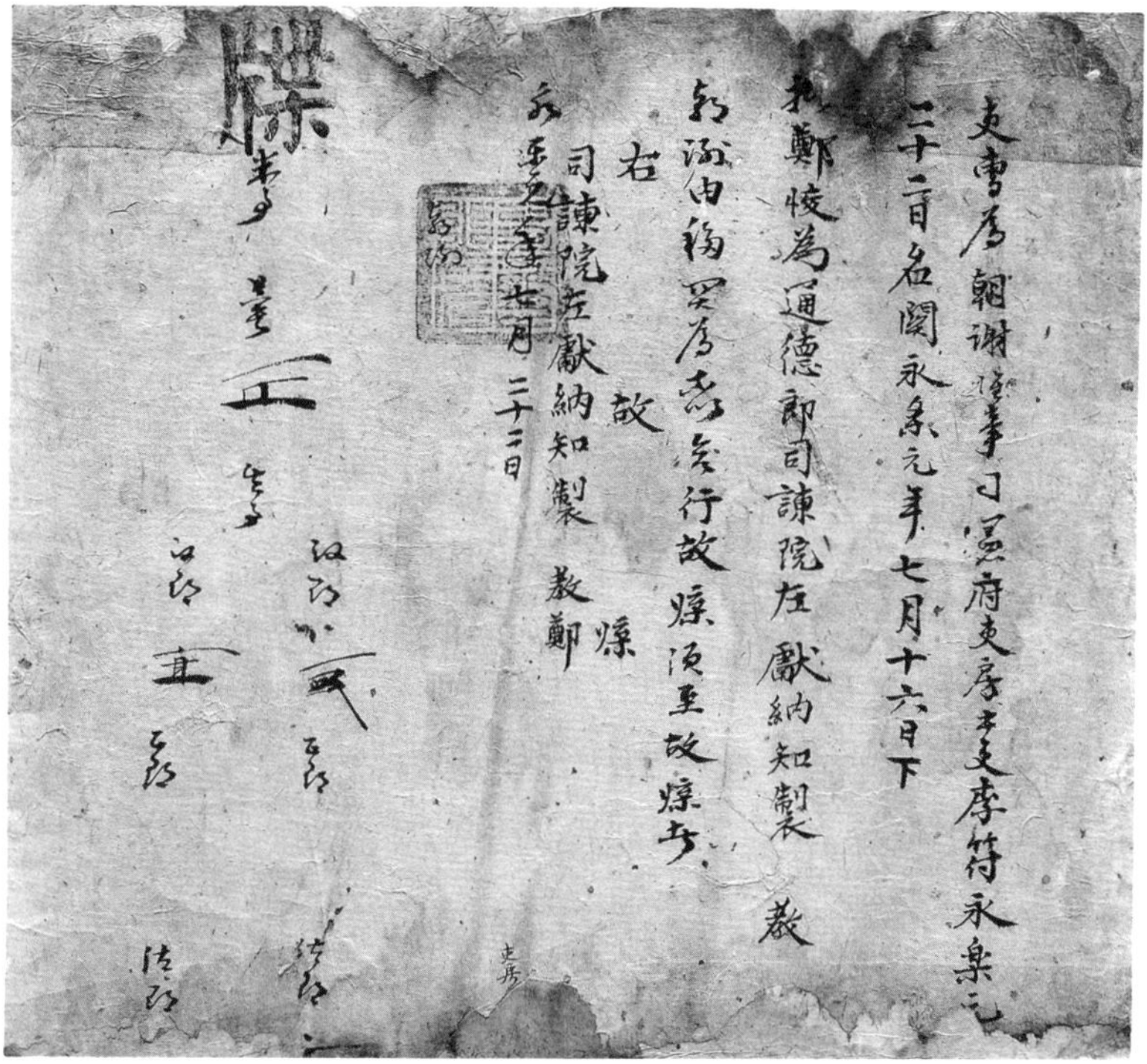

写真4「鄭悛朝謝文書[85]」

文書の本文からうかがえる発給の過程を述べれば次のとおりである。
①永楽元年（太宗三、一四〇三）七月一六日、鄭悛を通徳郎（正五品上）・司諫院左献納・知製教に任命する王命（下批）が下る。②同月二二日、司憲府の書吏が台諫（司憲府と司諫院の官員）による署経が終了したことを伝える文書（関）を発給する。③同日、それを受けとった吏曹が故牒形式によって本文書を発給する。
このように、朝鮮初期と高麗末期の朝謝文書を比較すれば、発給・審査機関こそ異なるものの、王命→署経→発給という過程は同一であり、文書体式が大幅に改定されても、朝謝文書の機能や性格に変化はみられないことがわかる。鄭悛宛の朝謝文書と同一体式の文書は、太宗二年（一四〇二）五月を初例とし、世祖二年（一四五六）正月の事例がもっとも時期が下る。(86)

朝謝文書の体式は世祖代にふたたび改定された。世祖三年（一四五七）七月、吏曹の提言にしたがい、吏読を用いて書いていた「東西班五品以下告身」に、今後は吏文（ここでは明の公文書型の文体を指す）を用いるよう改めたのである。(87)この「東西班五品以下告身」なるものが朝謝文書を指すことは、改定直後の天順元年（世祖三、一四五七）一一月に発給された裵袵宛の文書（史料8）より明らかである。

この文書の発給過程は次のように整理できる。
①天順元年（世祖三、一四五七）八月一四日、裵袵を進勇校尉（正六品下）とする王命（批）が下る。②一〇月一六日、司憲府が任命に対する署経の終了を伝える文書（関）を発給する。③一一月四日、兵曹が牒形式で本文書を発給する。

史料8（「裵衽朝謝文書」）

□□（兵曹）為告身事、天順元年十月十六日、准司憲府関該、
　本年八月十四日、
批、裵衽為進勇校尉、已経議署、関請照験、准此、所拠本官□（告）
身、理宜出給、為此、須至牒者、
　右　牒
　進勇校尉裵
天順元年十一月初四日
　告身　　　　武選司令吏李（着名）
　　　参議　　行正郎（押）
　　　　　　　兼正郎
　　　　　　　行正郎
牒　判書　参判　正郎
　　　　　　　行佐郎
　　　　　　　行佐郎
　　　　　　　行佐郎
　　兼知事（押）　兼佐郎

写真5 「裴衽朝謝文書(88)」

この褒衽宛の文書もまた、王命→署経→発給という、先掲した二つの朝謝文書と同一の発給過程を踏んでいることがわかる。本文書は、吏読ではなく吏文が使用されており、また「朝謝」の語が消滅しているが、従来の朝謝文書と本質的に異なる点はないのである。したがって、文書本文に「朝謝」の語はみえないが、本書ではこうした体式の文書もまた朝謝文書と称することにしたい。その事例は、世祖三年（一四五七）一一月を初例とし、同一一年（一四六五）二月のものがもっとも時期を下る。(89)

右にみたように、高麗事元期から朝鮮初期において、任命に関わる文書として官教と朝謝文書の存在が確認されるが、それら文書の実像については不明な点が山積しているのが現状である。

以上、高麗・朝鮮時代の任命関連文書を概観してきた。事元前の高麗では、制授告身・勅授告身・中書門下制牒・尚書吏部教牒といった、三省制にもとづく任命文書が用いられていたが、これらは唐・宋の文書式に影響を受けて成立したものである。一方、『経国大典』成立後の朝鮮王朝では、四品以上に官教、五品以下に奉教告身を発給しており、以後、朝鮮末期にいたるまで体系・体式の変化は基本的に認められない。

問題となるのは、この二つの時期を架橋する、高麗事元期から朝鮮初期における任命関連文書の実態である。しかし逆にいうと、これを解明しさえすれば、朝鮮中近世における任命文書制度の歴史的展開を体系的に説明することが可能になるのである。当面取り組むべき論点として次の四点を提起したい。

第一の論点として、事元以後の高麗に官教が存在したか否か、また朝謝文書がいかなる役割を果たしていたかなど、当時の任命文書の体系に対する理解がいまだに一定していない点が挙げられる。これは複数の学説が相互批判を欠いたままに乱立しているためであり、今後は先行研究がはらむ問題点を徹底して再検討し、任命文書の体系を明らかにする必要がある。その際には、「申祐官教」の真偽を見極め、朝謝文書の機能を明らかにすることが重要な意味をもつことになるであろう。

第二に、個々の任命文書の体式がいかに変化したかという点である。とくに官教に捺された印章は幾度となく移り変わっているが、その経緯については従来ごく簡単に触れられるにとどまっている。また当時、高官に与えられた官教は非常に重要視されていたが、そのような文書に捺す印章を頻繁に変えたのは、国家の位相に関わる何らかの理由があったに違いないと思われる。しかし、この点については従来まったく言及されてこなかった。朝鮮初期の官教は一〇〇点を超える数が残存しているため、まずはこれを網羅的に蒐集して整理することが求められる。その上で、体式の変化の経緯と要因を詳らかにしなければならない。

ところで本節では、高麗事元期から朝鮮初期の任命関連文書として、官教と朝謝文書を挙げたが、これ以外にも任命と密接な関係をもつ文書が存在する。

そのひとつが「差帖」である。差帖は、官府や官僚が属下の人員を差定（差《えら》び定める）する際に発給する文書であり、朝鮮初期から末期にいたるまで使用された[90]。

また、「箚付」という文書の存在も確認される。箚付は下行文書の一種であるが、高麗事元期から朝鮮初期においては職務任命の用途にも使われていた（以下、「任命箚付」と称する）。第四章で詳述するように、任命箚付はその性格上、官教や奉教告身などの任命文書とは明らかに区別される存在であった。朝鮮半島の歴代王朝において、任命箚付は高麗事元期から朝鮮初期にのみ現れ、その後にはまったく姿を消してしまう。任命箚付がいかにして生まれ、いかなる機能を果たし、いかにして消滅するにいたったのか、その実態の解明は行われておらず、今後の検討が必要とされる。

加えて、文武官妻に対する封爵文書についても考察する必要がある。文武官僚を任命するとき、その妻に対しても夫の品階に応じた爵号を与えたが、その際に封爵文書を発給していた。『経国大典』に規定された封爵文書の体式は、官教・奉教告身のそれとほぼ同一であり、一見、任命文書と封爵文書の深い関連性をうかがわせる。しかし一方で、朝鮮初期の封爵文書の体式は、『経国大典』施行以後のものとまったく異なっていることが確認される。それでは、いついかにして封爵文書の体式の変化が起こったのか、また文書発給の手続きはいかなるものであったのかという点が問題になるが、これについては先行研究もなく不明のまま放置されている(91)。

このように既往の研究では、任命箚付と文武官妻封爵文書の存在が看過されてきたが、任命文書を包括的に考察しようとすれば、避けては通れない対象であろう。官教・奉教文書・朝謝文書と深く関わるように思われる任命箚付・文武官妻封爵文書を検討の対象とすること、これが第三の論点である。

最後に、当時における国家の制度や思想の解明という点を挙げておきたい。先述したように、高麗事元期から朝鮮初期の国家の諸要素については、関連史料数がきわめて限定されており、その実態を把握しがたいため、王朝の行政制度や為政者の政治思想を反映した任命文書は格好の検討対象と考えられる。任命文書の体系・体式の変遷過程とその要因の解明をつうじて、高麗事元期から朝鮮初期の国家の制度と思想の一端を明らかにすることにしたい。

四　本書の構成

本書では、前節で挙げた四つの論点を解決するため、五章にわたって論を展開してゆく。

まず第一章「『頤斎乱藁』辛丑日暦所載の高麗事元期から朝鮮初期の古文書——官教・朝謝文書の新事例——」では、一八世紀の文集『頤斎乱藁』に、従来知られていなかった高麗事元期から朝鮮初期の古文書（録文）一〇点が掲載されている事実を指摘し、その内容を分析する。それら古文書録文の中には、官教および朝謝文書が含まれており、任命文書の体系・体式の考察にとりかかる上できわめて重要な意義をもつ。

第二章「高麗事元期から朝鮮初期における任命文書体系の再検討」では、第一章で紹介した新史料を参考としつつ、事元以後の高麗における官教の存否の確定、および朝謝文書の機能の解明を行うことで、任命文書の体系を改めて検討する。また、それをつうじて得られた知見により、当時の王朝内における君臣権力関係と為政者の国際秩序意識について論じる。

第三章「朝鮮初期における官教の体式の変遷——頭辞と印章を中心として——」では、朝鮮初期、四品以上の官僚に与えられた官教について、その頭辞と印章の変遷過程を原文書および実録記事によって詳細に跡づけ、その上で当時の朝鮮王朝をとりまく政治情況を明らかにする。

以上の三章によって、高麗事元期から朝鮮初期における任命文書の体系・体式・機能の大要を明らかにし得ると思われる。つづく第四章・第五章では、任命関連文書である任命劄付と文武官妻封爵文書について分析を加える。この作業をつうじて、当該時期の任命文書をより包括的に見渡すことが可能になるものと思われる。

第四章「事元以後における高麗の元任命劄付の受容——「金天富劄付」の検討——」では、高麗事元期から末期にかけて発給されたと推定される「金天富文書」（録文）と、元で用いられた任命劄付の文言を逐一比較することで、「金天富文書」が任命劄付であることを指摘し、高麗が元の任命劄付の体式を受容した可能性を考察する。また、任命劄付の性格と機能を解明し、ついで、朝鮮初期に任命劄付が消滅し、同様の性格を有する文書が差帖へと統合されるまでの経緯について検討を加える。

第五章「朝鮮初期における文武官妻封爵の規定と封爵文書体式の変遷」では、まず検討の前提作業として、高麗最末期から朝鮮初期まで、文武官妻の封爵規定（封爵対象・爵号）の変化過程を跡づけ、それがいかにして『経国大典』に結実するにいたったのかを追究する。それを踏まえた上で、文武官妻封爵文書の体式と発給手続きの変遷過程を考察し、封爵文書と任命文書（官教・奉教告身）との差異について論じる。

以上により、これまでの研究では必ずしも十全に明らかにされてこなかった、高麗事元期から朝鮮初期の任命文書の諸特徴について、新たな史料と分析方法を用いて可能な限り深く掘りさげることにしたい。加えて、任命文書の検討という、既往の研究とは異なる視角から、当該時期における国家の制度や思想の解明に取り組みたい。

注

（1）当該期は、韓国の学界では「元干渉期」と称されているが、高麗と元との「両国の関係を『元による干渉』としてのみ捉えることは一面的」（矢木毅「はしがき」『高麗官僚制度研究』京都大学学術出版会、二〇〇八年、注6）であるため、本書では「事元期」という用語を用いることにしたい。

（2）ここでいう体式とは、王朝政府によって固定化された、文書に用いられる定型句や印章・署押（サイン）の有り様を意味する。定型句や印章・署押は一般に文書形式・様式と称されることが通例であるが、文書形式・様式という用語は文書の規格や紙質、筆法などをも含意して用いられる場合がある。本書では文書のもつ諸要素のうち、定型句と印章・署押のみを対象とするため、体式というやや聞き慣れない用語をあえて使うことにした。

（3）古文書をいかに定義するかという点は一筋縄ではいかない厄介な問題であるが、本書では混乱を避けるため、ひとまず、差出者と受取者の間に授受関係をともなう文字史料を文書と定義することにしたい。そのため、戸籍・郷約・謄録などの史料は検討対象から除外している。また、外交文書、とくに朝鮮と日本との間でやりとりされた文書については、日朝関係史家によって豊富な研究の蓄積がなされているため、ここでは取りあげない。古文書の定義をめぐる問題については、佐藤進一「中世史料論」（朝尾直弘ほか編『岩波講座日本歴史』二五、岩波書店、一九七六年、のち『日本中世史論集』岩波書店、一九九〇年に収録）、山口英男「文書と木簡」（石上英一編『日本の時代史』三〇、吉川弘文館、二〇〇四年）、金炫栄「『고문서』 개념의 수용과 전근대 아카이브즈 자료의 정리」（『史学研究』九五、二〇〇九年）など参照。

（4）朝鮮古文書学の研究史を概観したものとして、鄭求福「古文書 研究의 現況과 問題点」（『精神文化研究』四六、一九九二年）、梁晋碩「한국 고문서학의 전개과정」（『奎章閣』三四、二〇〇九年）、金炫栄「『고문서』 개념의 수용과 전근대 아카이브즈 자료의 정리」（前掲）などがある。本節ではそれらを参考としつつ、新たな知見を加えて叙述した。

（5）朝鮮総督府内務部地方局纂輯『朝鮮寺刹史料』上・下（一九一一年）。

（6）朝鮮史編修会編『朝鮮史料集真』上・下・続（朝鮮総督府、一九三五年・一九三六年・一九三七年）。

（7）小田省吾「李朝太祖の親製親筆と称せらる、古文書に就いて——淑慎翁主家垈賜給文書を紹介す——」（『青丘学叢』一七、一九三四年）、中村栄孝「受職倭人の告身に就いて（上・下）」（『歴史と地理』二八－一・二、一九三一年、のち『日鮮関係史の研究』上、吉川弘文館、一九六五年に収録）。

（8）朝鮮総督府臨時土地調査局編『朝鮮ノ土地制度及地税制度調査報告書』（朝鮮総督府、一九二〇年）。

（9）周藤吉之「朝鮮後期の田畓文記に関する研究（一・二・三）」（『歴史学研究』七－七・八・九、一九三七年、のち『清代東アジア史研究』日本学術振興会、一九七二年に収録）。

（10）中枢院調査課編『李朝の財産相続法』（朝鮮総督府中枢院、一九三六年）、同『朝鮮田制考』（朝鮮総督府中枢院、一九四〇年）。

（11）もちろんまったく残っていないというわけではなく、周藤吉之「朝鮮後期の田畓文記に関する研究」（前掲）は古文書に加え、「秋収記」（収税簿）などの帳簿類を用いて考察を進めている。また、長期にわたる史料蒐集の結果、近年では徐々に事例数が増加してきている。

（12）小倉進平『郷歌及び吏読の研究』（京城帝国大学、一九二九年）。

（13）鮎貝房之進「俗文攷」（『雑攷』第六輯上・下編、一九三四年）。

（14）なお考慮しなければならないのは、朝鮮古文書学の黎明期において、黒板勝美の果たした役割である。周知のとおり、黒板は東京帝国大学教授として日本古文書学の体系化に携わった人物であるが、一方で、朝鮮総督府が進めていた古蹟調査保存事業や通史『朝鮮史』編纂の遂行において中心的な役割を果たしていた。彼が総督府による朝鮮古文書の蒐集や整理・分類などに関与し、また周藤吉之や田川孝三ら後進の研究者に影響を与えた可能性は十分あるが、現在のところその実態を明らかにすることは難しい。今後の課題としたい。

（15）白麟「古文書의 研究와 그 整理問題」（『国会図書館報』四、一九六四年）。

（16）田川孝三「万暦十一・二年慶州京邸告目断簡について」（『朝鮮学報』四九、一九六八年）、姜仁求「栗谷先生 男妹 分財 記考」（『文化財』四、一九六九年）、旗田巍「新羅・高麗の田券」（『史学雑誌』七九－三、一九七〇年、のち『朝鮮中世社会史の研究』法政大学出版局、一九七二年に収録）、千恵鳳「貴重図書解題——朝鮮定宗下賜의 趙温定社功臣録券——」（『国学資料』一、一九七二年）、同「貴重図書解題——朝鮮太祖親筆賜給의 淑慎翁主家垈文書——」（『国学資料』二、一九七二年）、洪淳鐸「松広寺 円悟国師 奴婢帖」（『湖南文化研究』八、一九七六年）、朴秉濠「世宗二一年의 牒呈」（『法史学研究』一、一九七四年）、田川

孝三「貢人関係文書について」（榎博士還暦記念東洋史論叢編纂委員会編『榎博士還暦記念東洋史論叢』山川出版社、一九七五年）。

(17) 南豊鉉「一三世紀 奴婢文書의 吏読」（『檀国大学校論文集』八、一九七四年）、同「一六世紀初의 一明文 解読」（『壇苑』一一、一九七九年）。

(18) 金容燮「司宮庄土의 管理――導掌制를 中心으로――」（『史学研究』一八、一九六四年、のち『朝鮮後期農業史研究――農村経済・社会変動――』一潮閣、一九七〇年に収録）。

(19) 朴元善『褓負商――韓国 商法史上의 行商制度研究――』（韓国研究図書館、一九六五年）。

(20) 崔在錫「朝鮮時代의 相続制에 関한 研究――分財記의 分析에 依한 接近――」（『歴史学報』五三・五四、一九七二年）。

(21) 李光奎「朝鮮王朝時代의 財産相続」（『韓国学報』三、一九七六年）。

(22) 朴秉濠『韓国法制史特殊研究――李朝時代의 不動産売買及担保法――』（韓国研究図書館、一九六〇年）。

(23) 金約瑟「古文書論考（Ⅰ・Ⅱ・完）」（『国会図書館報』三七・三九・四〇、一九六七年）。

(24) 金東旭「古文書의 様式的 研究 序説（一・二）」（『人文科学』（延世大学校人文科学研究所）一七・一九、一九六七・一九六八年、のち『古文書集真――壬乱以前 文書를 主로――』延世大学校出版部、一九七二年に収録）。

(25) 田川孝三「朝鮮の古文書――官文書を主として――」（佐藤進一編『書の日本史』九、平凡社、一九七六年）。

(26) 崔承熙『韓国古文書研究』（韓国精神文化研究院、一九八一年初版、のち一九八九年に知識産業社から改正増補版が刊行）。

(27) 例えば、文書の分類において、任命・科挙合格・追贈・奴婢土田賜与・免役など、様々な機能をもつ文書を「教旨」という同一の項に押しこんでいるのは問題である（増補版七七～九二頁）。確かに、これらの文書は「教旨」という頭辞を備えており、その体式もよく似ている。しかし、朝鮮初期においては、個々の文書はまったく異なる体式を有しており、『経国大典』成立を前後した時期に、はじめて体式が相似するようになったのである。こうした体式の変遷過程を念頭に置けば、崔承熙の文書分類法には疑問を抱かざるを得ない。

(28) 李樹健編『慶北地方古文書集成』（嶺南大学校出版部、一九八一年）、『古文書』一（全南大学校出版部、一九八三年）、『古文書』一（서울大学校図書館、一九八六年）、資料調査室編『古文書集成』三（韓国精神文化研究院、一九八六年）など。

(29) 同研究院には、現在、古文書学・書誌学専攻の大学院生を養成する古文献管理学科が設立され、多数の古文書研究者の輩出を担っている。

(30) 鄭奭鍾「朝鮮後期 奴婢売買文記 分析」（金哲埈博士華甲紀念史学論叢刊行準備委員会編『金哲埈博士華甲紀念史学論叢』知識産業社、一九八三年）。

(31) 李在洙「一六世紀 田畓売買의 実態――慶北地方 田畓売買明文을 中心으로――」（『歴史教育論集』九、一九八六年）。
(32) 金容晩「朝鮮時代 均分相続制에 関한 一研究――그 변화요인의 역사적 성격을 중심으로――」（『大丘史学』二三、一九八三年）、同「朝鮮時代 在地士族의 財産所有形態（I）――주로 一六、一七C. 良洞孫氏家門의 경우를 중심으로――」（『嶠南史学』一、一九八五年）、同「佔畢斎 金宗直家門 研究――재산소유형태를 중심으로――」（『大丘史学』二七、一九八五年）、同「朝鮮後期 私奴婢에 関한 一研究――両班家 古文書 分析을 通하여――」（『嶠南史学』二、一九八六年）、同「朝鮮時代 士族의 奴婢所有権 研究――그 性格과 이동형태를 중심으로――」（『大丘史学』三五、一九八八年）、同「朝鮮時代 私奴婢 一研究――『新奴婢』개념설정을 위한 試論――」（『嶠南史学』四、一九八九年）。
(33) 李海濬「朝鮮後期 湖西地方 한 両班家의 奴婢所有実態――公州中湖・慶州李家所伝 戸口単子分析――」（『湖西史学』八・九、一九八〇年）。
(34) 金炯沢「一七・一八세기 私奴婢의 存在様態――扶安金氏 古文書에 의한 事例 分析――」（李元淳教授華甲紀念史学論叢刊行委員会編『李元淳教授 華甲紀念 史学論叢』教学社、一九八六年、のち『朝鮮後期奴婢身分研究』一潮閣、一九八九年に収録）。
(35) 崔承熙「朝鮮後期 郷吏身分移動与否考――郷吏家門 古文書에 의한 事例研究――」（金哲埈博士華甲紀念史学論叢刊行準備委員会編『金哲埈博士華甲紀念史学論叢』前掲）、同「朝鮮後期 身分変動의 事例研究――竜宮県 大邱白氏家古文書의 分析――」（辺太燮博士華甲紀念史学論叢刊行委員会編『辺太燮博士華甲紀念史学論叢』三英社、一九八五年）、同「朝鮮後期 郷吏身分移動与否考（二）――草渓卞氏 郷吏家門 古文書에 의한 事例研究――」（『韓国文化』四、一九八三年）。以上の論文は崔承熙『古文書를 통해 본 朝鮮後期 社会身分史研究』（知識産業社、二〇〇三年）に収録。
(36) 李栄薫「古文書를 통해 본 朝鮮前期 奴婢의 経済的 性格」（『韓国史学』九、一九八七年）。
(37) 李樹健「光山金氏礼安派의 世系와 그 社会・経済的 基盤――金縁家門의 古文書 分析――」（『歴史教育論集』一、一九八〇年）、同「古文書를 통해 본 朝鮮朝社会史의 一研究――慶北地方 在地士族을 중심으로――」（『韓国史学』九、一九八七年）。
(38) 梁泰鎮「録《ママ》巻에 관한 書誌的 考察――朝鮮朝 初期의 開国原従功臣録《ママ》巻을 中心으로――」（『国会図書館報』一七〇、一九八四年）。
(39) 千恵鳳「金天理 原従功臣録券의 書誌的 考察」（『한국 비블리아』六、一九八四年）、同「義安伯李和 開国功臣録券에 관한 研究」（『書誌学研究』三、一九八八年）。
(40) 許興植「一二六二년 尚書都官貼의 分析（上・下）」（『韓国学報』二七・二九、一九八二年）、同「一三四九年 清州牧官의 吏読文書」（『韓国学報』三八、一九八五年）、同『한국의 古文書』（民音社、一九八八年）。
(41) 朴龍雲「高麗時代의 紅牌에 관한 一考察」（碧史李佑成教授定年退職紀念論叢刊行委員会編『民族史의 展開와 그 文化――碧

史李佑成教授定年退職紀念論叢――』上、창작과비평사、一九九〇年、のち『高麗時代 蔭叙制와 科挙制 研究』一志社、一九九〇年に収録)。

(42) 木下礼仁「『三国遺事』金傅大王条にみえる「冊尚父誥」についての一考察――唐告身との関連性によせて――」(『朝鮮学報』九三、一九七九年、のち『日本書紀と古代朝鮮』塙書房、一九九三年に収録)。

(43) 張東翼「慧諶의 大禅師告身에 대한 検討――高麗 僧政体系의 理解를 중심으로――」(『韓国史研究』三四、一九八一年)、同「金傅의 冊尚父誥에 대한 一検討」(『歴史教育論集』三、一九八二年)。

(44) 金相淏「朝鮮時代의 公文書管理」(『書誌学研究』一、一九八六年、のち『기록보존론』亜細亜文化社、一九九九年初版、二〇〇七年増補に収録)。

(45) 南権熙「架閣庫考」(『書誌学研究』一、一九八六年)。

(46) 李基白編『韓国上代古文書資料集成』(一志社、一九八七年)、鄭求福ほか編『朝鮮前期古文書集成――一五世紀篇――』(国史編纂委員会、一九九七年)、盧明鎬ほか編『韓国古代中世古文書研究』上・下(서울大学校出版部、二〇〇〇年)など。

(47) 尹炳泰・朴玉花・張舜範『韓国古文書整理法』(韓国精神文化研究院、一九九四年)。

(48) 李樹健ほか『一六세기 한국 고문서 연구』(아카넷、二〇〇四年)。

(49) 金容晩『朝鮮時代 私奴婢研究』(集文堂、一九九七年)。

(50) 全炅穆『고문서를 통해서 본 우반동과 우반동 김씨의 역사』(新亜出版社、二〇〇一年)。

(51) 鄭求福『古文書와 両班社会』(一潮閣、二〇〇二年)。

(52) 金炫栄『고문서를 통해 본 조선시대 사회사』(新書苑、二〇〇三年)。

(53) 李在洙『朝鮮中期 田畓売買研究』(集文堂、二〇〇三年)。

(54) 金建泰『조선시대 양반가의 농업경영』(歴史批評社、二〇〇四年)。

(55) 文叔子『조선시대 재산상속과 가족』(景仁文化社、二〇〇四年)。

(56) 安承俊『朝鮮前期 私奴婢의 社会 経済的 性格』(景仁文化社、二〇〇七年)。

(57) 金赫『특권문서로 본 조선사회――완문(完文)의 문서사회학적 탐색――』(知識産業社、二〇〇八年)。

(58) 朴宰佑『고려 국정운영의 체계와 왕권』(新丘文化社、二〇〇五年)。

(59) 朴竣鎬『예의 패턴――조선시대 문서 행정의 역사――』(笑臥堂、二〇〇九年)。

(60) 朴盛鍾『朝鮮初期 古文書 吏読文 訳注』(서울大学校出版部、二〇〇六年)。

(61) 朴竣鎬「手決(花押)의 개념에 대한 연구――礼式으로서의 署名과 着押――」(『古文書研究』二〇、二〇〇二年)、同「公

文書 行移体制와 着名・署押」(『清渓史学』一八、二〇〇三年)、同「조선시대 着名・署押 양식 연구」(『古文書研究』二四、二〇〇四年)。

(62) 金恩美「朝鮮後期 教旨偽造의 一研究」(『古文書研究』三〇、二〇〇七年)。

(63) 孫渓鉄「詩箋紙의 유형과 특징――竹冊型 詩箋紙를 중심으로――」(『古文書研究』二三、二〇〇三年)、同「古文書에 사용된 종이 연구――『度支準折』을 중심으로――」(『古文書研究』二五、二〇〇四年)、同「조선시대 古文書에 사용된 종이 분석」(『韓国記録管理学会誌』五-一、二〇〇五年)、同「조선시대에 사용된 詩箋紙의 시대적 특징」(『書誌学研究』三六、二〇〇七年)。

(64) 沈永煥『조선시대 고문서 초서체 연구』(笑臥堂、二〇〇八年)。

(65) 姜恩景『고려시대 기록과 국가운영』(慧眼、二〇〇七年)。

(66) 金泰雄「甲午改革 前後 地方公文書管理의 변화」(『奎章閣』二三、二〇〇〇年)、金炫栄「조선시대의 문서와 기록의 위상――사초、시정기에 대한 재검토――」(『古文書研究』三二、二〇〇八年)、山内民博「朝鮮後期郷村社会と文字・文書――伝令と所志類をてがかりに――」(『韓国朝鮮の文化と社会』六、二〇〇七年)、이한희「조선시대 기록물의 생산 및 처리과정과 보존」(『書誌学研究』三七、二〇〇七年)。また『古文書研究』二八(二〇〇六年)では「韓国と日本近世の組織と文書」という特集が組まれ、金炫栄「조선시대 지방 官衙에서의 기록의 생산과 보존」、文叔子「近世 両班 家門의 文書伝来와 構造」、李海濬「조선후기 촌락문서의 생산과 관리」などの論考が掲載された(のち日本語に翻訳され、国文学研究資料館アーカイブズ研究系編『中近世アーカイブズの多国間比較』岩田書院、二〇〇九年に収録)。この特集は朝鮮古文書の伝来論的研究の必要性を広く喚起したものとして注目される。

(67) 『経国大典』成立後にも、必要に応じて新たな公文書が生み出されることがあった。当時の公文書制度の概要は、『大典会通』(一八六五年)など、朝鮮後期に続々と刊行された法典類をつうじて把握することが可能である。

(68) 朴龍雲「『고려사』백관지의 특성과 역주」(『高麗史』百官志 訳注』新書苑、二〇〇九年)。

(69) 従来、事元前における高麗の中央政治機構は二省(中書門下省・尚書省)制であったとされてきた。しかし、近年、高麗でも唐と同様に三省制を施行したと主張されるようになっており、活発な議論が交わされている。本書でもこれにしたがうことにしたい。李貞薫『高麗前期 政治制度 研究』(慧眼、二〇〇七年)、崔貞煥『새로 본 高麗政治制度研究』(慶北大学校出版部、二〇〇九年)所収の各論考参照。

(70) 事元前の任命文書については、木下礼仁「『三国遺事』金傅大王条にみえる「冊尚父誥」についての一考察」(前掲)、張東翼「慧諶의 大禅師告身에 대한 検討」(前掲)、同「金傅의 冊尚父誥에 대한 一検討」(前掲)、矢木毅「高麗国初の広評省と内議省」

（『高麗官僚制度研究』前掲、初出は二〇〇〇年）、同「高麗時代の銓選と告身」（『高麗官僚制度研究』前掲、初出は二〇〇〇年）、梁正錫「松広寺 王命文書를 통해 본 高麗 公式令 制誥規式」（『韓国史学報』一八、二〇〇四年）、朴宰佑「관리임용을 통해 본 국정운영」（『고려 국정운영의 체계와 왕권』前掲）、沈永煥「高麗 景宗元年（九七五）金傅告身 分析」（『書誌学報』三一、二〇〇七年）など参照。なお矢木毅「高麗時代の銓選と告身」（前掲）は、事元前よりすでに、三省制にもとづく任命文書に加えて、朝謝文書（後述）が略式の任命文書として使用されていたと論じる。事元前の朝謝文書の実在を立証する史料は確認されず、当時、朝謝文書が使用されていたかどうかは必ずしも明確でない。この点については今後の課題とし、ここではひとまず、事元前の任命文書として、三省制にもとづくものに限って挙げている。

(71) 官教という語は「朝鮮後期にいたっては五品以下の告身の場合にも使用された」（鄭求福「(古文書 용어풀이) 告身」（『古文書研究』二二、二〇〇三年、二九八頁）というが、朝鮮初期においては、五品以下告身を指して官教と称した事例は見出せない。また、韓国の学界では、官教ではなく「教旨」という語を用いることが多いが、本書では官教の語を使用する。「教旨」は告身の他にも、紅牌（文科合格証）・白牌（小科合格証）・賜牌（奴婢や土地を支給したり、免役を認可する文書）などの呼称として使用されており、混同を招きやすいと判断したためである。

(72) 写真引用は、왕실도서관 장서각 디지털 아카이브（http://yoksa.aks.ac.kr/main.jsp）による。

(73) そもそも教牒という語は史料上にほとんどみえない。太祖元年（一三九二）一〇月、「改告身式、一品至四品、賜王旨曰官教、五品至九品、門下府奉教給牒曰教牒」（『太祖実録』巻二、元年一〇月癸酉）として、四品以上に「官教」、五品以下に「教牒」を発給するように任命文書の体系が整えられた。五品以下告身を教牒と称する学界の慣例はこの規定に由来するものであるが、『朝鮮王朝実録』の他の記事に教牒という語は確認されない。

(74) 写真引用は、왕실도서관 장서각 디지털 아카이브（前掲）による。

(75) 史料引用は、『鵝洲申氏芝軒・潭涯派世譜』（一九九五年刊）掲載写真による。

(76) 南権熙『高麗時代 記録文化 研究』（清州古印刷博物館、二〇〇二年）四九七頁。

(77) 「朝謝」の語自体が何を意味するのか明確でないが、矢木毅はこれを官職除授に対する拝命・謝恩と捉え（矢木毅「高麗時代の銓選と告身」前掲、一三八頁）、朴盛鍾「朝謝의 사용 의미와 文書式」（『古文書研究』四二、二〇一三年、八頁）は謝恩粛拝の意と捉えている。なお朴竣鎬『예의 패턴』（前掲）は、『成宗実録』巻一五六、一四年七月乙未の記事にみえる「朝謝考四祖署経」という一文を根拠に、朝謝が署経（台諫による資格審査）を意味するとした（五七頁）。当該記事は、ある人物が乱臣の親族であるにもかかわらず、清要職（台諫や刑官）に任用されたことに対する司憲府の反駁の上疏である。その上疏では、祖先・親族の事跡をよく調査しないまま、任命を行うべきでないという文脈で、『経済六典』（朝鮮建国初期に制定された法典）か

ら「朝謝考四祖署経」という規定が引用されている。したがってこの一文は、「朝謝（朝謝文書）は四祖を調査した上で署経せよ」と理解すべきであり、朝謝という語が署経を意味することを説明したものではない。

(78) 韓国の学界では「朝謝牒」という呼称が通例であるが、すべての事例が牒式文書とは限らないため、本書では「朝謝文書」と称することにする。

(79) 本書では、高麗が離元活動を行って元から距離を置いた恭愍王五年（一三五六）以後を「高麗末期」と称することにしたい。

(80) 写真引用は、蔵書閣編『韓国古文書精選――朝謝文書・五品以下告身・紅牌・白牌・禄牌――』二（韓国学中央研究院出版部、二〇一二年）による。

(81) 詳細は、朴宰佑「관리임용을 통해 본 국정운영」（前掲）二四二～二五二頁、矢木毅「高麗時代の銓選と告身」（前掲）一三五～一四二頁、朴竣鎬『예의 패턴』（前掲）五四～五九頁参照。また、近年刊行された沈永煥・朴成鎬・魯仁煥『변화와 정착――麗末鮮初의 朝謝文書――』（民俗苑、二〇一一年）では、朝謝文書の性格について詳述されており、大いに参考になる。

(82) 「下批」は、王の直接命令によって発せられる、参上官（おおよそ六品以上）に対する任命形式である。一方、参外官（おおよそ七品以下）を任命する形式が「判」であり、銓選担当官府の擬定した人事案に対する王の裁可を意味する。「判」による高麗時代の朝謝文書はこれまで確認されていないが、当時の政案（官職履歴文書）などの記載からその存在が推定されている。朴宰佑「관리임용을 통해 본 국정운영」（前掲）、矢木毅「高麗時代の銓選と告身」（前掲）参照。

(83) 忠粛王復位元年（一三三二）頃に発給された「鄭仁卿政案」には、高麗末期の朝謝文書とほとんど同一の定型句が引用されている。また、高麗事元期の年代記史料には「謝牒」（朝謝文書）という語がみえており（『高麗史』巻三五、忠粛王世家、一二年一〇月乙未）、当時、朝謝文書が用いられていたことがわかる。なお、「鄭仁卿政案」については、南権熙・呂恩暎「忠烈王代 武臣 鄭仁卿의 政案과 功臣録券 研究」（『古文書研究』七、一九九五年）、朴宰佑「고려 政案의 양식과 기초 자료――『鄭仁卿政案』을 중심으로――」（『古文書研究』二八、二〇〇六年）参照。

(84) 朴竣鎬『예의 패턴』（前掲）七三～九一頁。

(85) 写真引用は、蔵書閣編『韓国古文書精選』二（前掲）による。

(86) 蔵書閣編『韓国古文書精選』二（前掲）二八～八一頁。

(87) 「吏曹啓、吏科及承蔭出身封贈爵牒等項文牒、皆用吏文、独於東西班五品以下告身、襲用吏読、甚為鄙俚、請自今用吏文、従之」（『世祖実録』巻八、三年七月甲戌）。

(88) 写真引用は、蔵書閣編『韓国古文書精選』二（前掲）による。

(89) 蔵書閣編『韓国古文書精選』二（前掲）八二～一〇三頁。

（90）差定の機能をもつ文書としては、この他、「差関」「差牒」がある。関・牒・帖はいずれも公文書の一種であり、発給者と受給者の品階にしたがって、それぞれ使用範囲が規定されていた。ただし、差関や差牒の事例は少なく、ごくわずかしか確認することができないため、ここでは差帖のみを挙げている。

（91）なお、『経国大典』において、父母（あるいは祖父母・曾祖父母）の追贈文書もまた、官教と酷似する体式を備えている（巻三、礼典、追贈式）。そのため、追贈文書に対する考察も必要であるが、関連史料が非常に限られており、その変遷過程を考察することはきわめて難しい。そのため、本書では文武官妻の封爵文書に焦点を絞らざるを得なかった。

第一章　『頤斎乱藁』辛丑日暦所載の高麗事元期から朝鮮初期の古文書

――官教・朝謝文書の新事例――

一　はじめに

高麗事元期から朝鮮初期における任命文書の原本は、他の種類の文書に比べれば現存数が比較的多いとはいえるが、やはり事例が少ない点は否めず、研究に大きな障碍となっている。とくに高麗事元期・末期の任命文書の原本は、真偽の不確かな「申祐官教」を除いて一点も現存していない。

ただ幸いなことに、祖先の官歴を誇る意味合いからか、任命文書が後代に編まれた典籍や族譜などに載録される例がしばしばある。当時の任命文書について考察するにあたり、それらの録文のもつ意義はきわめて大きいといえる。族譜や文集を博捜して文書の録文を見出す作業はこれまでにも行われてきたが[1]、今後は一層これを推し進めていく必要があろう。

本章ではこうした史料発掘作業の一環として、朝鮮後期の文人・黄胤錫（一七二九～一七九一年）の自筆本『頤斎乱藁』辛丑日暦に転載された高麗事元期から朝鮮初期の文書を取りあげることにしたい[2]。

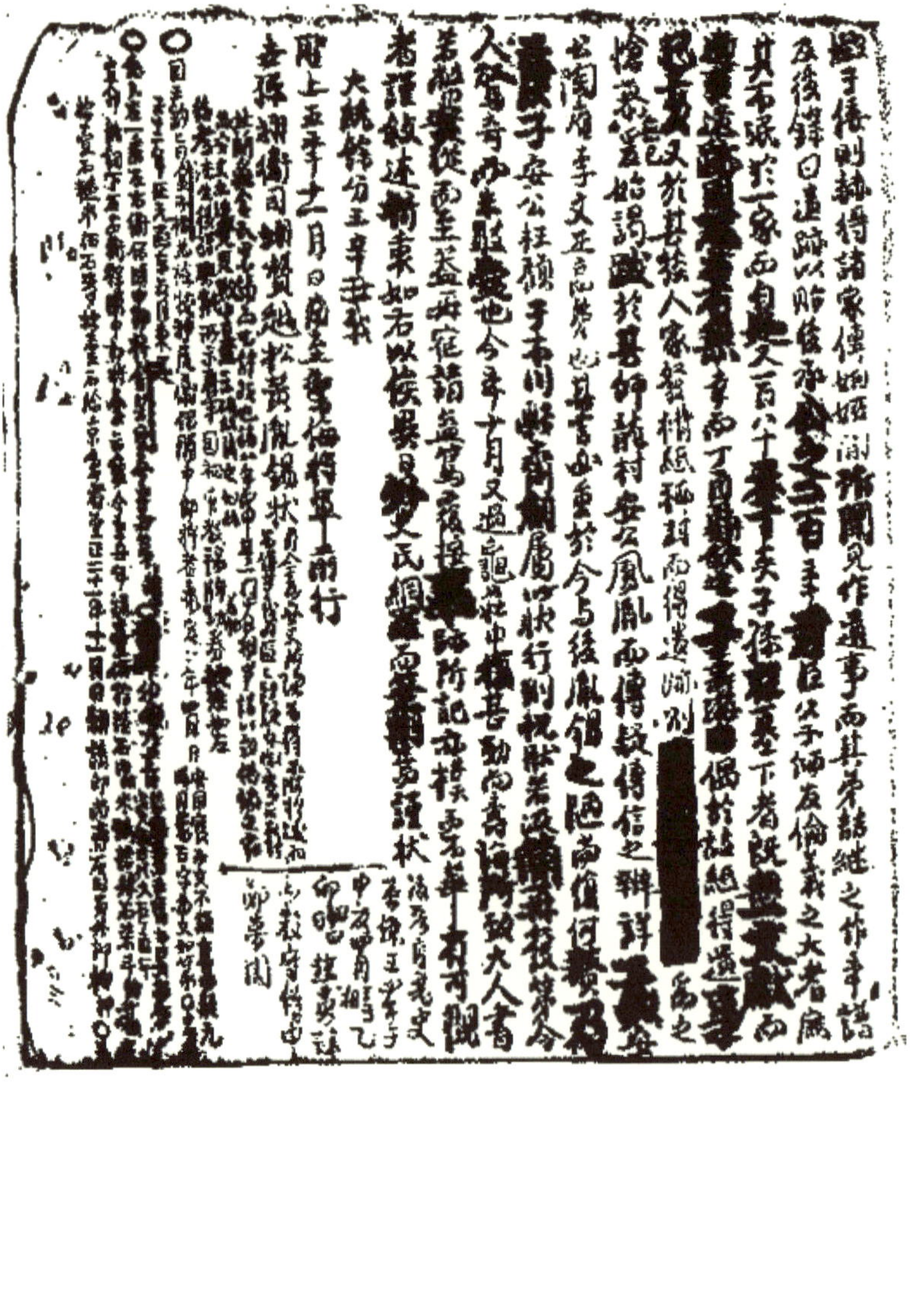

写真１　『頤斎乱藁』巻三四、辛丑日暦、一一月三〇日条(3)

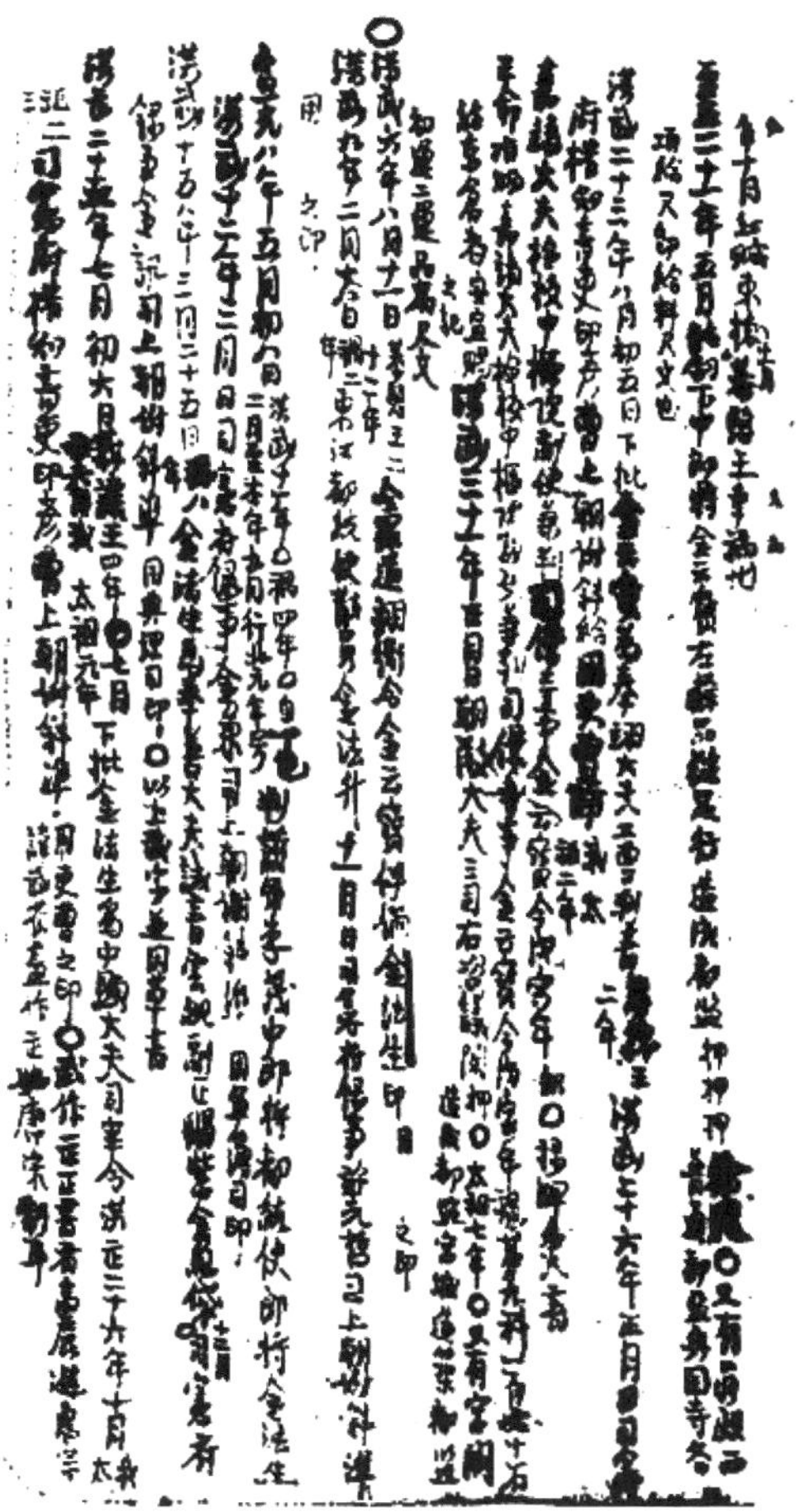

『頤斎乱藁』辛丑日暦は、黄胤錫が辛丑年（正祖五、一七八一）に記した日記であるが、ここに任命文書をはじめとする商山金氏家門関連の各種文書が転載されている（写真1）。このうち、「禄牌」（禄支給文書）一点が金赫によって紹介されたことがあったが[4]、それ以外の文書についてはこれまで言及されたことがなかった。しかし、『頤斎乱藁』辛丑日暦所載の文書は多種多様な内容を含んでおり、高麗事元期から朝鮮初期の古文書研究はもちろん、当時の政治制度史・社会経済史を検討する上でも、きわめて貴重な史料と判断される。本章では、任命関連のみな

らず他の文書も含め、『頤斎乱藁』辛丑日暦所載の各文書の全文を掲示し、その内容について分析を加えることにしたい。

二　古文書の載録経緯と関連人物

まず、本章で取りあげる文書が『頤斎乱藁』辛丑日暦に載録されるにいたった経緯、および文書に関連する人物の経歴について簡単に確認しておくことにしよう。

問題の文書は、高麗事元期から朝鮮初期にかけて活動した官僚金佑生の行状本文の後に、追記の形で載録されている。この行状は黄胤錫が撰述したものであるが、ここに文書を転載した事由について、彼は次のような注記を付している[5]。

史料1（『頤斎乱藁』巻三四、辛丑日暦、一一月三〇日、有明朝鮮国故中直大夫順天都護府使陽山金公行状、注）

自余為安丈所強、不得不附於述而不作之義、而区区致疑之微意、正在於其間、則雖金氏累請、而不許改也、後八年戊申、其一門中、自相争疏、以致偽端之露、為安丈立追覚見欺、書至示□、故識之如此、後考法生後孫興龍所示麗末国初官教・禄牌・差帖・功券、校注如左、（この文章につづいて、問題の文書が転載されている―引用者注）

やや意味を取りがたい部分もあるが、行状本文の記述を参考とすれば、史料1の内容はおおむね左のように整理できる。

私（黄胤錫）は知人の安丈（安鳳胤）に強いられ、「述して作らず」の義に則り金佑生の行状を撰じたが、（金佑生の後孫である商山金氏から提供された関連史料には）疑わしく納得できない部分があった。その後、金氏によって行状の改作を何度も請われたが、これを許さなかった。戊申年（正祖一二、一七八八）に、金氏一門で争いがあり、自分が（金氏から）欺かれていることが安丈によって知らされた。のち金法生（金佑生の兄）の後孫である金興龍が商山金氏家門に伝来していた「麗末国初官教・禄牌・差帖・功券」を私に示したため、これを校注して転載した。

それでは、金興龍が黄胤錫に「麗末国初官教・禄牌・差帖・功券」を提示したのはいかなる理由によるのであろうか。その間の経緯を『頤斎乱藁』の日暦によりつつ整理すれば、次のとおりである。

乙巳年（正祖九、一七八五）四月、金興龍とその従兄金興祖が黄胤錫を訪ね、金興龍の父金道源の墓碣銘を撰述するように依頼した[6]。同年五月、金興祖はふたたび黄胤錫のもとに現れ、金云宝（金法生と金佑生の父）の「功券・官教・禄牌」や金法生の「官教・禄牌」などを託した[7]。おそらく、金道源の墓碣銘を撰述するための参考資料として祖先の関連文書を提示したのであろう。その後、六月に墓碣銘が完成し[8]、黄胤錫は墓碣銘と「先跡」を金興祖に送り返しているが[9]、この「先跡」こそ金云宝や金法生の関連文書、すなわち史料1にいう「麗末国初官教・禄牌・差帖・功券」を指すものと思われる。

なお後述するように、各文書の録文には黄胤錫の手による双行注が付され、そこに文書の字体や印章などが記されている点から考えて、黄胤錫が写した文書は原本であったと判断される。

『頤斎乱藁』辛丑日暦に記された文書は、商山金氏領中枢公派に関連するものである。文書に現れる人物の関係を把握するために、同氏族譜を参照して系譜を作成すれば図1のようになる。

図1　商山金氏系譜

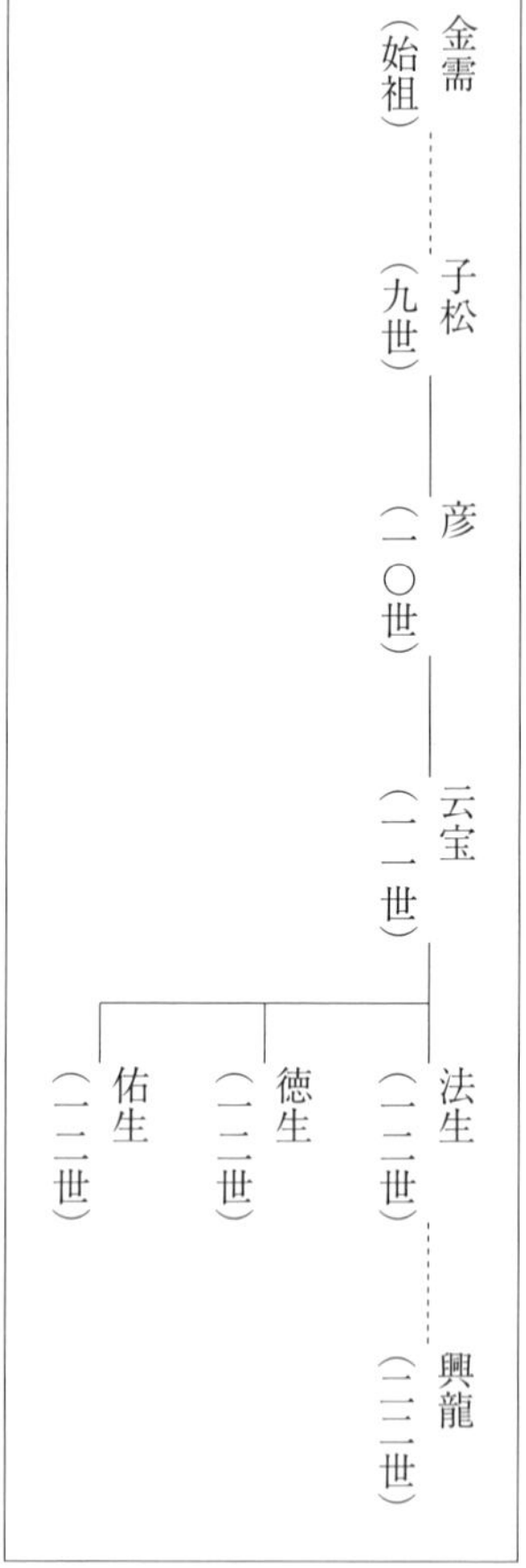

　このうち問題の文書に現れる人物は、金子松と金云宝、金法生の三名であるが、金法生の弟金徳生と金佑生は『朝鮮王朝実録』にその名がみえている。

　金徳生については実録に次のような記録がみえる。太祖四年（一三九五）一〇月、狩りに出向いた李芳遠（後の太宗）を豹が襲ったが、郎将金徳生がこれを救ったことがあった。のち、金徳生の死後、世宗代に嘉靖大夫（従二品上）・同知中枢院事が追贈されたが、後孫がいなかったため、王命により弟祐生（佑生）の次子に跡を継がせ、奴婢六口と田六〇結を支給したという(10)。

　一方、実録にみえる金佑生の事跡は次のとおりである。太宗八年（一四〇八）七月、掌務護軍であった金佑生が罪を得て巡禁司に拘束されたが、王命により減刑された。同一七年（一四一七）三月、司宰監正を罷免され、その後、上護軍をへて、世宗四年（一四二二）七月、全羅道海道察訪となり倭寇対策に腐心し、同九年（一四二七）八月、大護軍として世子侍従官となったという(11)。

このように、金徳生と金佑生については、実録記事によってその存在が確かめられるが、肝心の金子松・金云宝・金法生の三名については、族譜や行状などの門中関連史料以外にその名を見出すことはできなかった。

三　『頤斎乱藁』辛丑日暦所載古文書の分析

本節では、『頤斎乱藁』辛丑日暦所載の各文書の全文を掲げてこれを分析してゆく。これらの文書はもともとひとつながりに記載されたものであるが、その内容を把握しやすいように、一〇の部分に分割して文書の種類ごとにまとめた上で検討を加えることにしたい[12]（以下、文書史料の冒頭に付した数字は、『頤斎乱藁』辛丑日暦における記載順序を示す）。

（一）官教

①〇国王鈞旨、金子松為検校神虎衛保勝中郎将者、泰定二年四月日〔安国宝、而文不類古篆、疑元時因蒙古字為文如篆、〇忠粛王十二年、在元燕京、五月、東還〕、

①にみえる文書は、泰定二年（忠粛王一二、一三二五）四月、金子松を検校神虎衛保勝中郎将に任ずる官教である。神虎衛保勝中郎将は高麗時代の中央軍（二軍六衛）のひとつである神虎衛の保勝領に所属する将校職（正五品）であり[13]、検校は実務のない散職を意味する。

前章で触れたとおり、これまで知られている高麗事元期の官教としては「申祐官教」が唯一の事例であった。

史料2（「申祐官教」[14]）

王旨、
　申祐為神虎衛
　保勝摂護軍者、
　　至正四年四月廿九日

「申祐官教」は、至正四年（忠穆王即位、一三四四）四月、申祐を神虎衛保勝摂護軍に任命する文書であるが、その頭辞は「王旨」とある。一方、①文書では頭辞が「国王鈞旨」となっている点が注目される。「鈞旨」とは、元において駙馬《グレゲン》（元皇室の娘婿）や高官が用いる命令の語であった。若年で死去した忠穆王（第二九代）と忠定王（第三〇代）を除き、忠烈王（第二五代）から恭愍王（第三一代）にいたるまで、高麗王は元皇室の女を娶り、元が高麗に設置した地方行政機関である征東行省の長官職（丞相）を兼任しつづけていたため、この語を用いるにふさわしい立場にあったといえる。

①の双行注部分は黄胤錫がみずから付した注釈であるが、「国宝（王印）を捺しているが、文体は古の篆体とは似ていない。元の時代には蒙古字によって文を作ったため、篆体のようになっているのではないか」と述べている。黄胤錫は「金子松官教」に捺された印章を「蒙古字」と推定しているのである。万一彼の推定が正しいとすれば、「蒙古字」とは元代の印章に広く用いられていたパクパ（八思巴）字であったに違いない[15]。ただし、パクパ字の印章は篆体によって刻書されるため、蒙古字であるがゆえに印章の文字が篆体のようになっているとする黄胤錫の推測にはやや問題がある。

前章でも述べたように、事元以後の高麗に官教が存在したか否かについては意見が分かれており、「申祐官教」は偽文書ではないかという説も提起されている。しかし、①文書の存在は、事元以後の高麗における官教の存否問題に再検討を迫るものである。この点については次章で詳述することにしたい。

なお①の注釈において、忠粛王一二年（一三二五）、忠粛王は燕京（大都）に滞在していたが、五月に東還（高麗に帰還）したと言及されている。実際、『高麗史』を繙けば、忠粛王は同八年（一三二一）四月に元の大都に向かい、同一二年五月、高麗に帰国したという記事がみえる。[16] 忠粛王の動向を記述するにあたり、黄胤錫は商山金氏所蔵の関連史料を参照したと考えられるが、『高麗史』などの年代記をもとに注釈を付した可能性も排除できないであろう。

(二)　禄牌

②〇忽只左一番・左右衛保勝中郎将金芸宝、今辛丑第［欠］、〇禄牌外面大書［芸宝、亦曰云宝、亦曰文捧、亦曰文宝、初日代大、在丁酉年］、宣命、龍剣下左右衛保勝中郎将金云宝、今辛丑年禄、壹佰拾陸石内［欠］米玖拾肆石柒斗［欠］升［欠］米拾壹石、糙米伍石、麦拾壹石、給京倉者、至正二十一年十一月日、朝請郎・尚書右司員外郎柳［押］、〇是年十月、紅賊東搶、十一月、恭愍王幸福州、

⑤嘉靖大夫・検校中枢院副使・兼判司僕寺事金云宝、今戊寅年［欠］、〇禄牌外大書、王命准賜、嘉靖大夫・検校中枢院副使・兼判司僕寺事金云宝、今戊寅年禄、第九科一百七十石、給京倉者［安宣賜之記］、洪武三十一年正月日、朝散大夫・三司右咨議閔［押、〇太祖七年、〇又有宮闕造成都監・宮城造築都監初運二運品者尺文］、

②と⑤にみえる文書は金芸宝（云宝）に宛てられたものであるが、②文書は至正二一年（恭愍王一〇、一三六一）

一一月に尚書省右司が、また⑤文書は洪武三一年（太祖七、一三九八）正月に三司が発給した「禄牌」と考えられる[17]。尚書省右司と三司はいずれも禄の頒布をつかさどる官府であり、禄牌は禄の支給にあたって発給される文書であった。

朝鮮初期の禄牌の一例として、洪武二七年（太祖三、一三九四）一〇月、都膺に発給された禄牌を掲げれば史料3のとおりである。

史料3（「都膺禄牌」）

> 王命、准賜 宣節将軍・興威衛左領将軍都 膺
> 今甲戌年禄第玖科壹佰柒拾石、給京倉者、
> 洪武貳拾柒年拾月 日
> 奉正大夫・三司右咨議朴（押）

写真2「都膺禄牌」[18]

本文書は、王命にもとづいて、宣節将軍（従四品下）・興威衛左領将軍都膺に、甲戌年（一三九四）の第九科の禄一七〇石を京倉（王都に設けられた倉）から給与するという内容である。[19] 文書の三ヶ所に「宣賜之印」という印章が捺されており、文書末尾には奉正大夫（正四品上）・三司右咨議朴某の押が施されている。

この「都膺禄牌」の文面と②・⑤文書のそれを比較してみれば、高麗末期に発給された②文書とは若干異なるが、朝鮮初期に発給された⑤文書と合致している部分が多いことがわかる。しかし、②・⑤の冒頭部分には、「忽只左一番・左右衛保勝中郎将金芸宝、今辛丑第［欠］、〇禄牌外面大書」（②）および「嘉靖大夫・検校中枢院副使・兼判司僕寺事金芸宝、今戊寅年［欠］、〇禄牌外大書」（⑤）という、「都膺禄牌」にみえない記述がある。この記述は何を意味するのであろうか。

ここで注目したいのが、朝鮮後期に発給された禄牌の事例である。

次頁に掲げた史料4は、崇禎元年（仁祖六、一六二八）四月、尹善道宛の禄牌を貼り付けた紙の背面に書かれた記録である。「建功将軍・行忠武衛副司猛尹善道」という禄受給者の官職と姓名が大字で書かれており、その下に二行にわたって「今戊辰年夏等禄牌」という頒禄の記録が小字で書かれている。頒禄の年度や季節が記されていることからみて、こうした記録は、いつ誰に発給された禄牌であるのかを示す表題のようなものと考えられる。②と⑤の文書にみえる「禄牌外（外面）大書」という記述は、「禄牌〔を貼り付けた紙の〕外側の面に大書されている」という黄胤錫が付した注釈とみなしてよい。[20] したがって、「忽只左一番・左右衛保勝中郎将金芸宝、今辛丑第［欠］」（②）、および「嘉靖大夫・検校中枢院副使・兼判司僕寺事金芸宝、今戊寅年［欠］」（⑤）という部分は、それぞれ禄牌の外面に書かれていた記録と判断される。

史料4（「尹善道禄牌」頒録記録）

建功将軍・行忠武衛副司猛尹善道 今戊辰年夏等禄牌

写真3 「尹善道禄牌」頒録記録[21]

それでは次に、②・⑤文書本文の内容をいかに解釈すべきかについて検討したい。まず、朝鮮初期に発給された⑤文書からみていこう。

先に言及したように、「嘉靖大夫・検校中枢院副使・兼判司僕寺事金云宝、今戊寅年［欠］」は頒録記録である。禄牌本文の頭辞「王命准賜」は、「王が命じて（禄を）賜うことを許した」と解釈できる。[22]つづく「今戊寅年禄、第九科一百七十石、給京倉者」は、戊寅年（太祖七、一三九八）に第九科の禄一七〇石を京倉から給与するという意味である。また注釈にみえる「安宣賜之記」という記述から、「宣賜之記」（「宣賜之印」か）が文書に捺されていたことがわかる。

⑤文書は追い込みの形で書かれているため、一見するとやや把握しがたいが、「都膺禄牌」（史料3）を参照すれば、両者の体式はほぼ合致することがわかる。また、⑤文書の頒禄内容が「都膺禄牌」のそれと完全に一致すること（第九科一七〇石）も興味深い点である（⑤末尾の注釈については後述）。

つづいて、高麗末期に発給された②文書を検討しよう。

「忽只[23]左一番・左右衛保勝中郎将金芸宝、今辛丑第［欠］」が頒録記録であることは、先述のとおりである。禄牌の文書本文の冒頭は「宣命」とあり、朝鮮初期の禄牌のように「王命」となってはいない。「宣」は中国において皇帝のみが使用し得る命令語であったにもかかわらず、元に藩属していた高麗がなぜこの語を使用し得たのであろうか。

高麗末期と朝鮮初期の王命呼称にこのような差異が生じる理由は、恭愍王五年（一三五六）以後のいわゆる「反元政策」[24]により、高麗の諸制度が皇帝体制にもとづく文宗代以前の状況に戻っていたためと思われる。すなわち、②文書が発給された恭愍王一〇年（一三六一）当時には、高麗が元から距離を置き、諸侯体制でなく皇帝体制を採用していたため、高麗王は皇帝の命令語「宣」を用いていたと推定されるのである。実際に、「僧録司貼」[25]（一三五七年発給）という文書には、王の命令語として、忠烈王二年（一二七六）三月以来使用されていた「王旨」[26]ではなく「宣旨」がみえている。したがって②文書が発給された当時には、皇帝の命令語である「宣命」を使用していたと考えられる。なお、朝鮮初期の禄牌に「王命准賜」とあるように、②文書でも元来「宣命准賜」とあったが、黄胤賜が文書を書写する際、「准」字と「賜」字を脱漏した可能性も想定される。しかし、単に「宣命」それ自体だけでも意味が通じるため、強いて脱漏とみる必要はないとも考えられる。この点については後考に俟ちたいと思う。

「龍剣下左右衛保勝中郎将金云宝」は「龍剣の指揮下の左右衛保勝中郎将金云宝」と解釈される。「某人下某人」という表現は、高麗の記録史料にしばしばみえており、「某人の指揮下の某人」という意味である。例えば、忠粛王復位元年（一三三二）頃に発給された鄭仁卿の「政案」（官職履歴文書）にこうした表現が頻出している。[27]

「今辛丑年禄、壹佰拾陸石内［欠］米玖拾肆石柒斗［欠］升［欠］米拾壹石、糙米伍石、麦拾壹石」は、給与する禄の内訳であるが、欠字が多くその正確な数量は不明とせざるを得ない。

また②末尾の注釈に「是年十月、紅賊東搶、十一月、恭愍王幸福州」とあるが、これもまた、商山金氏所蔵の関連史料、あるいは年代記史料に依拠して、黄胤錫が付したものであろう。『高麗史』によれば、当時、紅巾集団が高麗に侵攻し、首都である開京が陥落したため、恭愍王は福州（安東）に乱を避けていた。[28]②文書はこうした渦中に発給されたため、実際に禄が金芸宝（云宝）に支給されたのは、高麗軍が開京を収復した翌年正月以後であったと思われる。

なお、⑤文書と朝鮮初期の禄牌とを比較すれば、「王命」と「宣命」の違いなど細かな差異もあるが、両者の体式は相当に類似している。このことから考えれば、朝鮮初期の禄牌の文書体式は、高麗末期の禄牌に強い影響を受けて成立した可能性が高いといえよう。

（三）　朝謝文書

④洪武二十三年八月初五日、下批、金云宝為奉翊大夫・工曹判書［恭譲王二年］、洪武二十六年正月日、司憲府権知書吏印彦、曹上朝謝　斜《（確認する）》　給、用吏曹之印［我太祖二年］、

⑦洪武九年二月十八日［禑二年］、東江都統使散員金法升、十一月日、司憲府録事許元哲、司上朝謝　斜《（確認する）》　準［用之印］、

⑧宣光八年五月初八日［洪武十一年、○禑四年、○自丁巳二月至本年九月、行北元年号］、判、護軍李茂中郎将都統使郎将金法生、洪武十二年三月日、司憲府録事金兼、司上朝謝　斜《（確認する）》　準［用軍簿司印］、

⑨洪武十五年三月二十五日［禑八年］、金法生為奉善大夫・試書雲観副正・賜紫金魚袋、十二月、司憲府録事金訊、司上朝謝　斜《（確認する）》　準［用典理司印、○以上武字、並用草書］、

⑩洪疋二十五年七月初六日［恭譲王四年、○七月十六日、我　太祖元年］、下批、金法生為中顕大夫・司宰令、洪疋二十六年十月［我太祖二年］、司憲府権知書吏印彦、曹上朝謝　斜《（確認する）》　準［用吏曹之印、○武作疋・正書者、高麗避恵宗諱武、省画作疋、如唐宋制耳］、

④・⑦・⑧・⑨・⑩に載録されたものは朝謝文書と判断される。高麗末期の朝謝文書としては、従来、李子脩宛の文書二点と柳従恵宛の文書二点が知られるのみであり、それらの文書もまた文集や族譜に転載された録文であった。まず、李子脩宛の朝謝文書をみてみよう。次掲の二点の史料は、李滉（退渓）が原文書を臨写したものであり、

発給者の職位と署押まで忠実に写しとられていることから、高麗末期の朝謝文書の体式をもっともよく伝えているものと判断される。

史料5（「李子脩朝謝文書」[29]）

司上朝謝　斜《確認する》　准、
司憲府録事安天寿、洪武九年十月日　名《付けの》　貼、洪武九年
七月十二日、下　批、李子脩為奉順大夫・判書雲観事、朝謝由
出納為等以《したので》、施行、印《以上》、
唱
准
権知堂後官　押

史料6（「李子脩朝謝文書」[30]）

司上朝謝　斜《確認する》　准、
司憲府録事崔子霖、洪武十五年十一月日　名《付けの》　貼、洪
武十五年三月廿五日、下　批、李子脩為通憲大夫・判
典儀寺事、
朝謝由出納為等以《したので》、施行、印《以上》、
唱
准

正郎　　押

判事　　押

史料5は、奉順大夫（正三品下）・判書雲観事に任命する文書で、洪武九年（禑王二、一三七六）一〇月頃に発給されており、史料6は通憲大夫（従二品）・判典儀寺事に任命する文書で、同一五年（禑王八、一三八二）一一月頃に発給されている。

次に、柳成龍（一五四二～一六〇七年）の『終天永慕録』に収録されている柳従恵の朝謝文書二点をみておこう。一点は、洪武一六年（禑王九、一三八三）五月頃、奉善大夫（従四品）・試軍器少尹に任ずる文書、もう一点は同二〇年（禑王一三、一三八七）四月頃、中正大夫（従三品下）・三司右尹に任ずる文書である。先行研究では、柳従恵宛の朝謝文書を李子脩宛のそれと比較した結果、前者に錯簡があると判断し、それぞれ次のように校訂を加えている(31)。

史料7　（「柳従恵朝謝文書(32)」）

（原文）

洪武十五年三月二十五日、下　批、柳従恵為奉善大夫・試軍器少尹・賜紫金魚袋、朝謝由出納為等以《したので》、施行、印《以上》、司上朝謝　斜《確認する》　准、司憲府録事鄭崗、洪武十六年五月日　名《付けの》、

（校訂文）

司上朝謝　斜《確認する》　准、司憲府録事鄭崗、洪武十六年五月日　名《付けの》、洪武十五年三月二十五日、下批、柳従恵為奉善大夫・試軍器少尹・賜紫金魚袋、朝謝由出納為等以《したので》、施行、印《以上》、

史料8（「柳従恵朝謝文書」[33]）

（原文）

洪武十七年七月十一日、下　批、柳従恵為中正大夫・三司右尹、朝謝由出納為等以《したので》、施行、印《以上》、司憲府録事
孫陽、洪武二十年四月日　名《付けの》、

（校訂文）

司憲府録事孫陽、洪武二十年四月日　名《付けの》、洪武十七年七月十一日、下批、柳従恵為中正大夫・三司右尹、朝謝
由出納為等以《したので》、施行、印《以上》、

高麗末期の朝謝文書の発給過程については前章ですでに述べたが、確認のためにいま一度概略的に触れておこう。まず、参上官（おおよそ七品以上）を任用する際に用いる王命形式「下批」（参外官は「判」）により官職任命の王命が下る。ついで、これを受けた台諌がその任命の妥当性を審査する（これを「署経」という）。署経が問題なく終了すれば、司憲府が下行文書「貼」によってその旨を発給機関である密直司に通報する。最後に、これを受けた密直司が朝謝文書を受給者に発給する。

高麗末期の朝謝文書の体式をうかがう際、もっとも参考とすべき史料として、原文書を臨写した「李子脩朝謝文書」（史料5・6）を挙げることができる。そこで、「李子脩朝謝文書」の体式と④・⑦・⑧・⑨・⑩文書のそれを比較してみれば、後者には「朝謝由出納為等施行印」などの定型句や発給官府の署押がみえないなどの相違点が確認される。とすれば、④・⑦・⑧・⑨・⑩文書には相当量の錯簡や脱漏があると考えるべきであろうか。しかし、「柳従恵朝謝文書」（史料7・8）の体式もやはり「李子脩朝謝文書」のそれと異なっている点に注目すれば、『頤斎乱藁』辛丑日暦に載録された朝謝文書すべてに大幅な錯簡・脱漏があるとはやや考えがたいのではあるまいか。む

しろ、高麗末期の朝謝文書の体式にはいくつか種類があったとみる方が妥当ではないかとも思われる[34]。朝謝文書の体式の錯簡・脱漏に関する検討は今後の課題とし、④・⑦・⑧・⑨・⑩文書の内容を整理すれば大略左のようになる（行論の都合上、⑦文書と⑧文書の解説順序を入れ替えている）。

④文書　洪武二三年（恭譲王二、一三九〇）八月五日、下批により、金云宝を奉翊大夫（従二品）・工曹判書に任命し、同二六年（太祖二、一三九三）正月、司憲府権知書吏印彦が署経の終了を発給機関に通報したものである。

⑧文書　宣光八年（禑王四、一三七八）五月八日、判により、金法生を参外官である郎将（正六品）[35]に任命し、洪武一二年（禑王五、一三七九）三月、司憲府録事金兼が署経の終了を発給機関に通報したものである。一点注意すべきは、「護軍李茂中郎将都統使郎将金法生」という部分であり、これをそのまま読めば「護軍李茂の指揮下の中郎将の指揮下の都統使の指揮下の郎将金法生」と解釈される。しかし、軍隊の統率者である都統使[36]が一将校にすぎない中郎将の下に所属するとは考えがたいため、ここには何らかの脱漏・錯簡があると判断される[37]。

⑦文書　「東江都統使散員金法升」は「東江都統使の指揮下にある散員（正八品）金法升（金法生）」という意味であろう。この文書には「下批」字や「某人為某職」という文句がなく、金法升がいかなる方式により、いかなる官職に任命されたのか明らかでない。しかし、文書に「下批」字がない点、散員が参外官（おおよそ七品以下）である点、また⑧文書とほぼ同一の体式である点などを勘案すれば、おそらく金法升は、参外官を任命する王命形式「判」によって散員に任命されたものと推測することができる。⑦文書は、洪武九年（禑王二、

一三七六）二月一八日に金法升を散員に任命し、同年一一月、司憲府録事許元哲が署経の終了を発給機関に通報したものと考えられる。

⑨文書　洪武一五年（禑王八、一三八二）三月二五日、金法生を奉善大夫（従四品）・試書雲観副正に任命し、同年一二月、司憲府録事金訊が署経の終了を発給機関に通報したものである。本文中に「下批」字はみえないが、任命された官職が参上官である点から考えて脱漏しているものと推測される。

⑩文書　洪武二五年（恭譲王四、一三九二）七月六日、下批により、金法生を中顕大夫（従三品下）・司宰令に任命し、同二六年（太祖二、一三九三）一〇月、司憲府権知書吏印彦が署経の終了を発給機関に通報したものである。

④・⑧・⑨・⑩の注釈には、「典理司印」（⑨）、「軍簿司印」（⑧）、「吏曹之印」（④・⑩）とあり、各文書に捺された印章が記録されている。ここから、⑨文書が典理司、⑧文書が軍簿司、④・⑩文書が吏曹をへて発給されたことが知られる。従来紹介された高麗末期の朝謝文書の録文には印章の記載がなく、文書がいかなる手続きをへて発給されたのか、その実態をうかがうことは困難であった。しかし、今回、これらの印章が新たに確認されたことにより、朝謝文書の発給過程とその変遷について考察することが可能になった。次に、その問題について検討しておきたい。

人事業務を管掌する典理司・軍簿司などの印章が朝謝文書に捺されるようになったのは、文書の偽造を防止するためであった。次の史料をみてみよう。

史料9（『高麗史』巻七五、志二九、選挙三、銓注）
〔恭愍王〕十一年、密直提学白文宝上箚子曰、自九品至一品、毎品各給職牒、所以防奸、近世、品職朝謝、初則僉署、終則一官署、故始難終易、吏縁為奸、今後、六品以上、各自写牒投省、具署経印、七品以下、典理・軍簿、具署経印、毎品同品転移者、只給謝牒、

朝謝文書は従来、密直司の堂後官が署押のみ行って発給していたため、不正や紊乱が起こる憂慮があった。そのため、恭愍王一一年（一三六二）、六品以上はみずから牒（朝謝文書を指す）を写しとり、省（中書門下省）に投じて署押捺印をへるようにし、七品以下の朝謝文書は典理司あるいは軍簿司の署押捺印をへるようにし、「毎品同品転移者」（同品の官職を除授された者）は、官府の署押捺印をへず、朝謝文書をそのまま発給するように改めたという。

この規定にしたがって発給された文書として、禑王二年（一三七六）一〇月頃発給の「李子脩朝謝文書」（史料5）と同五年（一三七九）三月頃発給の⑧文書を挙げることができるが、後者には実際に「軍簿司印」が捺されていることが確認される。ただ、注意すべきは、⑧文書が郎将（正六品）に任命するものであるにもかかわらず、軍簿司による捺印が行われており、一見、恭愍王一一年（一三六二）の規定と矛盾しているように思われる点である。しかし、郎将が参外官であり、参上官と参外官には身分上の大きな差異があることを念頭に置けば、恭愍王一一年の規定は、品階にしたがって六品以上と七品以下とを画然と分けていたわけではなく、参上官と参外官とに緩やかに分けていたのではないかと考えられる[38]。

のち禑王六年（一三八〇）六月には、

史料10（『高麗史』巻七五、志二九、選挙三、銓注）

〔禑王〕六年六月、諫官李崇仁等言、近年、官爵真添相雑、其謝牒、但有堂後署、而無印信、恐後日必有仮濫、乞東班典理司、西班軍簿司、各令印信署給、

とあるように、ふたたび典理司と軍簿司の署押と捺印をへるように規定されたが、これは朝謝文書に対する署押捺印を六品以上や「毎品同品転移者」まで拡大した処置であろう。実際、禑王八年（一三八二）一二月頃発給の金法生を奉善大夫（従四品）・試書雲観副正に任ずる⑨文書には、「典理司印」が捺されている。[39]また発給年月から考えれば、同八年一一月頃発給の「李子脩朝謝文書」（史料6）、および同九年（一三八三）五月・同一三年（一三八七）四月頃発給の「柳従恵朝謝文書」（史料7・8）にも典理司の署押捺印が行われていた可能性が高い。

ところで、このとき六品以上すべてに典理司あるいは軍簿司の署押捺印を行うよう定めたわけではないようである。昌王即位年（一三八八）八月、大司憲趙浚が国政の重事について意見を述べたことがあったが、そこに次のような記述がみえる。

史料11（『高麗史節要』巻三三、昌王即位年八月）

大司憲趙浚陳時務曰、……古者、風淳俗厚、詐偽不生、百官謝牒、堂後官署之、世道日降、姦詐日滋、近来、上将軍以下、令軍簿司印之、奉翊以下、典理司印之、防詐冒也、……

朝謝文書に関する不正がますます増加したため、「近来」、朝謝文書に対して上将軍（正三品）以下は軍簿司が捺印し、奉翊大夫（従二品）以下は典理司が捺印するようにしたという。時期の近さから考えて、ここにいう「近来」とは、禑王六年（一三八〇）六月の規定（史料10）以後の状況を指すものとみてよいであろう。したがって禑

王六年六月の規定は、奉翊大夫以下の文官、上将軍以下の武官の朝謝文書を、それぞれ典理司と軍簿司が署押捺印してから発給するように定めたものと推定される。

このように、朝謝文書の発給手続きは決して不変であったわけではなく、恭愍王代から禑王代にかけて段階的に整備されたことがわかる。

その他に注目されるのは、④・⑩文書のように、朝謝文書が王朝を越えて発給されている点である。これは、任命が高麗滅亡直前に行われ、署経が朝鮮建国後に終了したために生じた現象であろう。もちろん朝鮮建国後には官職の名称が大幅に改定されたため[40]、高麗末期に任命された官職は効力をもち得ず、被任命者の職歴にのみ記されたにすぎないと考えられる。④・⑩文書は、高麗と朝鮮の両王朝の連続性を示唆する興味深い事例である。

なお⑨の注釈には、『頤斎乱藁』辛丑日暦所載の文書中、高麗末期に発給されたものには「武」字が草書で書かれていたとみえ、また、⑩の注釈において黄胤錫は、高麗では恵宗の諱（武）を避けるため、「武」字の画を省略し「𤴓」や「正」と記していたと説明している。実際「武」字に対する避諱は、高麗時代の典籍や文書などにしばしば確認される[41]。『頤斎乱藁』辛丑日暦所載の高麗末期発給の文書に記録された「武」字は、草書体の「𤴓」字あるいは「正」字であったと考えられる。

（四）尺文の可能性のある文書

③至正二十一年五月、龍剣下中郎将金云宝、左蘇品従足行造成都監［押、押、押］給尺［〇又有真殿・西普通都監・興国寺各項、給尺即給料尺文也］、

③には、至正二一年（恭愍王一〇、一三六一）五月、龍剣の指揮下にあった中郎将金云宝に関連して発給された

文書が転載されている。

「左蘇品従足行造成都監」という文の直後に三点の署押がみえることから、「左蘇品従足行造成都監」が文書の発給者と考えて誤りないであろう。「品従足行」の意味はよくわからないが、「左蘇造成都監」は左蘇（白岳、長湍白鶴山）に宮闕を造営した際に設置された都監（臨時官府）と考えられる。実際、恭愍王九年（一三六〇）七月、この地に宮闕が造成されはじめ、同年一一月、王が「白岳新宮」に移御したことがあった[42]。

ところで、③の注釈において、文書本文にある「給尺」という言葉が「給料尺文」と解説されており、ここから黄胤錫が③文書を「尺文」とみなしたことがわかる。尺文とは、朝鮮時代に租税・付加税・手数料などを収納する際に交付した一種の領収書であった[43]。参考として、朝鮮後期の壬辰年正月、司憲府が盈徳県令に発給した尺文を示せば、次のとおりである。

史料12（「盈徳県令尺文[44]」）

> 盈徳、
> 到任債陸両、到付債伍銭、捧上印、（以上）
> 　　　壬辰正月　日
> 司憲府（押）

その内容は、司憲府が「到任債」六両と「到付債」五銭を領収したというものである。到任債・到付債は手数料の一種であり、いずれも盈徳県令が司憲府へと上納したものである。

朝鮮時代の尺文は、法典にその体式が規定されていたわけではない。それゆえ、文書ごとに体式に若干の違いがみえるが、いずれの文書の体式も③文書のそれとまったく異なっている。それならば、高麗から朝鮮時代にかけて、尺文の体式が大きく変化したと想定することが可能であろう。あるいは、③文書が領収書として使用された朝鮮時代の尺文ではなく、他の用途に使われた文書であった可能性も十分にある。「給尺」という語のみを根拠に、これらの文書を領収書としての尺文と考えることには、やや無理があるためである。とはいえ、高麗時代あるいは朝鮮初期の尺文や、③文書の体式と類似した文書が他にみえないため、この点についてはこれ以上追究することは難しい。

③の注釈では、その他に真殿(45)・西普通都監(46)・興国寺(47)の尺文があったといい、また⑤の注釈では、宮闕造成都監・宮城造築都監初運二運品者(48)の尺文があったと述べている。しかし、文書本文は載録されていないため、その内容がいかなるものであったのか確認することはできない。

（五）用途不明の文書

⑥〇洪武六年八月十一日［恭愍王二十二年］、全羅道翊衛令金云宝伴倘金法生、印［用　之印］、

⑥の文書には、洪武六年（恭愍王二二、一三七三）八月という日付がみえるが、文書の本文では名詞が羅列されているのみでほとんど意味が把握できず、脱漏した部分が相当にあるものと推定される。この文書はおそらく全羅道翊衛令(49)金云宝の伴倘(50)であった金法生(51)に発給されたものと考えられるが、発給者および用途については、現在のところ不明とせざるを得ない。

四　おわりに

これまでみてきたように、『頤斎乱藁』辛丑日暦には、高麗事元期から朝鮮初期の文書一〇点が転載されていることが確認される。その内訳を示せば、官教一点、禄牌二点、朝謝文書五点、尺文の可能性のある文書一点、そして用途不明の文書一点である。これらの文書が他所ではほとんどみることのできない貴重な史料であることは再言の必要がないであろう。

このうち、任命関連文書（官教と朝謝文書）は全体の過半数を占めており、その存在が注目を引く。

まず、高麗末期に発給された朝謝文書はこれまでわずか四点のみ知られていたが、今回、新たに三点の事例を確認することができた。とくに朝謝文書に捺された官府の印章の種類が特定されたことは重要な意味をもつ。関連史料の不足から、朝謝文書の発給手続きがいかに変遷したかについては、従来、ほとんど不明であった。しかし、本章での検討により、恭愍王代から禑王代にかけて、朝謝文書の発給手続きが段階的に変化したことが明らかとなったことは、大きな成果といえる。

また、忠粛王一二年（一三二五）四月発給の「金子松官教」は、高麗事元期の官教の存否を再考する上で、きわめて重要な意味をもっている。高麗事元期から朝鮮初期における任命文書の体系に関しては、朴宰佑・矢木毅・朴竣鎬によって研究されてきたが、意見の対立があり、依然として明確な解答は出されていないのが現状である。『頤斎乱藁』辛丑日暦所載の官教は、これらの先行研究を再検討する際に大きな役割を果たすものと期待される。この問題については次章で詳述することにしたい。

注

（1）史料発掘に関わる近年の成果として、高麗時代の文書を網羅的に収集・整理して詳細な訳注を施した盧明鎬ほか編『韓国古代中世古文書研究』上（서울大学校出版部、二〇〇〇年）や、族譜・文集に収録された高麗時代および朝鮮初期の文書を紹介した南権熙『高麗時代 記録文化 研究』（清州古印刷博物館、二〇〇二年）が注目される。

（2）本史料については、李建植氏（韓国学中央研究院語文生活史研究所）より情報提供を受けた。

（3）写真引用は、왕실도서관 장서각 디지털 아카이브（http://yoksa.aks.ac.kr/main.jsp）による。

（4）金赫「朝鮮時代 禄牌 研究」（『古文書研究』二〇、二〇〇二年）二〇〇・二〇一頁。

（5）先述のとおり、『頤斎乱藁』辛丑日暦は辛丑年（正祖五、一七八一）の日記であるが、金佑生行状の注記には、乙巳年（正祖九、一七八五）や戊申年（正祖一二、一七八八）など後年の年代が現れている。おそらく、黄胤錫が行状本文を書いたのが辛丑年であり、注記は後日に追記したものと推測される。

（6）「霊光森南面于田里金君興龍、曾来往渼門、今日具幣壮紙一束・白紙二束、与其従兄興祖［来寓外洞］来、以其先人永慕斎行状、呉上舎光源所撰者、請余作墓誌而帰」（『頤斎乱藁』巻三六、乙巳日暦、四月一九日）。

（7）「外洞金君興祖、以其従弟霊光于田金君興龍書、□得金君興龍之先人日記、及其先祖領府事云宝功券・官教・禄牌在泰定・洪武間者、及領府事之子法生官教・禄牌、答書付去」（『頤斎乱藁』巻三六、乙巳日暦、五月一九日）。

（8）「霊光故永慕斎金公道源碣成」（『頤斎乱藁』巻三六、乙巳日暦、六月一〇日）。

（9）「送金公碣文及其先跡并書于外洞金君興祖家」（『頤斎乱藁』巻三六、乙巳日暦、六月一二日）。

（10）『太祖実録』巻八、四年一〇月癸卯、『太宗実録』巻二六、一三年一一月丙戌、『世宗実録』巻七三、一八年閏六月甲申、同巻九七、二四年八月辛丑・戊申。

（11）『太宗実録』巻一六、八年七月壬申、同巻三三、一七年三月壬子、『世宗実録』巻一六、四年七月丙子、同巻三七、九年八月乙酉、同巻九七、二四年八月辛丑。

（12）史料引用にあたっては、黄胤錫自筆本のマイクロフィルム（韓国学中央研究院蔵書閣蔵、請求記号 MF R35N-6351）に準拠しつつ、適宜、脱草本（『頤斎乱藁』六、韓国精神文化研究院、二〇〇〇年）を参照した。

（13）『高麗史』巻七七、志三一、百官二、西班、神虎衛。

（14）史料引用は、『鵝洲申氏芝軒・潭涯派世譜』（一九九五年刊）掲載写真による。

(15) 元の印章については、片岡一忠『中国官印制度研究』（東方書店、二〇〇八年）一八五～二〇七頁参照。

(16) 『高麗史』巻三五、忠粛王世家、八年四月丁卯、同一二年五月辛酉。ただ、一二年（一三二五）二月、忠粛王が開京の奉恩寺で開かれた燃灯会に参加していることから考えれば（同一二年二月甲午）、正式な帰国が五月であり、忠粛王一二年二月当時、すでに王が開京にいた可能性もある。なお、二月に王が奉恩寺に行幸したという記録そのものが誤伝である可能性も排除できない。

(17) かつて、金赫「朝鮮時代 禄牌 研究」（前掲）により、⑤文書が紹介されたことがある（二〇〇・二〇一頁）。

(18) 写真引用は、蔵書閣編『韓国古文書精選――朝謝文書・五品以下告身・紅牌・白牌・禄牌――』二（韓国学中央研究院出版部、二〇一二年）による。

(19) 朝鮮初期の禄制については、李載龒「朝鮮初期의 禄俸制」（『朝鮮初期社会構造研究』一潮閣、一九八四年、初出は一九七四年）、崔貞煥「朝鮮前期 禄俸制의 整備와 그 變動」（『高麗・朝鮮時代 禄俸制 研究』慶北大学校出版部、一九九一年、初出は一九八二年）参照。

(20) 金赫「朝鮮時代 禄牌 研究」（前掲）は、「禄牌外面大書」を禄牌の本文部分を説明した注釈と捉え、黄胤錫が禄牌の文書体式を誤って認識していたとするが（二〇一頁）、首肯しがたい。

(21) 写真引用は、한국고문서자료관（http://archive.kostma.net）による。

(22) 実録記事によれば、世宗一四年（一四三二）四月、禄牌の頭辞「王命准賜」が「奉教賜」と改称されたという（『世宗実録』巻五六、一四年四月癸丑）。

(23) 忽只《コルチ》（忽赤）は、弓箭をもち王を警護する輪番制の宿衛官人であり、忠烈王が元の制度を受容して設置したものである。詳細は、白鳥庫吉「『高麗史』に見えたる蒙古語の解釈」（『白鳥庫吉全集』三、岩波書店、一九七〇年、初出は一九二九年）四五〇～四五二頁、内藤雋輔「高麗兵制管見」（『朝鮮史研究』東洋史研究会、一九六一年、初出は一九三四年）二三六～二三九頁、権寧国「원 간섭기 고려 군제의 변화」（一四世紀高麗社会性格研究班編『一四세기 고려의 정치와 사회』民音社、一九九四年）一四二～一四六頁、森平雅彦「高麗王位下の基礎的考察――大元ウルスの一分権勢力としての高麗王家――」（『朝鮮史研究会論文集』三六、一九九八年）六〇・六一頁参照。

(24) 恭愍王五年（一三五六）、征東行省理問所の廃止、双城総管府の収復など、高麗は元と一定の距離を置くように政策を転換させた。従来、こうした一連の改革は反元政策と評価されてきた（池内宏「高麗恭愍王の元に対する反抗の運動」『満鮮史研究（中世第三冊）』吉川弘文館、一九六三年、初出は一九一六年、閔賢九「高麗 恭愍王代 反元的 改革政治의 展開過程」択窩許善道先生停年紀念韓国史学論叢刊行委員会編『択窩許善道先生停年紀念韓国史学論叢』一潮閣、一九九二年など）。しかし、近年、

李康漢「공민왕 五년（一三五六）『反元改革』의 재검토」（『大東文化研究』六五、二〇〇九年）は、恭愍王の政策転換は王権の安定のために行われたのであり、元に対する反抗の意図はなかったとし、反元政策という用語に疑問を提示している。

(25) 朝鮮総督府内務部地方局纂輯『朝鮮寺刹史料』上（一九一一年）一七六・一七七頁。

(26) 「改宣旨曰王旨、朕曰孤、赦曰宥、奏曰呈」（『高麗史節要』巻一九、忠烈王二年三月）。

(27) 例えば、「将軍公秀下中郎将 教《である》 得林下中郎将鄭仁卿」（将軍公秀の指揮下の中郎将である得林の指揮下の中郎将鄭仁卿）という表現がみえる（史料引用は、盧明鎬ほか編『韓国古代中世古文書研究』下、서울大学校出版部、二〇〇〇年、掲載写真による）。

(28) 恭愍王の逃避行については、金昊鍾「恭愍王의 安東蒙塵에 관한 一研究」（『安東文化』一、一九八〇年）、姜性文「高麗末 紅頭賊 侵寇에 関한 研究」（『陸士論文集』三一、一九八六年）、李慶喜「고려말 紅巾賊의 침입과 安東臨時首都의 대응」（『釜山史学』二四、一九九三年）参照。

(29) 史料引用は、蔵書閣編『韓国古文書精選』二（前掲）掲載写真による。

(30) 史料引用は、蔵書閣編『韓国古文書精選』二（前掲）掲載写真および釈文による。

(31) 盧明鎬ほか編『韓国古代中世古文書研究』上（前掲、九七～一〇〇頁）は史料7と史料8について次のように校訂を試みた。まず史料7について、「印」（「以上」を意味する吏読）は文書本文の終了位置を表すため、本来、「司上朝謝斜准」の上で文章が切れるはずである。また、「司上朝謝斜准」以下が文書冒頭部分と考えられるため、「司上朝謝斜准……名」の部分が「洪武十五年三月二十五日、下批」の前に位置しなければならないとした。史料8についても、やはり「司憲府録事……名」の部分が「洪武十七年七月十一日、下批」の前に位置する必要があるとしている。

(32) 史料引用および校訂は、盧明鎬ほか編『韓国古代中世古文書研究』上（前掲）九七・九八頁による。

(33) 史料引用および校訂は、盧明鎬ほか編『韓国古代中世古文書研究』上（前掲）九九・一〇〇頁による。

(34) この推定が正しければ、『終天永慕録』にみえる柳従恵宛の朝謝文書の体式は、文書を移録した際に錯簡が生じたのではなく、元来のままであったとみてよい。

(35) 「鄭仁卿政案」では、鄭仁卿が「判」により郎将に任命されているため、郎将は参外官であることがわかる。

(36) 都統使は、恭愍王一八年（一三六九）、各道に設置された指揮官である（『高麗史』巻七七、志三一、百官二、外職）。

(37) なお、朝鮮初期の場合、判により任命する朝謝文書には、「曹所申、年月日、判、某職 教《である》 某職某人」という、吏兵曹が人事を擬定し、王がそれに対して裁可を下すという定型の文句がみえる。例えば、永楽七年（太宗九、一四〇九）、沈彦沖を修義副尉（従八品）・龍騎巡衛司前領副司正に任ずる朝謝文書には、「曹所申、永楽七年三月初四日、判、修義副尉・龍騎巡衛司前領副司正 教《である》 学生沈彦沖」とある（史料引用は、蔵書閣編『韓国古文書精選』二、前掲、掲載写真による）。このような定型句は⑧

文書にはみえないため、脱漏がないと仮定するならば、高麗末期から朝鮮初期にかけて、判によって任命する朝謝文書の体式には大きな変化があった可能性を指摘し得る。

(38) なお、李子脩宛の朝謝文書（史料5）は奉順大夫（正三品下）・判書雲観事に任命したものであるが、堂後官の署押のみみえる。この点については、元来、中書門下省の署押捺印があったが脱漏した、あるいは李子脩が「毎品同品転移者」であった可能性が想定される。

(39) 朴宰佑「一五세기 인사문서의 양식 변화와 성격」（『역사와 현실』五九、二〇〇六年）は、禑王二〜一三年（一三七六〜一三八七）に作成された李子脩宛の朝謝文書と柳従恵宛の朝謝文書を、すべて密直司で作成・発給されたものとみなし、恭愍王一一年（一三六二）と禑王六年（一三八〇）六月の規定は実行されず、威化島回軍以後にはじめて朝謝文書の発給主体が典理司と軍簿司に移ったと論じた（五三頁）。しかし、禑王四〜八年（一三七八〜一三八二）に発給された⑧文書と⑨文書には、すでに「軍簿司印」や「典理司印」が捺されているため、恭愍王一一年の規定は履行されていたとみなければならない。

(40) 太祖元年（一三九二）七月の官制改革により、奉翊大夫・工曹判書（④文書）を嘉靖大夫（あるいは嘉善大夫）・工曹典書、また中顕大夫・司宰令（⑩文書）を中訓大夫・司宰監と改称した（『太祖実録』巻一、元年七月丁未）。

(41) 高麗時代の避諱については、鄭求福「高麗朝의 避諱法」（『韓国中世史学史』Ⅰ、集文堂、一九九九年、初出は一九九四年）参照。

(42) 『高麗史』巻三九、恭愍王世家、九年七月辛未、同一一月辛酉。高麗末期・朝鮮初期の遷都の動向については、李丙燾『高麗時代의 研究――特히 地理図讖思想의 発展을 中心으로――』（乙酉文化社、一九四八年）、張志連「麗末鮮初 遷都論議에 대하여」（『韓国史論』四三、二〇〇〇年）、李亨雨「고려 禑王代의 遷都論과 정치세력」（『韓国学報』一一三、二〇〇三年）参照。

(43) 鄭求福「조선시대의 자문（尺文）」（『古文書와 両班社会』一潮閣、二〇〇二年、初出は一九九七年）。

(44) 史料引用は、梁晋碩ほか『최승희 서울대 명예교수 소장 조선시대 고문서』Ⅲ（다운샘、二〇〇七年）二三六頁による。

(45) 真殿は歴代の王や王妃の肖像を祀る殿閣であり、寺院に設置されていた。詳細は、許興植「仏教와 融合된 王室의 祖上崇拝」（『高麗仏教史研究』一潮閣、一九八六年、初出は一九八三年）参照。

(46) 西普通院は開京をとりまく羅城の外にあった駅院であるが（『新増東国輿地勝覧』巻四、開城府上、駅院）、西普通都監はそれに関係する都監と推定される。

(47) 興国寺は開京の中にあった寺院であり、そこで八関会や各種の道場・法会などが幾度も開かれている（『高麗史』巻九、文宗世家、三七年七月癸丑、同巻一〇、宣宗世家、四年九月戊寅など）。

(48) 宮闕造成都監と宮城造築都監は、その名称からみて、高麗末期・朝鮮初期において、宮闕を造営する際に設置された都監であろう。「初運二運品者」の意味は取りがたいが、「初運」と「二運」という語から考えれば、資材などの運搬に関係する語と推定される。

(49) 禑王元年（一三七五）九月、慶尚・楊広・全羅道で軍士を募集し、これを翊衛軍と称して東・西江（東江は臨津江に入る沙川、西江は礼成江）に駐屯させた（『高麗史』巻八二、志三六、兵二、鎮戍）。全羅道翊衛令は、この翊衛軍に関係する官職である可能性が高い。もしそうであれば、⑥文書は禑王元年九月以後に発給されたと推定することができる。

(50) 高麗末期における伴倘は、中央高官に扈従する品官や、地方有力者の従者であったが、朝鮮建国後の私兵廃止を契機に、宗親・功臣・堂上官に支給される護衛兵として法制化された。伴倘については、韓嬉淑「朝鮮初期의 伴倘」（『歴史学報』一一二、一九八六年）参照。

(51) 金云宝は金法生の父にあたる（図1参照）。息子が父の伴倘となった事例はみえず、「全羅道翊衛令金云宝伴倘金法生」の部分には何らかの脱漏や錯簡がある可能性も否定できない。いずれにせよ、高麗末期の伴倘に関する史料はごく限られているため、確実なことは不明である。

第二章　高麗事元期から朝鮮初期における任命文書体系の再検討

一　はじめに

高麗事元期から朝鮮初期の任命文書の研究において中心的な役割を果たしたのは、朴宰佑・朴竣鎬・矢木毅の三氏である。しかし、三氏の見解には意見の相違がみえる。問題の焦点となったのは、いかなる文書が任命文書としての機能を果たしていたのかという、きわめて基礎的な事実であった。序章で述べたように、高麗事元期から朝鮮初期において、官職の任命と関連して発給された文書として官教と朝謝文書の存在が確認されるが、高麗事元期の官教「申祐官教」の真偽については論者によって意見が分かれている。また、朝謝文書が任命文書なのか、あるいは、任命文書とあわせて発給され、官職任命の資格審査に通過したことを証明する副次的な文書にすぎないのか、明確な解答は出されていない。このように、当時の任命文書の体系が解明されたとは到底いいがたいのが現状である。

そこで本章では、当該期の任命文書の体系に対して再検討を加え、高麗事元期の文書制度に強い影響を与えたと推定される元の文書史料との比較を行う。それを踏まえて、当時の任命文書からうかがえる、為政者の国際秩序意識の有り様、および任用権をめぐる王と官僚との角逐について述べることにしたい。

二　先行研究に対する検討

（一）高麗・朝鮮時代の任命関連文書

高麗・朝鮮時代の任命関連文書として、いかなる種類のものがあるかという点に関してはすでに序章第三節で詳述したが、確認のためいま一度、事元前の高麗、『経国大典』成立以後の朝鮮、そして高麗事元期から朝鮮初期における任命関連の文書を簡単に振りかえっておこう。

事元（一三世紀中葉）前の高麗では、唐・宋の三省制に倣った中央官制を敷いており、それにもとづく「制授告身」「勅授告身」「中書門下制牒」「尚書吏部教牒」といった任命文書が使用されていた。

朝鮮王朝では、『経国大典』が施行（一四八五年）されると、任命文書の体系が明文化され、以後、四品以上告身（官教）と五品以下告身（奉教告身）という二種類の文書が使用されつづけた。

一方、高麗事元期から朝鮮初期には、官教と朝謝文書の存在が確認される。朝鮮初期の官教は多数現存しているが、高麗事元期の官教の原文書は「申祐官教」が唯一の事例である。「申祐官教」は、至正四年（忠穆王即位、一三四四）四月、申祐を神虎衛保勝摂護軍に任命したものである。高麗事元期の官教としては従来、この「申祐官教」のみが知られてきたが、前章において「金子松官教」という事例を新たに確認した（本書四五～四七頁）。この官教は、泰定二年（忠粛王一二、一三二五）四月、金子松を検校神虎衛保勝中郎将に任ずるものである。

高麗事元期の官教としては、右の二点を挙げることができるが、後述するように、「申祐官教」については偽文書ではないかという疑いが提起されている。もし「申祐官教」が偽文書であれば、「金子松官教」もまた偽作された可能性を払拭できなくなるかもしれない。したがって、高麗事元期に官教が実在したか否かを確定するためには、「申祐官教」の真偽が重要な意味をもつ。

他方、高麗事元期から朝鮮初期の朝謝文書はこれまで四七点確認されており、禑王二年（一三七六）一〇月を初例として世祖一一年（一四六五）二月のものがもっとも時期を下る。[1]高麗末期における朝謝文書の発給過程は、大略次のように整理できる。

王命「下批」あるいは「判」によって対象者を官職に任命する。ついで、台諫（司憲府の官員と門下府の郎官）が任命の妥当性を審査し（これを「署経」という）、司憲府の録事が署経の終了を文書によって通報する。それを受けた密直司が朝謝文書を発給する（のち一部官職の朝謝文書が、中書門下省、あるいは典理司・軍簿司の署押捺印をへるようになる）。

朝謝文書は朝鮮初期にも用いられているが、事元以後の高麗と朝鮮初期とでは発給・審査機関が異なっている。またその体式にも大きな変化がみられるが、王命の下達→署経→文書発給という流れは同一であった。

(二)　先行研究とその問題点

朴宰佑・朴竣鎬・矢木毅の三氏は、高麗事元期から朝鮮初期の任命文書について様々な点で意見を異にしている。本節では、三氏の見解を順に取りあげて検討を加えることにしたい。

○朴宰佑の見解[2]

事元前の高麗では、三省制にもとづく任命文書（制授告身・勅授告身・中書門下制牒・尚書吏部教牒）が発給されていたが、これとあわせて発給されたのが朝謝文書である。朝謝文書は署経の終了を証明する文書であり、官職に任じられる際、任命文書とともに必ずこれを受ける必要があった。事元以後、三省制にもとづく任命文書は廃止され、代わって高麗が独自に創出した官教と教牒が登場することになった。官教は四品以上、教牒は五品以下に用いられる任命文書であり、これらとあわせて証明文書である朝謝文書が発給された。朝鮮建国後においては、四品以上には官教のみが、五品以下には教牒と朝謝文書があわせて下されるようになった。世祖代に朝謝文書の発給は全面的に廃止され、以後、五品以下には教牒が単独で発給された。

なお、五品以下に対する任命文書である教牒は、『経国大典』成立を前後して奉教告身（五品以下告身）の文書体式を有することになるが、それ以前においていかなる体式であったのか明らかでない。ただ、朝鮮初期に発給された「李和尚妻李氏封爵牒」（一三九八年発給）・「吉再追贈牒」（一四二七年発給）・「某人追贈牒」（一四六一年発給）などの文書[3]が教牒の文書体式を伝えるものではないかと推測される。

朝謝文書が署経の終了を通報する台諫の文書にもとづいて発給されるのに対して、教牒（奉教告身）は王命（教）が発給の根拠となっており、互いに性格がまったく異なる。したがって、朝謝文書は任命文書とみなすことはできず、証明文書と理解しなければならない。

○朴竣鎬の見解[4]

高麗事元期から朝鮮初期において、同一の官職任命の件に対し、朝謝文書と任命文書があわせて発給された事例は一点も確認されず、朝謝文書がそれ自体で任命文書としての役割を果たしていたことは確実である。世祖一二年

（一四六六）頃を境として、以後、朝謝文書は姿を消し、新たに奉教告身が登場するようになる。これは署経制度の改定にともなって任命文書の発給手続きが変化し、五品以下に対する任命文書が朝謝文書の体式から奉教告身のそれへと変化したためである。

朝鮮初期の各種記録からわかるように、署経をともなわない任命には官教を、署経をともなう任命には朝謝文書を発給していた。一方、高麗時代には一品から九品まですべての官僚に署経が行われていたことが確認されるため、必然的に事元以後の高麗の任命文書は朝謝文書以外に存在しなかったという推論が導かれる。また、朝鮮建国後において官教は高官（四品以上）に対する任命文書であるのに対し、事元以後の高麗では四品以上にも朝謝文書が発給されている。このような理由から、高麗時代に官教が存在したとは考えられない。そのため、「中祐官教」は偽文書の可能性が高い。

○矢木毅の見解(5)

事元以後の高麗では、基本的に朝謝文書が任命文書として用いられていたが、朝鮮時代の編纂史料をつうじて、宰枢（中書門下と枢密院の宰相）を任命する場合に限っては、特別に官教が発給されたことが確認される（なお、矢木毅は「中祐官教」について言及していない）。

高麗事元期から朝鮮初期の任命文書体系に関して、三氏の見解を整理すれば、表1のとおりである。

表1　朴宰佑・朴竣鎬・矢木毅の見解整理

	事元以後の高麗	朝鮮初期（『経国大典』施行前）
朴宰佑	官教（四品以上任命文書）＋朝謝文書（証明文書）	官教（四品以上任命文書）
	教牒（五品以下任命文書）＋朝謝文書（証明文書）	教牒（五品以下任命文書）＋朝謝文書（証明文書）
朴竣鎬	朝謝文書（任命文書）	官教（四品以上任命文書）
		朝謝文書（五品以下任命文書）
矢木毅	官教（宰枢に対する任命文書）	官教（四品以上任命文書）
	朝謝文書（一般の任命文書）	朝謝文書（五品以下任命文書）

まず、朴宰佑の見解について吟味することにしよう。

氏は署経を行う任命にあたって、正式な任命文書（事元以後の高麗では官教と教牒、朝鮮初期では教牒がこれに該当する）と、署経の終了を証明する朝謝文書があわせて発給されたと論じた。しかし、朴竣鎬が指摘するように、現在確認できる四七点の朝謝文書中、それと対になる任命文書（官教・教牒）は一点たりとも見つかっておらず[6]、朝謝文書とあわせて発給されたという任命文書の存在は疑わしい。もちろん何らかの理由で任命文書が破棄され、証明文書である朝謝文書だけが今日に伝えられたという可能性を想定できないこともないが、これはきわめて理解しがたい現象である。

そもそも、氏の想定する朝鮮初期の任命文書である教牒が今日までまったく発見されていない点も問題である。

氏は「李和尚妻李氏封爵牒」や「吉再追贈牒」「某人追贈牒」などが教牒の文書体式を伝えるものと推定しているが、これらはいずれも封爵・追贈文書であって任命文書ではない。朝謝文書と教牒が同時に発給されるものであるとすれば、前者が多数現存するにもかかわらず、後者がなぜ一点も確認されないのか解釈に苦しむ。

朴宰佑が想定するように、任命文書と朝謝文書を別個のものと捉えてしまうと、こうした種々の疑問点が浮上する。朴竣鎬や矢木毅の説くように、朝謝文書が任命文書そのものであったと考えた方が適切ではないかと思う。

ここで、奉教告身、すなわち『経国大典』五品以下告身式がいかにして成立したのかを考察した朴竣鎬の議論をみておきたい。氏は、世祖一二年（一四六六）七月、署経制度の改定により、五品以下の任命文書が朝謝文書の体式から奉教告身のそれへと変化したと論じている(7)。

史料1（『世祖実録』巻三九、一二年七月戊寅）

伝曰、自今除官者、下批後五日内、給告身頒禄、司諫院随後考准、啓聞挙覈、旧法、東西班五品以下告身、待台諫署経、方許成給、以此軍士告身、率多淹滞、不得以時受禄、故有是命、

史料2（『睿宗実録』巻三、元年正月戊辰）

先是司諫院啓請考除授人告身、上令院相及六曹議之、至是承政院啓曰、世祖慮軍士未得及時受禄、令即給告身、待受禄後、考准前資、乃署経、……

右に掲げたのは、世祖一二年（一四六六）七月および睿宗元年（一四六九）正月の記事であるが、史料2にみえる承政院の啓の内容は、史料1の出来事に言及したものである。これらの記事によれば、従来、「五品以下告身」は署経を行った上で発給したが、今後は、官職除授の王命（下批）が下れば、五日以内に告身を発給して禄を分か

ち、その後に司諫院が以前受けた告身（前資）を確認対照（考準）して署経するよう改めたという。世祖一二年を前後して、朝謝文書が姿を消し新たに奉教告身が登場することから[8]、ここにいう「五品以下告身」が朝謝文書を指すことは明らかであろう。このとき、五品以下に対する任命文書の体式は、朝謝文書から奉教告身のそれへと変化したのである。

これを立証する史料として、成宗二年（一四七一）四月に発給された奉教告身を挙げることができる。その文書には「辛五初六准」、すなわち辛卯年（一四七一）五月初六日に「考准」を行ったという文言が別筆で書き加えられており、右の制度改定が実際に履行されていたことを明瞭に物語っている[9]。世祖一二年（一四六六）七月を境に、朝謝文書が奉教告身へと変化すると捉えた朴竣鎬の推論は妥当である。

なお朴宰佑の説くように、任命文書と朝謝文書があわせて発給されたと考える場合、右に挙げた制度改定の後になぜ朝謝文書の姿が消えるのか、納得のいく説明は難しいであろう。なぜならば、これ以後にも署経は行われているからである[10]。この点からみても、朝謝文書を証明文書と想定する朴宰佑の考えには賛同できない。

さて朴宰佑によれば、朝謝文書を任命文書とみなしてはならない最大の理由は、朝謝文書が署経の終了を通報する台諫の文書（貼・帖・関）に依拠して発給されているのに対し、奉教告身が王命（教）を奉じて発給されており、両者の性格がまったく異なるというものであった[11]。この点についてはどうであろうか。

この問題を考えるために、先掲した世祖一二年（一四六六）七月の署経制度改定の記事（史料1）にふたたび注目したい。このとき、五品以下の任命文書が発給された後に、司諫院が署経を行うよう改められている。すなわち、官職除授の際、台諫による署経をへることなく、王命（教）が承政院から吏兵曹に直接下されるようになったのである。とすれば、この署経制度改定にともなって生まれた奉教告身の文書体式において、吏兵曹が台諫の署経終了を通報する文書を引用せず、王命（教）を奉じているのは至極当然であることが諒解されよう。朝謝文書と奉教告身とで依拠する対象（台諫の文書と王命）が異なるのは、両者の機能的性格の違いに起因するものではないのである[12]。

こうした諸点から考えれば、高麗事元期から朝鮮初期において、朝謝文書がそれ自体で任命文書として用いられたことは疑問の余地がないであろう。

ところで、朴宰佑の所説でもう一点注意を払うべきは、事元以後の高麗において、四品以上に官教を発給していたという推定である。氏は自説の傍証として、太宗一二年（一四一二）正月の記事を挙げている。

史料3（『太宗実録』巻二三、一二年正月甲寅）

議告身法、……命政府曰、……太祖因前朝之法、四品以上、則給官教、五品以下、則只令門下府給教牒、……

告身の法を議論した際、かつて太祖が「前朝之法」により、四品以上には官教を給い、五品以下には門下府に教牒（実体は朝謝文書）を発給させた[13]、と太宗が言及している。朴宰佑はこの記事を根拠に、高麗時代にも朝鮮初期と同様、四品以上に官教が発給されていたと推測した。しかし、「李子脩朝謝文書」など高麗末期の朝謝文書の事例から、当時、朝謝文書が四品以上にも発給されていることは明らかである。また、四品以上に官教を発給するのは太祖以来のことという記録も『朝鮮王朝実録』の諸所にみえる[14]。したがって、太祖がよった「前朝之法」とは、官教と朝謝文書の使用それ自体を指すのであり、両文書の発給対象となる官品の分界線（四品以上／五品以下）に関わる規定ではないと推定される。

次に、朴竣鎬の見解についてみることにしたい。

氏は、朝鮮初期の官教が署経をともなわない任命に用いられたことを指摘し、高麗時代には、すべての官職任命に署経が行われているため、官教が当時使用されることはなかったと論じた。確かに『朝鮮王朝実録』を繙けば、

「前朝」、すなわち高麗時代には全品に署経を行っていたという記事が散見される[15]。ただし、署経の拡大や復活を願う官僚の発言にもとづいて、それらの記事が著されているという点には注意が必要である。

署経は官職任命に対する資格審査であり、犯罪人や庶孼（庶子）の子孫など、官人としてふさわしくない人物を王朝政府から排除する役割を果たすと同時に、王が人材を意のままに抜擢することを防ぐ機能も担っていた。そのため朝鮮初期において、署経制度の存廃は、任用権をめぐる王と官僚との争いの対象となったのである。署経は基本的に五品以下に限って行われていたが、時期によっては、官僚の強い請願により全品に署経の範囲が拡大したこともある[16]。すべての官職任命に対して署経を行ったという「前朝」の先例が頻繁に言及されたのは、そのような署経をめぐる争いの最中であった。

このように、高麗時代の先例が政治的な駆け引きの道具として用いられた側面は否定できない。王に反対する官僚側から発せられた言辞にもとづき、高麗時代をつうじて署経の制度が存在し、それがあらゆる官職任命に際して行われていたと考えるのは危険である。何より「申祐官教」という原文書が存在するのであるから、これを早々に偽文書と断じることなく、まずは文書に即した具体的な検討が必要であろう。

最後に、矢木毅の見解を検討する。氏は次の史料にもとづいて、事元以後の高麗では宰枢に限って官教が下されていたとみる[17]。

史料4（『龍飛御天歌』巻九、第八一章）

辛禑時、太宗登第、太祖拝謝闕庭、感極流涕［……］、及拝提学［洪武壬申、拝密直提学］、太祖甚喜、令人読官教、至于再三［官教即告身也］、

洪武壬申年（恭譲王四、一三九二）、太宗（李芳遠）が密直提学（正三品）を授けられたとき、太祖（李成桂）が大

変喜び、人に命じて「官教」を再三読ませたという。確かに、この記事は高麗末期に官教が存在したことを示唆するが、典拠が朝鮮時代の編纂史料であることを考慮すれば、高官の任命文書の呼称として「官教」という語を仮に用いたにすぎないのではないかという疑念も浮かぶ。また、「申祐官教」や「金子松官教」は四品以下の武官職を任命するものであり、宰枢を任ずるものではない。両文書が真文書であるとすれば、官教の発給対象について再考する必要が生じるであろう。

以上、先行研究とその問題点について論じてきたが、高麗事元期から朝鮮初期の任命文書の体系に関する問題の焦点は、高麗事元期に発給された官教に絞られるようである。高麗事元期の官教をめぐっては、次のような論点を指摘することができる。

第一に、「申祐官教」が真文書なのか、あるいは偽文書なのかという点である。本文書は唯一現存する官教の原文書であり、当時の任命文書体系を考察する上でもっとも重要な史料といえよう。その真偽を改めて検討することが喫緊の課題である。第二に、高麗事元期に官教が実際に存在したとすれば、それがいつどのようにして成立したのか、その淵源と要因を見極めることが肝要である。第三に、官教がいかなる場合に発給されたのかを明らかにする必要がある。この点を検討することは、朝謝文書が任命文書として存在するにもかかわらず、なぜこれとは別に官教が発給されたのかという疑問を解く鍵になるであろう。

以下、この三点を中心として論を進めることにしよう。

三　高麗事元期の官教をめぐる諸問題

（一）「申祐官教」の真偽の検討

本節では「申祐官教」の真偽について検討を行う。一般に古文書の真偽を判断する際の材料として、内容・書体・紙質などが挙げられようが、それとともに重要であるのが印章である。[18]従来、「申祐官教」については、族譜に転載された写真をもとに議論が進められてきた。しかし、その写真は余りに小さく、印文を判読することができなかったため、これまで印章に対して関心が寄せられることはなかった。「申祐官教」は現在所在不明であり、原文書に接近する方途は閉ざされているため、実見調査は不可能な状態にある。ただ幸いなことに、韓国放送公社（ＫＢＳ）の放映映像に「申祐官教」が鮮明に映されており、印文に対する検討が可能である[19]（口絵1・2）。

筆墨の重複や朱肉の滲みにより判読しがたい部分もあるが、「申祐官教」に捺された印章は篆体のパクパ字で刻書されていることが確認され、その印文は「(fu-ma-gaw-li-guė-'ŭaŋ-yin)」、すなわち「駙馬高麗国王印」と解することができる[20]（図1）。この「駙馬高麗国王印」は、忠烈王八年（一二八二）、元より下賜された「駙馬国王金印」に違いない。

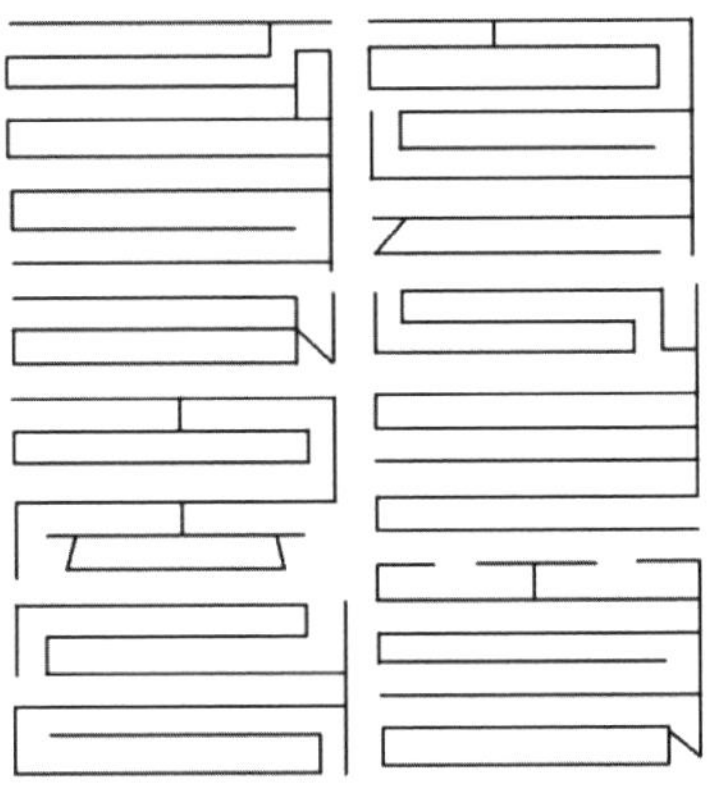

図1　印文復元案

一三世紀中葉、世祖クビライは、高麗王である元宗に「国王之印」を下賜し、一方、己の駙馬となった王諶（後の忠烈王）には「駙馬印」を下賜した。その後、即位した忠烈王は元の朝廷内における権限を強化するため、分離していた国王と駙馬の地位をあわせようとし、みずからを駙馬国王に封ずることを元に求めた。こうして、高麗王は駙馬高麗国王となり、忠烈王八年（一二八二）、「駙馬国王金印」（駙馬高麗国王印）が高麗にもたらされたのである[21]。以後、元が高麗王に新たな印章を下賜した記録はなく、また、高麗王が基本的に駙馬でありつづけたことから推せば、この「駙馬高麗国王印」が代を継いで使用されたと考えられる。

朝鮮時代以後、パクパ字の読み書き能力をもつ人材はきわめて限定されるため[22]、後世の人物が官教の印章を篆体のパクパ字で偽造したとは考えがたい。今後、実見調査による精密な分析は必要であるが、「申祐官教」は真文書とみてまず誤りないであろう。また、「申祐官教」が真文書であれば、「金子松官教」を強いて偽文書と疑う必要も霧散する。「申祐官教」と「金子松官教」は高麗事元期の官教の実例といってよいであろう。

（二）官教の成立――元の宣との比較――

つづいて、官教の歴史的淵源に関する問題を取りあげることにしよう。官教に関する研究は比較的蓄積されているが、官教という文書がいかにして成立したのかについて、関心が寄せられることはこれまでほとんどなかった。その唯一の例外が矢木毅であり、官教の成立について次のように論じている。

元制、一品以下・五品以上の「卿・大夫」の官職は「宣授」、すなわち皇帝の直接命令によって任命され、その辞令書である「宣命」には皇帝の御璽のみが押されて宰相の副署を必要としない制度になっていた。朝鮮時代の実例をみると、「官教」もまた国王の御璽のみが押され、宰相の副署を必要としない文書であるから、事元期以降の「官教」の制度は、恐らくはこの元制の「宣命」の制度を受容したものであると考えられる。[23]

官教が元の「宣」（宣命）を受容したものという推定は興味深いが、これは文書体式に対する綿密な検討をつうじて得られた結論ではない。したがって、その見解の妥当性を検証するためには、宣と官教の体式を逐一比較しつつ、両者の類似点と相違点を探る必要がある。

まず、宣について確認しよう。元において官職を任命する際、五品以上には皇帝の直接命令の形式をとる宣、六品以下には中書省が皇帝の勅を奉じる勅牒を用いていた。[24] 宣の原文書はいまだ発見されておらず、その文書体式をうかがうには文集などに転載された録文に頼るほかない。ここでは、神田喜一郎によって紹介された『臨川呉文正公草廬先生集』（宮内庁書陵部蔵。以下、『先生集』と称する）所載の文書を挙げよう。[25]『先生集』には、呉澄とその夫人に与えられた文書（宣・勅牒）計一一点が収められており、パクパ字と漢字とが並書されているのが特徴である。これは、宣・勅牒の正本がパクパ字で書かれていたが、これだけでは一般には理解しがたいため、別紙に漢字で記した副本を授けており、後人が『先生集』に文書を移録する際、両者を並書したものと推定されている。そのうち延祐五年（忠粛王五、一三一八）正月、呉澄を集賢直学士・奉議大夫（正五品）に任ずる宣の漢字部分を引用すれば次のとおりである。

史料5　（「呉澄宣」[26]）

上天眷命、
皇帝聖旨、文林郎・国子司業呉澄
可授集賢直学士・奉議大夫、宜
令呉澄、准此、
延祐［宝］五年正月

「上天眷命」は元皇帝の詔書の冒頭にみえる定型句（「とこしえの天の力に」）の漢訳表現であり[27]、「皇帝聖旨」は皇帝のおおせを意味する。つづいて「文林郎（正七品）・国子司業呉澄に集賢直学士・奉議大夫を授くることを可とす」と叙任文言が記される。「宜令呉澄、准此」は「宜しく呉澄に令《めい》ずべし。此に准ぜよ」という、呉澄がこの命令にしたがうことを申し渡す定型句である。最後に年号が書かれ、「宝」、すなわち皇帝の御璽が捺されている。

「呉澄宣」と「申祐官教」の文書体式を、頭辞・叙任文言・結辞・発給年月日・印章の各部分に分けて比較対照してみれば、表2のようになる。

表2　宣と官教の文書体式比較

	「呉澄宣」	「申祐官教」
頭辞	上天眷命皇帝聖旨	王旨
叙任文言	文林郎・国子司業呉澄可授集賢直学士・奉議大夫	申祐為神虎衛保勝摂護軍者
結辞	宣令呉澄准此	なし
発給年月日	延祐五年正月	至正四年四月二十九日
印章	「宝」	「駙馬高麗国王印」

宣と官教は、君主のおおせを根拠として某人を某職に任ずるという単純な文書内容であり、官僚の副署を必要とせず、君主の印章のみ捺して発給するという共通点を有することがわかる。叙任文言が相違する点（宣は「某人可授某職」、官教は「某人為某職」）、および宣の結辞（「宣令某人、准此」）が官教にみえない点を除き、宣と官教の文書体式は相当程度に類似していると判断される。

ここで、歴代中国王朝において、宣という文書がいかに用いられていたか若干触れておきたい[28]。唐代、皇帝の私的な小事に使用される口頭命令を宣と称したが、当時、定型化した文書は存在しなかったようである。唐末から五代・宋にかけて、宣は一定の形式を備えるようになり、官職任命の用途にも使われることがあった。さらに金では、宣と勅牒を任命文書として利用しており、元はこれに倣って任命文書の体系に宣と勅牒を導入したと考えられる。したがって、元の宣の文書体式は金の強い影響下に成立したことが推定される。

唐末・五代・宋・金の宣の文書体式がいかなるものであったのか、その実態をうかがい得る史料は現存していない。そのため、あくまで推測の域を出ないが、元の宣と高麗の官教は、その文書体式の類似から考えれば、こうした宣（より正確には官職任命の宣）の系譜上に位置づけることができるのではないかと思う。

ところで、宣と官教の頭辞と叙任文言には注目すべき差異点がみえる。第一に、頭辞についてみれば、宣は「（上天眷命）皇帝聖旨」であるのに対し、「金子松官教」は「国王鈞旨」、また「申祐官教」は「王旨」となっている。

「鈞旨」は、前章でも触れたように、元皇室の駙馬あるいは高官が用いる命令語である。また「王旨」は、当初「聖旨」と称されていたが、事元後に「宣旨」と改められ、さらに忠烈王二年（一二七六）三月に、元の譴責を受けて改称された王命の語であった。[29]この改称は、事元にともない、高麗王にまつわる制度や用語を皇帝格から諸侯格へと引き下げる処置の一環として行われたものである。かつての高麗では皇帝体制にもとづいて国家を構築することも問題とならなかったが、[30]事元以後、高麗王は諸侯として遇されるようになり、元皇帝に対して僭礼にあたる制度や用語はこれを改めざるを得なくなった。このため、官教の頭辞に「国王鈞旨」や「王旨」が用いられたのである。

第二に、官教の叙任文言が、宣のように「某人可授某職」（某人に某職を授くることを可とす）ではなく、「某人為某職」（某人を某職と為す）となっている点を考えたい。

中国歴代王朝において「可」字は、皇帝（もしくはその意を承けた官僚）が官職任命に際して用いる叙任文言であった。事元前の高麗でも、三省制にもとづいて作成された制授告身・勅授告身には「可」字を使用していた。[31]それではなぜ官教では「可」字を用いていないのであろうか。

この問題を考察するため、唐の任命文書の例を取りあげてみよう。[32]唐代、職員令に規定された令制官を制授告身・勅授告身によって任命する際には皇帝の裁可を必要とし、その文書には「可某職」（某職たるを可とす）という叙任文言を用いていた。一方、八世紀以後、続々と新設された令外官の場合はこれと異なる。令外官は厳密な意味での官職ではないため、皇帝のみならず地方に割拠した藩鎮の帥（節度使・観察使など）によっても任命されており、このような任命の場合、皇帝の裁可を必要とせず、藩帥の自由意志に任せられていた。そして、令外官に対する任命文書の叙任文言には「充某職」（某職に充つ）を使用していた[33]。このように、唐代の叙任文言は任命の主体および対象によって区別されていたのである[34]。

それでは、唐代において「為」字はいかなる場合に用いられていたのであろうか。「為」字は「冊書」（諸王の封爵、高官の任命などに用いられる文書）の叙任文言にみえるほか[35]、『旧唐書』などの編纂文献における官職任命記事に現れている。注目すべきは後者の場合であり、それらの記事では令制官と令外官とを問わず、多くの場合一様に「為某職」（某職と為す）と記している。ここから、「為」字は任命の主体や対象に左右されず、任命の事実を述べる語でもあったことがわかる。

このように唐代の任命文書を参考とすれば、高麗がなぜ官教に「為」字を用いたのか推測が可能となる。事元にともない諸侯となった高麗王は、皇帝のみが用いる「可」字の使用を放棄せざるを得なかったため、官教の叙任文言に「為」字を用いたのではなかろうか。冊書でも用いられているように、「為」字の使用は任命主体の権威を決して貶めるものではなかった。高麗王は、元に対して諸侯としての分を守りつつ、自己の権威を低下させない叙任文言を選択したと推定される[36]。

事元前よりすでに高麗に官教が存在していたのか、あるいは高麗が元の宣の体式を直接受容して官教を創出したのか定かではない。しかしいずれにせよ、高麗事元期の官教の頭辞（「国王鈞旨」「王旨」）や叙任文言（「某人為某職」）は、事元にともない、高麗王にまつわる用語や制度が諸侯格へ引き下げられたことを契機に定着したと考えられる。後に朝鮮王朝に引き継がれる官教の文書体式の基礎は高麗事元期に成立したといってよい[37]。

（三）官教発給の様相

本節では、高麗事元期における官教がいかなる場合に発給されたのかについて述べる。加えて、高麗事元期の官教の制度を朝鮮王朝がいかに引き継いだのかを簡単にみておくことにしたい。

朝鮮初期、官僚の品階の高低にしたがって署経の有無が定められており、任命にあたって署経が行われない場合には官教が、署経が行われる場合には朝謝文書が発給されていた。[38] 朝鮮初期の用法より考えれば、事元以後の高麗の官教もまた署経を必要とせずに発給されたと考えられる。[39]

前掲した事例にみられるように、事元以後の高麗では、二品や三品などの比較的品階が高い官僚であっても朝謝文書を受けていた。すなわち、朝鮮時代には署経が免除された四品以上の高官もまた、高麗事元期・末期の時点では署経を受ける必要があったのである。それではなぜ、金子松と申祐は署経をへることなく、官教によって任命され得たのであろうか。この問題を解くための手がかりのひとつは、金子松と申祐が任命された官職にあるように思う。

「申祐官教」と「金子松官教」は、いずれも神虎衛の将校職（検校中郎将・摂護軍）に任ずる文書である。神虎衛は高麗の中央軍を構成する二軍六衛のひとつであった。事元以後、二軍六衛は虚設化し中央軍としての機能は失われるようになり、またその将校職は武班の官職秩序を維持し禄俸を授けるために置かれた名目上の官職という側面が強くなった。[40] 検校中郎将や摂護軍は、実際に軍隊の統率を担っていたわけではないのである。

事元以後の高麗における二軍六衛の将校職には、内僚（宦官・内豎）や舌人（訳官）、郷吏など、雑多な階層の出身者が多数任用されている。[41] これは従来にはみられない現象であって、王は自由に役使できる側近勢力を形成するため、彼らに名目上の官職である将校職を授けていたと推定される。[42] したがって、その任命にあたっては、王の個人的な意向が強く作用する場合があった[43]。このように、事元以後の高麗において、将校職がいかに位置づけられていたかを念頭に置けば、護軍や中郎将が署経をへず、王の特命によって直接任命されるケースもあり得たのではなかろうか。その際に使用された任命文書がまさに官教であったと考えられる。

ただし、将校職に対する署経の事例も確認されるため[44]、王の親任であれば必ずしも官教を発給するように制度化されていたわけではないようである。「申祐官教」と「金子松官教」の発給には、何か特別な事由があったと考えた方が妥当なように思う。次に、両文書がなぜ署経をへることなく下されたのか、発給年月に着目して考察してみたい。

「申祐官教」は、至正四年（忠穆王即位、一三四四）四月二九日に発給されている。文書発給を前後する時期の王昕（後の忠穆王）の動向をうかがえば、彼はその数年前より元宮廷の宿衛（怯薛《ケシク》）に入り元に滞在していたが[45]、同年二月、廃位された忠恵王の後を継いで即位、四月乙酉（二六日）、高麗に到着したという[46]。「申祐官教」は王の帰国直後に下されたことがわかる。

一方、「金子松官教」の発給年月は泰定二年（忠粛王一二、一三二五）四月である。忠粛王は、同王八年（一三二一）四月、英宗シディバラの命にしたがって元に赴いた後[47]、四年間にわたって留まっていたが、同王一二年五月辛酉（一三日）、高麗にいたったと記録されている[48]。「金子松官教」はおそらく、高麗への帰国の途上に発給されたのであろう。

このように両文書は、通常の任命手続きをとるにはやや困難な情況下で作成・発給されている。そのため、台諫の署経を必要とする朝謝文書ではなく、官教を発給したのではなかろうか。

申祐と金子松がなぜ官教によって任命されたのか、官職内容と文書発給の情況に着目して考察し、「申祐官教」と「金子松官教」は台諫の署経をへることが困難な情況下に作成・発給され、また、その官職は王の特命によって任命された可能性があることを指摘した。わずか二件の事例から結論を導くことは難しいが、少なくとも官教は、王が意のままに乱発し得るものではなく、特殊な条件下に限定して発給された任命文書とみなすことはできるであろう。事元以後の高麗における任命文書は基本的に朝謝文書であったが、特別な場合に限り、官教を発給することがあったと考えられる。

朝鮮建国後には、四品以上に官教、五品以下に朝謝文書を用いるように制度化される。この処置は、特別な場合に限って発給されていた官教の発給範囲を四品以上に拡大・固定するものであった。朝謝文書が台諫の署経を必須条件とするのに対し、官僚の副書を必要とせず王命のみを根拠として発給される官教は、王の権威と権力を受給者に誇示する任命文書といえよう。官教を正規の任命文書として組みこんだ太祖は、高官の任命に対する台諫の掣肘を防ぎ、君主権の伸張を図ったと解釈することができる。

史料6（『世宗実録』巻三一、八年正月辛酉）

左司諫許誠等上疏曰、……惟我太祖康献大王、当開国之初、拡包容之量、以網羅収集為心、四品以上、皆用官教、此乃一時創業之大権、非万世持守之常経也、……

右に掲げたのは、世宗八年（一四二六）正月における左司諫許誠らの上疏である。上疏では、「開国初において太祖は、幅広い階層から良材を獲得するために、四品以上に官教を用いた。しかし、これは建国期に限って適用された臨時的なものにすぎず、万世に引き継ぐべき制度ではない」と訴えられている。四品以上に対する官教の利用は、官僚にとっては一時的な便法と考えられていたのである。しかし官教の制度は、基本的に歴代の王によって維持され、ついには『経国大典』の告身式に規定されるにいたった。建国以来つづいてきた任用権をめぐる王と官僚の角逐は、ついに王がこれを制したのである。

四　おわりに

本章では、高麗事元期から朝鮮初期における任命文書体系の再検討を行ったが、そこで得られた結論を整理すれば次のとおりである。

事元以後の高麗における任命文書は、基本的に朝謝文書を使用するのが原則であったが、王の親任や通常の任命手続きが取れない場合など、特別な条件下においては官教を発給することもあった。官教の文書体式が元の宣に直接影響を受けて成立したのか否か、明確な判断を下すことはできないが、その頭辞や叙任文言は事元期に定型化したと考えられる。官教の文面では、元に対して僭礼となり得る語を周到に避けているが、これは高麗事元期の為政者の国際秩序意識を反映したものといえる。高麗事元期の官教の文書体式をほぼそのまま継承した朝鮮王朝の為政者もまた、当人が明確に意識しているか否かはさておき、高麗事元期に生じた国際秩序意識の一端を引き継いだとみなすことが可能であろう。

朝鮮が建国されると、四品以上に官教、五品以下に朝謝文書を発給するように定められた。このときはじめて、官教は例外的な任命文書という位置づけから脱したのである。官教は、官僚の同意を得ることなく、王の意志のみにもとづいて高官を任命し得るため、その制度の廃止や縮小が官僚側から何度となく訴えられた。しかし官教の制度は継続し、ついに『経国大典』四品以上告身式に定着するにいたる。任用権をめぐる争いの果て、王の意志はついに臣僚を屈服させたと解釈することができよう。

高麗事元期から朝鮮初期において、官教の文書体式にさほど変化はみられないが、一方、朝鮮初期の朝謝文書は高麗事元期のそれと比べると体式が大きく変容している。しかし、その発給過程は従来のものと変わることなく、高麗と同様に任命文書として用いられていたことが確認される。その後、世祖代には朝謝文書の体式が奉教告身のそれへと改められ、『経国大典』五品以下告身式として規定されることになった。

最後に、高麗事元期から朝鮮初期における任命文書の体系をまとめれば、表3のとおりである。

表3　高麗事元期から朝鮮初期における任命文書体系

事元以後の高麗	官教（特別な任命文書） 朝謝文書（一般の任命文書）
朝鮮初期(49)	官教（四品以上任命文書） 朝謝文書（五品以下任命文書）

注

（1）沈永煥・朴成鎬・魯仁煥『변화와 정착――麗末鮮初의 朝謝文書――』（民俗苑、二〇一一年）二一四～二一六頁。

（2）朴宰佑「관리임용을 통해 본 국정운영」（『고려 국정운영의 체계와 왕권』（新丘文化社、二〇〇五年）、同「一五세기 인사문서의 양식 변화와 성격」（『역사와 현실』五九、二〇〇六年）。

（3）「李和尚妻李氏封爵牒」は、李和尚の妻李氏を淑人（正三品堂下官・従三品の妻に与えられる爵号）に封ずる牒、「吉再追贈牒」は、吉再を通政大夫（正三品上）・司諫院左司諫大夫・知製教・兼春秋館編修官に追贈する牒、「某人追贈牒」は、某人を□□郎・守宗簿直長に追贈する牒である。これらの文書については、本書第五章、および沈永煥「조선초기 태조 七년（一三九八）李和尚妻李氏〈封爵牒〉考」（『歴史와 実学』三九、二〇〇九年）参照。

（4）朴竣鎬『예의 패턴――조선시대 문서 행정의 역사――』（笑臥堂、二〇〇九年）五四～六四頁、九二～一〇七頁。

（5）矢木毅「高麗時代の銓選と告身」（『高麗官僚制度研究』京都大学学術出版会、二〇〇八年、初出は二〇〇〇年）。

（6）朴竣鎬『예의 패턴』（前掲）六二・六三頁。

（7）朴竣鎬『예의 패턴』（前掲）九二～一〇七頁。

（8）現在確認される限り、もっとも時期の下る朝謝文書は世祖一一年（一四六五）二月発給の裵衽宛のもので、もっとも時期の遡る奉教告身は睿宗即位年（一四六八）一〇月発給の鄭玉堅宛のものである（藏書閣編『韓国古文書精選――朝謝文書・五品以下告身・紅牌・白牌・禄牌――』二、韓国学中央研究院出版部、二〇一二年、一〇二～一〇七頁）。なお、睿宗即位年一〇月発給の鄭玉堅宛の奉教告身の冒頭は「吏曹、奉教」とあり、奉教告身の体式（某曹、某年某月某日、奉教）と若干差異があるが、改定から間もない時期であり、いまだ奉教告身の体式が定まっていなかったのであろう。

（9）朴竣鎬『예의 패턴』（前掲）一〇五・一〇六頁。

（10）朴宰佑は世祖一二年（一四六六）七月の記事（史料1）を根拠に、このとき署経が廃止され、その影響で朝謝文書もまた消滅したと推定しているが（「一五세기 인사문서의 양식 변화와 성격」前掲、六二・六三頁）、当該記事をそのように解釈することはできない。

（11）朴竣鎬の批判を受けた後に発表された文章でも、この点をとくに強調して自説を貫いている。朴宰佑「국가 및 관리 생활과 문서」（国史編纂委員会編『고문서에게 물은 조선시대 사람들의 삶』斗山東亜、二〇〇九年）三四六・三四七頁、同「조선시대 문서행정의 체계적 이해（朴竣鎬『예의 패턴』書評）」（『古文書研究』三六、二〇一〇年）二二五頁参照。

（12）なお、成宗元年（一四七〇）三月になると、告身を発給する前に署経を行う旧法が復活するが（『成宗実録』巻四、元年三月癸未）、奉教告身の体式はそのまま維持され、『経国大典』に五品以下告身式として規定されている。一度定着した五品以下任命文書の体式をあえて変更する必要を認めなかったのであろう。

（13）前朝の法によったという語はないが、これと同内容の記述が『太祖実録』巻二、元年一〇月癸酉、同一二月戊辰にもみえる。先述のとおり、高麗末期や朝鮮太宗代以後の朝謝文書は吏兵曹を通して下されているが、これらの記事から考えれば、太祖代の一時期に限っては門下府に朝謝文書を発給させていた可能性もある。これについては後考に俟ちたい。

（14）「上曰、……自太祖時、四品以上、方許官教、……」（『太宗実録』巻二五、一三年三月辛卯）や、「左司諫許誠等上疏曰、……惟我太祖康献大王、当開国之初、拡包容之量、以網羅収集為心、四品以上、皆用官教、此乃一時創業之大権、非万世持守之常経也、……」（『世宗実録』巻三一、八年正月辛酉）という記事参照。

（15）例えば、「司憲府啓、……前朝盛時、亦設諫院・憲府、其於除授一品以下、皆令署経、……」（『世宗実録』巻二〇、五年五月丙申）という記事はその一例である。台諫の署経に関する先行研究でも、これらの記事をもとに、高麗時代にはすべての官僚に署経を行ったと論じてきた。金龍徳「高麗時代의 署経에 대하여」（『韓国制度史研究』一潮閣、一九八三年、初出は一九五六年）七三頁、朴龍雲『高麗時代 台諫制度 研究』（一志社、一九八〇年）八五～九〇頁参照。

（16）崔承熙「台諫制度의 成立과 ユ 機能의 分析」（『朝鮮初期 言官・言論研究』서울大学校出版部、一九七六年、初出は一九七三

年）五二～六〇頁。

(17) 矢木毅「高麗時代の銓選と告身」（前掲）一五四頁。

(18) 金恩美「朝鮮後期 教旨偽造의 一研究」（『古文書研究』三〇、二〇〇七年）は、朝鮮後期の官教について、その印章を精査することにより、文書の真偽を判別するという画期的な研究を行っている。

(19) 史料引用は、『TV쇼 진품명품（第四九三回）』DVD（KBS MEDIA、二〇〇五年一月九日放映）による。

(20) 「申祐官教」の印文を読解する際、『蒙古字韻』、照那斯図「元八思巴字篆書官印輯存」（『文物資料叢刊』一、一九七七年）、同「八思巴字篆体字母研究」（『中国語文』一五七、一九八〇年）を参考とし、また、舩田善之氏（九州大学大学院人文科学研究院）の助言を得た。

(21) 森平雅彦「駙馬高麗国王の成立――元朝における高麗王の地位についての予備的考察――」（『東洋学報』七九－四、一九九八年）。

(22) 朝鮮前期においては、司訳院の蒙学訳官にパクパ字の習得が課されていた（鄭光「訳科蒙学과 蒙古語試券」『朝鮮朝 訳科 試券研究』成均館大学校出版部、一九九〇年、初出は一九八七年）。また、吏文や音韻学に精通した朝鮮前期の官僚崔世珍は、『四声通解』（一五一七年）において、「国字」（パクパ字）によって書かれた元代の韻書『蒙古韻略』を参照しており、彼がパクパ字をよく理解していたことがわかる。このように、朝鮮前期の訳官や一部の識者はパクパ字に通じていたようである。しかし、一七世紀以後、訳官によるパクパ字の学習は廃止され、また、パクパ字に言及した史料もほとんどみえなくなるため、その読み書きに習熟した人材はほぼ失われたものと思われる。

(23) 矢木毅「高麗時代の銓選と告身」（前掲）一五四・一五五頁。

(24) 「右文散官四十二階、由一品至五品為宣授、六品至九品為勅授、勅授則中書署牒、宣授則以制命之」（『元史』巻九一、志四一上、百官七、文散官）。

(25) 神田喜一郎「八思巴文字の新資料」（『神田喜一郎全集』三、同朋舎出版、一九八四年、初出は一九六九年）参照。また、『龍虎山志』巻中、大元制誥に、正一教の道士を官職に任ずる宣（漢字部分のみ）が多数載録されている（宮紀子「『龍虎山志』からみたモンゴル命令文の世界――正一教教団研究序説――」『東洋史研究』六三－二、二〇〇四年）。このほか、元統二年（忠粛王復位三、一三三四）正月、高麗人李達漢を武徳将軍（正五品）・高麗国万戸府万戸に任ずる宣がある。本文書は族譜に載録されたもので、パクパ字の正本のみ今日伝わっている（金芳漢「파스파 문자 자료」『몽골어연구』서울大学校出版部、一九九九年、初出は一九七一年、照那斯図「関于元統二年正月八思巴字聖旨抄件漢訳中的若干問題」『内蒙古大学学報』一九九五－三、一九九五年）。

(26) 史料引用は、神田喜一郎「八思巴文字の新資料」（前掲）一一〇・一一一頁の掲載写真による。

(27) 舩田善之「日本宛外交文書からみた大モンゴル国の文書形式の展開――冒頭定型句の過渡期的表現を中心に――」（『史淵』一

四六、二〇〇九年）。

（28）唐・五代・宋・金の宣については、中村裕一「『会昌一品制集』にみえる『奉勅撰』と『奉宣撰』」（『唐代公文書研究』汲古書院、一九九六年）五七四～五八二頁、張帆「元朝詔勅制度研究」（『国学研究』一〇、二〇〇二年）一一六～一二〇頁、中村裕一『隋唐王言の研究』（汲古書院、二〇〇三年）二九四～三〇〇頁参照。

（29）『高麗史』巻二八、忠烈王世家、元年一〇月庚戌、同二年三月甲申。

（30）高麗の皇帝・天子国家体制に関する先行研究とその問題点については、森平雅彦「朝鮮における王朝の自尊意識と国際関係――高麗の事例を中心に――」（今西裕一郎編『九州大学二一世紀COEプログラム「東アジアと日本――交流と変容――」統括ワークショップ報告書』九州大学大学院比較社会文化研究院、二〇〇七年）が簡潔に整理している。

（31）「金傅勅授告身」（九七五年発給）の叙任文言は「可加号尚父・都省令」とあり、「慧諶制授告身」（一二一六年頃発給）の叙任文言は「可特授大禅師」とある。その他、『東文選』巻二五～二七、制誥に載録された各種の制授告身・勅授告身の叙任文言も同様である。

（32）唐代の任命文書とその叙任文言については、中村裕一「藩鎮の軍職と幕職の告身」（『唐令逸文の研究』汲古書院、二〇〇五年）参照。

（33）元および高麗において、地方官府が属下の人員を任命するにあたり、下行文書である「劄付」を下す場合があったが、その文面には「某人充某職」という叙任文言を用いていた。本書第四章参照。

（34）ただし、随意に令制官を任命してよいという朝廷の許可を藩帥が得ている場合は、いちいち皇帝の裁可を仰ぐことなく、藩帥が直接令制官を任命することができた。この場合も、任命文書には「可」字が使用された。中村裕一「藩鎮の軍職と幕職の告身」（前掲）参照。

（35）『東文選』巻二八・二九、冊にみえるように、高麗においても冊書の叙任文言に「為」字を用いていた。

（36）注意を要するのは、朝鮮初期、吏曹によって発給された封爵・追贈文書に「可」字がみえる点である。李和尚の妻李氏を封爵する「李和尚妻李氏封爵牒」（一三九八年発給）には「可封」、また、吉再を追贈する「吉再追贈牒」（一四二七年発給）には「可贈」という語がみえる。しかし、これらの語は、各人を封爵（追贈）せよという王命に対し、いかなる爵号（官職）を与えるのかを吏曹が議論した上で決定・上申した際のものである。したがって、この「可」字は王命としての語ではない。本書第五章参照。

（37）「金子松官教」と「中祐官教」の例から知られるように、高麗事元期の官教の頭辞には、当初「国王鈞旨」が用いられ、いつしか「王旨」へと移り変わったようである。ただし、そのような変化が起こった正確な年代は不明であり、また「国王鈞旨」と「王旨」が同時期に併用された可能性もある。

(38) 世宗八年（一四二六）二月、朝謝文書の例に倣って、官教に対しても署経を行ったことがあったが、「祖宗成憲、更改未便」としてわずか半年で廃止されている（『世宗実録』巻三一、八年二月乙亥、同巻三三、八年九月甲午）。この処置は例外的なものであり、基本的に官教に署経を行うことはなかった。

(39) 後述のとおり、朝鮮建国初期において太祖は、署経を必要としない、すなわち台諫の掣肘を受けず王の意志を貫徹することができる任命文書として官教を導入している。事元以後の高麗において官教に対しても署経が必要であったとすれば、太祖は官教を破棄して新たな任命文書を創出したに違いない。

(40) 高麗後期における中央軍制の変化については、閔賢九「高麗後期의 軍制」（軍史研究室編『高麗軍制史』陸軍本部、一九八三年）、宋寅州「元圧政下 高麗王朝의 軍事組織과 그 性格」（『歴史教育論集』一六、一九九一年）、権寧国「고려말 中央軍制의 변화」（『史学研究』四八、一九九四年）、同「원 간섭기 고려 군제의 변화」（一四世紀高麗社会性格研究班編『一四세기 고려의 정치와 사회』民音社、一九九四年）、崔在晋「高麗末 軍制의 運用에 관하여――元 干渉期를 中心으로――」（『東西史学』一、一九九五年）参照。

(41) 宋寅州「元圧政下 高麗王朝의 軍事組織과 그 性格」（前掲）一〇九～一一五頁、金賢羅「고려후기 護軍의 地位와 構成員」（『지역과 역사』一四、二〇〇四年）。

(42) 矢木毅「高麗における軍令権の構造とその変質」（『東方学報』七〇、一九九八年）三一六～三一八頁。

(43) 金賢羅「고려후기 護軍의 地位와 構成員」（前掲）一九〇頁。

(44) 文書本文に脱漏や錯簡があり必ずしも明確ではないが、「金法生朝謝文書」（一三七九年頃発給）は郎将に任命する朝謝文書と考えられる（本書第一章参照）。また、「初忠烈授英甫郎将、諫官不署告身、及忠宣復位二年、拝大護軍、即署之」（『高麗史』巻一二四、列伝三七、全英甫伝）とあるように、郎将や大護軍の任命に際して署経が行われた場合もみえる。

(45) 森平雅彦「元朝ケシク制度と高麗王家――高麗・元関係における禿魯花の意義に関連して――」（『史学雑誌』一一〇－二、二〇〇一年）七三頁。

(46) 『高麗史』巻三七、忠穆王世家、即位年二月丁未、同四月乙酉。

(47) 『高麗史』巻三五、忠粛王世家、八年正月己亥、同四月丁卯。

(48) 本書第一章注(16)参照。

(49) 先に述べたとおり、朝鮮初期には、時期によって署経の対象範囲が変化し、それにともない、官教と朝謝文書の発給範囲が変動する場合があった。そのため、必ずしも官教と朝謝文書の分界線が四品と五品の間に置かれつづけていたわけではない。ただ、煩を避けるため、ひとまず官教を四品以上、朝謝文書を五品以下の任命文書としておいた。

補　論

本章初出後、朴盛鍾「朝謝의 사용 의미와 文書式」(『古文書研究』四二、二〇一三年)が発表された。同論考では、朝謝文書の用途や体式の変化について論じられている。その中でとくに注目されるのは、高麗末期から朝鮮初期において、「職牒」という文書が任命文書として用いられており、朝謝文書は署経の終了を通報する文書であったという見解である。この点は、高麗事元期から朝鮮初期にかけ、一貫して朝謝文書が任命文書として使用されたという筆者の見解と対立している。以下では、朴盛鍾の説の妥当性について検討してみることにしたい。

朴盛鍾は、『高麗史』をみれば、「職牒」と朝謝文書が区別されて使用されており、両者が別個の性格の文書であったことは明白と主張する。次に、彼の主張の根拠となった史料を掲げよう。

〔恭愍王〕十一年、密直提学白文宝上箚子曰、自九品至一品、毎品各給職牒、所以防奸、近世、品職朝謝、初則僉署、終則一官署、故始難終易、吏緣為奸、今後、六品以上、各自写牒投省、具署経印、七品以下、典理・軍簿、具署経印、毎品同品転移者、只給謝牒、(『高麗史』巻七五、志二九、選挙三、銓注)

教曰、……一、内外両班・郷吏・百姓、冒受金印検校職、結銜避役、甚為淆濫、司憲府・各道存撫提察使、並皆収職、各従本役、如有不従条令、不納職牒者、厳行断罪、又冒受摠選部入仕上典、并偽造謝牒者、不在此例、……(『高麗史』巻三五、忠粛王世家、一二年一〇月乙未)

前者の史料は、恭愍王一一年(一三六二)の密直提学白文宝の建議である。それによれば、九品より一品にいたるまで、各品ごとに「職牒」を発給するのは、邪なこと（文書の偽造行為）を防ぐためである。しかるに、近世では、「品職朝謝」（筆者は朝謝文書と捉えるが、朴盛鍾は官僚任命の際の資格審査と捉える）において、はじめの手続きでは（担当官僚が）みな署押するが、終わりは一人の官僚だけが署押するため、はじめは難しく、終わりは易しいことになっている。そのため、胥吏が文書偽造を行うようになってしまった。今後は、六品以上は各自が「牒」（筆者は朝謝文書と捉えるが、朴盛鍾は「職牒」と捉える）を写し、中書門下省に投じて署押捺印をへるようにし、七品以下は典理司あるいは軍簿司の署押捺印をへるようにし、同品の官職に移る者は、官府の署押捺印をへず、「謝牒」（朝謝文書）をそのまま発給するように改めたという（この史料については本書第一章五九頁参照）。

後者は、忠粛王一二年（一三二五）に下された王命である。近頃、両班・郷吏・百姓がみだりに金印や検校職を受けて避役しているため、今後は、司憲府や各道の存撫使・提察使にそれらの官職を回収させて（両班・郷吏・百姓を）本役にしたがわせる。もし条令に背く者や、「職牒」を納めない者がいれば、厳しく断罪する。しかし、摠部・選部（もとの軍簿司・典理司）の「入仕上典」（上級胥吏への任用を意味するか）を受けた者や、「謝牒」（朝謝文書）を偽造した者はこの例によらないという（さらに厳しい罰を与えるのであろう）。

朴盛鍾はこの他にもいくつか史料を挙げているが、右に掲げたような史料から、「職牒」と朝謝文書が別個の文書であったと断言できるのか、はなはだ疑問である。「職牒」の語義は「官職除授に際して発給される文書」であるため、これらの史料にみえる「職牒」は単に朝謝文書を言い換えた表現にすぎないのではなかろうか（朝鮮時代には、官教や朝謝文書、奉教告身を「職牒」と称している）。実際、そのように考えれば、いずれの史料においても無理なく整合的な解釈が可能である。「職牒」という任命文書の存在をあえて想定する必要はないものと思われる。

また、本章でもすでに述べたことであるが、高麗事元期から朝鮮初期の朝謝文書は多数の事例が確認されているにもかかわらず、それと対になる「職牒」は一点たりとも見つかっていない。もし、「職牒」と朝謝文書があわせて発給されたとするならば、肝心の任命文書ではなく、朝謝文書のみが後世まで伝存した理由が何であったのか理解に苦しむ。任命文書「職牒」が存在したと強いて仮定するならば、この点について納得のいく説明が必要であろう。

以上のことから、高麗末期から朝鮮初期において、任命文書「職牒」と朝謝文書が対になって発給されたとする朴盛鍾の主張は受け容れることができない。

なお、朴盛鍾は本章初出論文の記述（本章注（3）に該当）を挙げ、筆者が「李和尚妻李氏封爵牒」を教牒と捉えていると指摘した（一四頁）。しかし、当該箇所をみれば明らかなように、筆者は朴宰佑の見解を単に整理したにすぎない。朴盛鍾の指摘は誤解である。

第三章　朝鮮初期における官教の体式の変遷
――頭辞と印章を中心として――

一　はじめに

前章で検討したように、事元以後の高麗において官教は、王が親任する場合や通常の任命手続きを取りがたい場合など、特別な任命のケースに限って使用されていた。高麗が滅亡して朝鮮王朝が建国されると、太祖は四品以上の官僚を任命する際、官教を発給するように規定した（五品以下には朝謝文書を発給）。以後、朝鮮王朝において官教の制度が定式化したのであるが、その文書体式が幾度かにわたって変化していた点には注意を要する。

朝鮮初期における官教体式の変遷過程については、田川孝三による簡潔で要領を得た概説があるが[1]、変遷の詳細な経緯や要因に深く踏み込むにいたっておらず、不十分な感はぬぐえない。そこで本章では、文書体式の変遷経緯の実態をできる限り詳細に追究することにしたい。さらに、その変遷の要因を考察することにより、当時の朝鮮王朝をとりまく政治情況の一端を解明したいと思う。

二　朝鮮時代の官教

はじめに、朝鮮時代の官教がいかなる文書であるのか、実例を挙げつつ確認しておこう。

既述のとおり、官教は文武官僚に与えられた任命文書の一種であり、時期によって若干変動はあるが[2]、おおよそ四品以上の高官に発給されていた。序章でもすでに掲示したが（一四頁）、官教の一例として、嘉靖一六年（中宗三二、一五三七）二月発給の「金縁官教」を再度挙げれば、次のとおりである。

史料1（「金縁官教[3]」）

> 教旨、
> 　金縁為中訓
> 大夫・行成均館
> 司芸者、
> 嘉靖十六年二月初十日

右の文書は、王命を意味する頭辞「教旨」からはじまり、その内容は金縁を文官職（中訓大夫・行成均館司芸）に任ずるものである。末尾に発給の年月日が記され、その上に「施命之宝」という印章が捺されている。

官教の体式は『経国大典』巻三、礼典、文武官四品以上告身式に規定されており、朝鮮末期にいたるまで、官教は基本的にこの告身式にもとづいて作成された[4]。しかし、朝鮮初期においてはこれと異なる体式を有していた。例えば、洪武二六年（太祖二、一三九三）一〇月発給の「都膺官教」をみてみよう。

史料2（「都膺官教」）

> 王旨、
> 　都膺為朝奉大
> 夫・典医少監者、
> 洪武廿六年十月　日

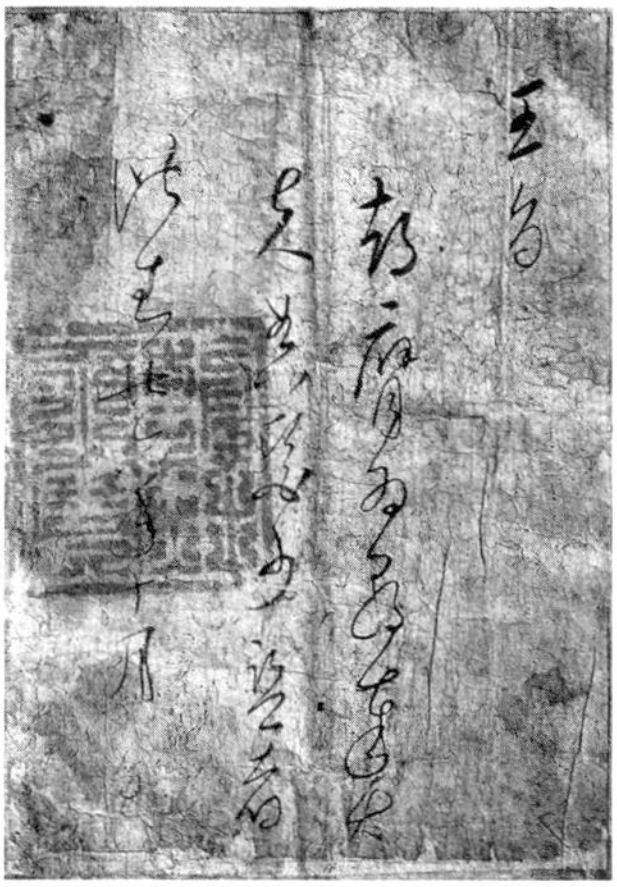

写真1「都膺官教[5]」

頭辞が「教旨」でなく「王旨」とあり、「施命之宝」の代わりに「朝鮮王宝」が捺されており、先に掲げた「金縁官教」とは明らかに差異がある。次に掲げた表1は、史料集・図録・文集・族譜・データベースサイトなどから、朝鮮初期の官教を収集して整理したものであるが[6]、これをみても頭辞と印章が時期によって変化していることがわかる。

表1　朝鮮初期官教一覧（太祖二年～成宗二五年）

＊「年月」は西暦（年号を単純変換）＋月、表2および本文でも同じ。

No.	年月	受給者	頭辞	印章	官職（　）内は品階	出典
①	一三九三年一〇月	都膺	王旨	朝鮮王宝	朝奉大夫（従四品下）・典医少監	기록、国宝、精選
②	一三九三年一〇月	朴剛生	王旨	朝鮮王宝	朝奉大夫（従四品下）・典医少監	한국사、精選
③	一三九四年三月	陳忠貴	王旨	朝鮮王宝	嘉靖大夫（従二品上）・商議中枢院事・都評議使司使・兼義州等処都兵馬使・義州牧使	기록、朝鮮、動産92～93、古文書、精選
④	一三九四年九月	徐愈	□旨	朝鮮王宝	奉正大□（正四品上）・□□郎・世子右弼善	徐氏、高麗、精選
⑤	一三九四年九月	都膺	未詳	朝鮮王宝	宣節将軍（従四品上）・□□衛左領将軍	기록、国宝、精選
⑥	一三九五年二月	金懐錬	王旨	朝鮮王宝	通政大夫（正三品上）・公州牧使・兼管内勧農防禦使	기록、朝鮮、精選
⑦	一三九五年二月	都膺	□旨	朝鮮王宝	宣節将軍（従四品上）・龍武衛司左領将軍	기록、国宝、精選
⑧	一三九五年一二月	康舜龍	□旨	朝鮮王宝	特進輔国崇禄大夫（正一品上）・載寧伯	규장각、한국사、精選
⑨	一三九六年三月	趙崇	王旨	朝鮮王宝	嘉靖大夫（従二品上）・商議中枢院事・都評議使司使・兼義州等処都兵馬使・知安撫営田事・判義州牧事	기록、動産88、精選
⑩	一三九七年正月	金懐錬	王旨	朝鮮王宝	嘉善大夫（従二品下）・海州牧使・兼勧農兵馬団練使・塩場官	기록、朝鮮、精選
⑪	一三九七年四月	李殷	王旨？	未詳	通政大夫（正三品上）・水原府使・兼管内勧農兵馬団練使	高麗
⑫	一三九七年一二月	都膺	王旨	朝鮮王宝	保功将軍（従三品下）・虎勇巡衛司摂大将軍	기록、国宝、精選

⑬	一三九八年九月	李全生	王旨	朝鮮王宝	嘉善大夫（従二品下）・工曹典書	기록、動産89、精選
⑭	一三九九年正月	沈之伯	王旨	未詳	奉列大夫（正四品下）・司宰少監	한국사、精選
⑮	一三九九年正月	李従周	王旨	朝鮮王宝	通政大夫（正三品上）・知蔚州事・兼勧農兵馬団練使・蔚州鉄場官	기록、動産89、精選
⑯	一三九九年正月	沈之伯	王旨	未詳	嘉善大夫（従二品下）・工曹典書	한국사、精選
⑰	一四〇二年四月	尹臨	王旨	未詳	嘉善大夫（従二品下）・黄州牧使・兼勧農兵馬団練使	기록、精選
⑱	一四〇二年一二月	徐愈	王旨	未詳	推誠翊戴佐命功臣・嘉靖大夫（従二品上）・利城君・集賢殿提学・兼判内資寺事	徐氏、高麗、精選
⑲	一四〇二年一一月	成石璘	王旨	朝鮮国王之印	推忠同徳翊戴佐命功臣・大匡輔国崇禄大夫（正一品上）・領議政府事・兼判開城留後司留後事・修文殿大提学・領春秋館事・昌寧府院君	기록、国宝
⑳	一四〇二年一二月	鄭有？	未詳	未詳	通訓大夫（正三品下）・□□□州事・兼安州道左□□馬団練使・勧農□学使	鄭氏、精選
㉑	一四〇四年七月	李殷	王旨？	未詳	嘉善大夫（従二品下）・公州牧使・兼勧農兵馬団練使	高麗
㉒	一四〇六年閏七月	曹恰	王旨	朝鮮国王之印	嘉善大夫（従二品下）・左軍都摠制府同知摠制	기록、陸軍、精選
㉓	一四〇七年三月	高鳳礼	□旨	朝鮮国王之印	通政大夫（正三品上）・工曹左参議	高氏
㉔	一四〇七年八月	李殷	王旨？	未詳	嘉善大夫（従二品下）・雞林府院・兼勧農管学事兵馬節制使	高麗

㉕	一四〇八年一二月？	鄭悛	未詳	未詳	中訓大夫（従三品下）・平壌府儒学教授官	기록、集成23、精選
㉖	一四〇九年二月	尹臨	王旨	朝鮮国王之印	通訓大夫（正三品下）・仁寧府右司尹	기록、精選
㉗	一四〇九年七月	鄭悛	王旨	朝鮮国王之印	中直大夫（従三品上）・典農正・知製教・僉知文書応奉司事	기록、한국학、精選
㉘	一四〇九年八月	曹恰	王旨	朝鮮国王之印	嘉靖大夫（従二品上）・中軍都摠制府摠制・兼判軍器監事	動産86、精選
㉙	一四〇九～一四一一年□月？	鄭悛	王旨	未詳	通訓大夫（正三品下）・知金山郡事・兼勧農兵馬団練使	기록、集成23、精選
㉚	一四一〇年四月	金摯	□旨	朝鮮国王之印	通政大夫（正三品上）・礼曹右参議・宝文閣直提学・世子右輔徳	한국사、集真続、精選
㉛	一四一〇年九月	金摯	王旨	朝鮮国王之印	嘉善大夫（従二品下）・検校漢城尹	한국사、集真続、精選
㉜	一四一四年四月	安省	王旨	朝鮮国王之印	嘉靖大夫（従二品上）・江原道都観察黜陟使・兼監倉安集転輸勧農管学事・提調刑獄兵馬公事	기록、安氏、精選
㉝	一四一五年九月	南在	王旨	朝鮮国王之印	純忠奮義同徳開国功臣・大匡輔国崇禄大夫（正一品上）・宜寧府院君・修文殿大提学・世子傅	動産92～93、亀亭
㉞	一四一六年六月	李之帯	王旨	朝鮮国王之印	嘉善大夫（従二品下）・検校漢城尹	기록、精選
㉟	一四一六年八月	李澄石	王旨	朝鮮国王之印	保功将軍（従三品下）・虎賁侍衛司大護軍	기록、動産89、精選
㊱	一四一六年一二月	田興	未詳	朝鮮国王之印	通政大夫（正三品上）・刑曹参議	기록、国宝、精選
㊲	一四一七年正月	朴昭	□旨	未詳	通訓大夫（正三品下）・安陰県監	集成76

㊳	一四一七年六月	李殷	王旨？	未詳	資憲大夫（正二品下）・判晋州牧使・兼兵馬節制使・勧農管学事使	高麗
㊴	一四一七年一〇月	田興	未詳	朝鮮国王之印	嘉善大□（従二品下）・仁寧府尹	기록、国宝
㊵	一四一八年五月	柳湿	王旨	朝鮮国王之印	資憲大夫（正二品下）・平安道兵馬都節制使・判安州牧事・知招討営田勧農管学事	精選
㊶	一四二五年六月	曹恰	王旨	朝鮮国王之印	正憲大夫（正二品上）・右軍都摠制府摠制	기록、動産86、古文書、精選
㊷	一四二七年一二月	裵湛	王旨	朝鮮国王之印	朝奉大夫（従四品下）・知盈徳県事・兼勧農兵馬団練副使	精選
㊸	一四二八年五月	裵湛	王旨	朝鮮国王之印	朝散大夫（従四品上）・知盈徳県事・兼勧農兵馬団練副使	精選
㊹	一四二九年二月	馬天牧	王旨	朝鮮国王之印	推忠翊戴佐命□臣・輔国崇禄□夫（正一品下）・長興府□□	한국사、精選
㊺	一四三三年三月	李澄石	王旨	国王行宝	嘉靖大夫（従二品上）・同知中枢院事	기록、動産89、精選
㊻	一四三四年二月	李澄石	王旨	国王行宝	資憲大夫（正二品下）・中枢院副使	기록、動産89、精選
㊼	一四三四年四月	李禎	未詳	国王行宝	朝奉□夫（従四品下）・知韓山郡事・兼勧農兵馬団練副使	장서각、集成41、精選
㊽	一四三四年九月	田興	王□	国王行宝	嘉靖大夫（従二品上）・仁順府尹	기록、国宝、精選
㊾	一四三五年六月	鄭自新	王□	国王行宝	威勇将軍（従四品上）・左軍護軍	鄭氏、精選
㊿	一四三六年六月	李禎	教旨	国王行宝	朝散大夫（従四品上）・知韓山郡事・兼勧農兵馬団練副使	장서각、集成41、精選

㊿	一四三八年一〇月	李禎	教旨	国王行宝	奉列大夫（正四品下）・知韓山郡事・兼勧農兵馬団練副使	장서각、集成41、精選
52	一四三九年二月	李禎	教旨	国王行宝	奉列大夫（正四品下）・慶昌府少尹	장서각、集成41、精選
53	一四三九年九月	李禎	未詳	国王行宝	□□□□・□□護府副使・兼勧農□□団練副使	장서각、集成41、精選
54	一四四一年二月	李禎	教旨	国王行宝	奉正大夫（正四品上）・善山都護府副使・兼勧農兵馬団練副使	장서각、集成41、精選
55	一四四三年一二月	李澄石	未詳	施命之宝	正憲□夫（正二品上）・慶尚道左道兵馬都節制使・知招討営田事	기록、動産89、精選
56	一四四五年一二月	李友	教旨	未詳	保功将軍（従三品下）・京畿左道兵馬僉節制使・招討営副使	前期
57	一四四九年一二月	鄭軾	未詳	王世子之印？	朝奉大□（従四品下）・守議政府舎人・直宝文閣・知製教	鄭氏
58	一四五二年一〇月	南智	教旨	施命之宝	大匡輔国崇禄大夫（正一品上）・領中枢院事	亀亭
59	一四五四年二月	田稼生	教旨	未詳	朝散大夫（従四品上）・守司憲掌令	기록、国宝、精選
60	一四五五年閏六月	鄭軾	教旨	施命之宝	中訓大夫（従三品下）・行知宝城郡事・兼勧農兵馬団練副使	鄭氏、精選
61	一四五五年一二月	鄭軾	教旨	未詳	中訓大□（従三品下）・□知宝城郡事・兼□農副使・興陽鎮左翼兵馬団練副使	鄭氏、精選
62	一四五七年九月	権景老	教旨	施命之宝	宣略将軍（従四品下）・行義興衛後部七番摂司直	古文書

⑹	一四五八年閏二月	李八仝	教旨	施命之宝	威勇将軍（従四品上）・行義興衛中部摂司直・兼宣伝官	기록、動産89、精選
⑭	一四五八年一〇月	鄭軾	教旨	施命之宝	通政大□（正三品上）・□□院右副承旨・経筵□賛官・宝文閣直提□・知製教・兼判軍資監事・知戸曹事	鄭氏、精選
⑮	一四五九年三月	鄭軾	教旨	施命之宝	通政大夫（正三品上）・承政院右承旨・経筵参賛官・修文殿直提学・知製教・充春秋館編修官・兼判司宰監事・知礼曹事	鄭氏、精選
⑯	一四六〇年五月	李堰	教旨	未詳	嘉善大夫（従二品下）・南原鎮兵馬節制使・判南原都護府事・兼勧農事	精選
⑰	一四六一年七月	鄭軾	教旨	未詳	資憲大夫（正二品下）・判漢城府事	鄭氏、精選
⑱	一四六二年一二月	鄭従雅	未詳	未詳	宣略将軍（従四品下）・忠佐衛摂護軍	기록、集成23、精選
⑲	一四六三年三月	鄭従雅	教旨	未詳	宣節将軍（従四品上）・行忠佐衛後部摂副司正・兼龍驤衛後部将	기록、集成23、精選
⑳	一四六三年七月	鄭従雅	教旨	未詳	威毅将軍（正四品下）・行義興衛中部摂司勇・兼龍驤衛後部将	기록、集成23、精選
㉑	一四六三年閏七月	李堰	教旨	未詳	嘉善大夫（従二品下）・中枢院□□・行忠武衛上護軍	精選
㉒	一四六三年閏七月	田稼生	教旨	未詳	通政大夫（正三品上）・公州鎮兵馬僉節制使・公州牧使・兼勧農使	기록、国宝、精選
㉓	一四六四年六月	李崇元	教旨	未詳	奉正大夫（正四品上）・副知通礼門事・議政府検詳条例司検詳・知製教・兼春秋館記注官	기록、朝鮮、精選

㊹	一四六四年一〇月	李崇元	教旨	未詳	中直大夫（従三品上）・行議政府舎人・知製教・兼春秋館記注官	기록、精選
㊺	一四六四年一〇月	金世老	教旨	未詳	朝奉大夫（従四品下）	精選
㊻	一四六五年四月	金世老	教旨	未詳	朝散大夫（従四品上）	精選
㊼	一四六五年七月	鄭軾	教旨	未詳	資憲大夫（正二品下）・知中枢院事	鄭氏、精選
㊽	一四六六年正月	呉凝	教旨	施命	嘉善大夫（従二品下）・咸吉道観察使	中央、精選
㊾	一四六六年二月	呉凝	教旨	施命	嘉善大夫（従二品下）・咸吉道観察使・兼咸興府尹	中央、精選
㊿	一四六七年五月	金世老	教旨	施命	奉列大夫（正四品下）	精選
81	一四六八年一一月	裵衽	教旨	施命	宣略将軍（従四品下）	精選
82	一四六九年一〇月	裵衽	教旨	施命	定略将軍（従四品上）	精選
83	一四六九年一二月	許惟礼	教旨	施命	精忠出気敵愾功臣・嘉善大夫（従二品下）・忠武衛副護軍・吉城君	明谷集
84	一四六九年一二月	裵衽	教旨	未詳	□威将軍	精選
85	一四七〇年六月	金宗直	教旨	未詳	朝散大夫（従四品上）・行芸文館修撰・知製教・兼経筵検討官・春秋館記事官・承文院校検	기록、한국사、嶺南、精選
86	一四七〇年一二月	金宗直	教旨	未詳	朝散大夫（従四品上）・咸陽郡守・晋州鎮道兵馬同僉節使	기록、한국사、嶺南、精選
87	一四七一年二月	金宗直	教旨	施命	朝散大夫（従四品上）・咸□郡守	기록、한국사、精選

(88)	一四七一年二月	金宗直	教旨	未詳	晋州鎮管兵馬同僉節制使	기록、한국사、嶺南、精選
(89)	一四七一年九月	金宗直	教旨	施命	奉列大夫（正四品下）・行咸陽郡守	기록、한국사、嶺南、精選
(90)	一四七一年一二月	金宗直	教旨	施命	奉正大夫（正四品上）・行咸陽郡守	기록、한국사、精選
(91)	一四七二年一二月	李崇元	教旨	未詳	純誠明亮佐理功臣・嘉□大夫・行承政院都承旨・兼経筵参賛官・尚瑞院正・弘文館直提学・春秋館修撰官・延原君	기록、精選
(92)	一四七三年一一月	金宗直	教旨	施命	中訓大夫（従三品下）・行咸陽郡守	기록、한국사、嶺南、精選
(93)	一四七四年八月	李崇元	教旨	施命	純誠明亮佐理功臣・資憲大夫（正二品下）・刑曹判書・延原君	기록、精選
(94)	一四七五年二月	金宗直	教旨	施命	中直大夫（従三品上）・行咸陽郡守	기록、한국사、嶺南、精選
(95)	一四七五年一二月	金宗直	教旨	施命	通訓大夫（正三品下）・行承文院参校・知製教	기록、한국사、精選
(96)	一四七六年七月	金宗直	教旨	施命	尚州鎮管兵馬同僉節制使	기록、한국사、嶺南、精選
(97)	一四七六年七月	金宗直	教旨	施命	通訓大夫（正三品下）・行善山都護府使	기록、한국사、嶺南、精選
(98)	一四七七年八月	李崇元	教旨	施命	純誠明亮佐理功臣・資憲大夫（正二品下）・行司憲府大司憲・延原君	기록、精選

⑲	一四七九年七月	鄭従雅	未詳	施命	折衝将軍（正三品上）・行虎賁衛副司果	기록、集成23、精選
⑳	一四八二年三月	金宗直	教旨	施命	通訓大夫（正三品下）・行弘文館応教・知製教・兼経筵侍講官・春秋館編修官	기록、嶺南、精選
⑽	一四八二年三月	皮古三甫羅	教旨	朝鮮国王之印	宣略将軍（従四品下）・虎賁衛副護軍	集真続
⑽	一四八二年四月	李崇元	教旨	施命	純誠明亮佐理功臣・資憲大夫（正二品下）・行平安道観察使・兼平壌府尹・延原君	기록、精選
⑽	一四八三年一〇月	金宗直	教旨	施命	通政大夫（正三品上）・承政院同副承旨・兼経筵参賛官・春秋館修撰官	기록、한국사、嶺南、精選
⑽	一四八三年一一月	金宗直	教旨	施命	通政大夫（正三品上）・承政院右副承旨・兼経筵参賛官・春秋館修撰官	기록、한국사、嶺南、精選
⑽	一四八四年六月	金宗直	教旨	施命	通政大夫（正三品上）・承政院左副承旨・兼経筵参賛官・春秋館修撰官	기록、한국사、嶺南、精選
⑽	一四八四年八月	金宗直	教旨	施命	通政大夫（正三品上）・承政院都承旨・知製教・兼経筵参賛官・春秋館修撰官・芸文館直提学・尚瑞院正	기록、한국사、嶺南、集真、精選
⑽	一四八四年一〇月	金宗直	教旨	未詳	嘉善大夫（従二品下）・吏曹参判	기록、한국사、嶺南、精選
⑽	一四八四年一〇月	金自興	教旨	未詳	禦侮将軍（正三品下）・仇寧兵馬万戸	中村
⑽	一四八五年正月	金宗直	教旨	施命	嘉善大夫（従二品下）・吏曹参判・兼同知経筵成均館事	기록、한국사、嶺南、精選
⑽	一四八五年五月	金永銓	□旨	施命	奉□大夫・行司憲府監察	규장각、精選

(111)	一四八五年九月	金宗直	教旨	施命	嘉善大夫（従二品下）・行僉知中枢府事	기록、한국사、嶺南、精選
(112)	一四八六年三月	金宗直	教旨	施命	兼同知経筵成均館事・芸文館提学	기록、한국사、嶺南、精選
(113)	一四八六年一一月	李崇元	教旨	施命	兼五衛都摠府都摠官	기록、精選
(114)	一四八六年一二月	金宗直	教旨	施命	嘉善大夫（従二品下）・同知中枢府事	기록、한국사、精選
(115)	一四八七年五月	金宗直	教旨	施命	嘉善大夫（従二品下）・京畿観察使・兼開城府留守	기록、한국사、嶺南、精選
(116)	一四八七年五月	金宗直	教旨	施命	京畿兼兵馬水軍節度使	기록、한국사、嶺南、精選
(117)	一四八七年五月	金宗直	教旨	施命	嘉善大夫（従二品下）・全羅道観察使	기록、한국사、嶺南、精選
(118)	一四八七年六月	金宗直	教旨	施命	全羅道兼兵馬水軍節度使	기록、한국사、嶺南、精選
(119)	一四八七年八月	李崇元	□旨	施命	純誠明亮佐理功臣・資憲大夫（正二品下）・議政府右参賛・兼知経筵義禁府事・同知成均館事・延原君	기록、精選
(120)	一四八八年一○月	金宗直	教旨	施命	嘉善大夫（従二品下）・漢城府左尹・兼同知成均館事	한국사、嶺南、精選
(121)	一四八八年一一月	金従漢	教旨	施命	朝奉大夫（従四品下）・行驪州牧判官	기록、精選
(122)	一四八八年一二月	金宗直	教旨	施命	嘉善大夫（従二品下）・工曹参判・兼同知成均館事	기록、한국사、嶺南、精選

⑫③	一四八九年正月	金宗直	教旨	施命	嘉善大夫（従二品下）・工曹参判・兼同知成均館事・弘文館提学	기록、한국사、嶺南、精選
⑫④	一四八九年二月	金直孫	未詳	未詳	公州鎮管兵馬同僉節制使	한국사、精選
⑫⑤	一四九〇年七月	金係行	教旨	未詳	奉列大夫（正四品下）・行司諫院献納	典籍
⑫⑥	一四九四年二月	金従漢	教旨	施命之宝	奉列大夫（正四品下）・行安東教授	기록、精選

引用文献・史料データベース

安氏→『広州安氏大同譜』一（広州安氏大同譜編纂委員会、一九八三年）
亀亭→南九万『亀亭先生遺藁』上、忠景・忠簡両先祖官教跋
高氏→『済州高氏大同譜典書公派篇』一（済州高氏大同譜編纂委員会、一九七五年）
高麗→南権熙『高麗時代 記録文化 研究』（清州古印刷博物館、二〇〇二年）
国宝→『国宝（日本語訳版）』一二（竹書房、一九八五年）
古文書→『古文書――국왕・왕실문서、관청문서――』（国立中央博物館、二〇〇四年）
集真→朝鮮史編修会編『朝鮮史料集真』第一輯（朝鮮総督府、一九三五年）
集真続→朝鮮史編修会編『朝鮮史料集真続』第二輯（朝鮮総督府、一九三七年）
集成23→『古文書集成――居昌草渓鄭氏篇――』二三（韓国精神文化研究院、一九九五年）
集成41→『古文書集成――安東 周村 真城李氏篇一――』四一（韓国精神文化研究院、一九九九年）
集成76→『古文書集成――密陽 密城朴氏・徳南書院篇――』七六（韓国精神文化研究院、二〇〇四年）
徐氏→『利川徐氏良景公派世譜』一（利川徐氏良景公派世譜編纂委員会、一九八一年）
前期→鄭求福ほか編『朝鮮前期古文書集成――一五世紀篇――』（国史編纂委員会、一九九七年）
精選→蔵書閣編『韓国古文書精選――告身・王旨・教旨・令旨――』一（韓国学中央研究院出版部、二〇一二年）
中央→『국립중앙도서관 고문서해제』二（国立中央図書館、一九七三年）
朝鮮→『朝鮮時代古文書』（国立全州博物館、一九九三年）
鄭氏→全炯沢「雪斎書院 소장의 조선초기 羅州鄭氏 고문서 자료」（『古文書研究』二六、二〇〇五年）
典籍→『韓国典籍綜合調査目録――大邱直轄市・慶尚北道篇――』一（文化財管理局、一九八六年）
動産86→『動産文化財指定報告書』八六年指定篇（文化公報部文化財管理局、一九八八年）
動産88→『動産文化財指定報告書』八八年指定篇（文化公報部文化財管理局、一九八九年）

動産89→『動産文化財指定報告書』八九年指定篇（文化部文化財管理局、一九九〇年）
動産92〜93→『動産文化財指定報告書』九二〜九三年指定篇（文化体育部文化財管理局、一九九四年）
中村　→『中村直勝博士蒐集古文書』（中村直勝博士古稀記念会、一九六〇年）
明谷集→崔錫鼎『明谷集』巻一二、題跋、題吉城君教旨後
陸軍　→『陸軍博物館図録』（陸軍士官学校陸軍博物館、一九八五年）
嶺南　→『嶺南古文書集成』Ⅰ（嶺南大学校出版部、一九九二年）
규장각→규장각한국학연구원（http://e-kyujanggak.snu.ac.kr/index.jsp）
기록　→국가기록유산（http://www.memorykorea.go.kr）
장서각→왕실도서관 장서각 디지털 아카이브（http://yoksa.aks.ac.kr/main.jsp）
한국사→한국사데이터베이스（http://db.history.go.kr）

注

本章初出後に刊行された、蔵書閣編『韓国古文書精選』一（前掲）では、現存する朝鮮初期の官教の鮮明な写真が網羅的に掲載され、また、近年新たに確認された官教も数点取りあげられており、大いに参考となる。そこで、表1では、同書の掲載写真、発給年比定、翻刻を参考としつつ、初出論考の表を修正・増補した。

また、朝鮮初期の官教を取りあげてその真偽を検討した、朴成鎬「현재 전하고 있는 王旨의 真偽 고찰」（『精神文化研究』三三－三、二〇一〇年）は、頭辞・印章・書体などからみて、②・③・⑥・㉓・㊲の真偽にやや疑問が残る点があるとし、さらなる慎重な検討が必要と提起している。傾聴すべき意見であるが、ここではひとまず、初出論考のままに提示した。今後の課題としたい。

右にみたように、官教はきわめて簡潔な文書であり、頭辞と印章以外に表面的な変化はみられない。そのため、以下では、頭辞と印章を対象として官教の文書体式の変遷を検討する。またその際、高麗事元期の官教の事例を参照し、高麗事元期から朝鮮初期にかけて、官教の体式がいかに変化したかについても簡単に触れることにしたい。

なお、官教は、朝鮮国内の官僚のみならず、倭人・女真人に対しても授与されたが、朝鮮初期の倭人官教はわずか一点（表1(101)「皮古三甫羅官教」）しか現存しない。そのため本書では、倭人・女真人の官教の頭辞についてはほ

とんど言及しておらず、またその印章についても実録記事に依拠するのみで現存の文書による裏付けができなかった。

三　頭辞の変遷

まず、頭辞の変遷について検討しよう。[7]

高麗事元期の官教の頭辞は、前章までに確認したように、泰定二年（忠粛王一二、一三二五）四月発給の「金子松官教」では「国王鈞旨」であるのに対し、至正四年（忠穆王即位、一三四四）四月発給の「申祐官教」では「王旨」となっている。ここから、事元以後の高麗における官教の頭辞は、「国王鈞旨」から「王旨」へと変化したと考えられるが、あるいは両者が併用された可能性もある。

朝鮮王朝の建国後においては、表1①「都膺官教」（一三九三年一〇月）～㊻「李澄石官教」（一四三四年二月）にみられるように、官教の頭辞として「王旨」が使用されつづけた。この「王旨」の語は、官教以外の公文書にも用いられていたが、世宗七年（一四二五）七月頃より、次第に改められるようになっていった。

史料3（『世宗実録』巻二九、七年七月甲戌）

礼曹啓、謹按中朝之制、各衙門奏聞欽奉文書、皆称聖旨・勅旨、今本朝各司、於啓聞取旨之事、皆斥言王旨未便、請自今凡中外各衙門啓聞奉行文書、皆称教旨、従之、

右の記事によって、中央・地方の各官府が王に上申して実行する文書において、「王旨」を「教旨」と改めたことが知られる。当時、『新撰続六典』や『謄録』などの法典編纂事業が進行していたが、[8]これと並行して旧法の改

定が行われた。公文書における「王旨」から「教旨」への改変もこうした旧法改定の一環であろう。

官教に「教旨」の語を用いるようになったのは、世宗一七年（一四三五）九月からである。『世宗実録』の記事には次のようにある。

史料4（『世宗実録』巻六九、一七年九月辛未）

吏曹啓、続典、改判為教、改王者（旨）為教旨、而官教・爵牒、及外吏正朝・安逸差貼（帖）、仍称王旨、実為未便、請並改以教旨、従之、

新たに編纂された『続六典』では、「判」が「教」、「王旨」が「教旨」と改められたが、官教・「爵牒」（封爵文書）、および正朝戸長・安逸戸長（郷吏の役職のひとつ）の「差帖」（任命文書）では、なお「王旨」と称している。吏曹はこれを不適当として「教旨」と改定するよう要求し、王の許諾を得たという。これを表1にみえる、世宗一七年（一四三五）前後の官教と照会すれば、㊻「李澄石官教」（一四三四年二月）は「王旨」、㊼「李禎官教」（一四三四年四月）は不明[9]、㊽「田興官教」（一四三四年九月）と㊾「鄭自新官教」（一四三五年六月）は「王□」とあるのに対し、㊿「李禎官教」（一四三六年六月）では「教旨」と改められており、実録記事に背馳しないことが確認される。これ以後、王世子・王世孫の代理聴政期[10]を除き、朝鮮末期にいたるまで官教の頭辞は「教旨」でありつづけた。

なお、次に掲げるのは世宗二四年（一四四二）二月の記事であるが、頭辞に「教」字が選択された理由をうかがう上で参考となる。

史料5（『世宗実録』巻九五、二四年二月乙卯）

議政府拠礼曹呈啓、続礼典云、中外各衙門奉行文書内、王旨皆称教旨、自是以後、凡於国中常行文書、皆称教旨、独於赴京行次差関・差批・呈文、及野人職事差任箚付・帖等文書、仍称王旨、似為未便、謹按韻会、釈教字云、帝曰詔、王及妃曰教、又綱目通鑑云、太子令、秦・斉王教旨、詔勅並行、釈之者曰、太子之命、謂之令、秦王・斉王之命、謂之教、以此観之、教乃侯王之命無疑、而且無僭擬之嫌、請自今前項文書、並称教旨、従之、

右に掲げた礼曹の啓は、いまだ徹底されていない、公文書における「教旨」の語の使用を要請したものである。『韻会』や『資治通鑑綱目』を引用しつつ、侯王の命令は「教」であるため、「教旨」の語を用いたとしても僭擬の嫌いがない、と主張されている。朝鮮王が明の冊封を受けた諸侯の立場にあるため、王命の語に「教」字を用いることは穏当な選択と認識されたのであろう。

四　印章の変遷

官教に用いられた印章の変遷については、すでに中村栄孝がその大要を述べたことがある[11]。しかし、官教の印章に関する専論でないため、関連史料を必ずしも網羅しておらず、また、印章の変遷の背景についてほとんど考察がおよんでいない。現在までに、多数の官教が新たに発見・紹介されたため、改めて現存する文書と実録記事とを突きあわせ、考察をさらに深める必要がある。以下では表1を適宜参照しつつ、その変遷の過程と要因をできるだけ丹念に追っていきたい。

（一）朝鮮建国と「高麗国王之印」

高麗事元期において、世祖クビライ下賜の印章「駙馬高麗国王印」が官教に捺されていたことは、前章で明らかにしたとおりである。

朝鮮建国直後の官教は現存していないが、朝鮮後期に編纂された『承政院日記』に官教関連の記事がみえており、官教に用いられた印章を推定する上で参考となる。

史料6（『承政院日記』英祖五〇年四月一三日）

海州李敬範曰、臣請納太祖大王・太宗大王御筆、上命入之、一則草書、而永楽年間、李和癸為通政王旨、一則小楷、而洪武年間、以李之蘭為輔（補）祚功臣・青海君王旨也、仁孫曰、李和癸王旨印文、即朝鮮国王之印也、宗鉉曰、青海伯王旨印文、即高麗国王之印也、仁孫曰、李之蘭討倭屢有功、或高麗時已封青海伯也、上曰、其時則之蘭佟姓也、上曰、教旨草書頗異、受入、

英祖五〇年（一七七四）四月、李敬範という人物が太祖・太宗の御筆の「王旨」、すなわち官教を上納した。一点は、永楽年間（一四〇三～一四二四）、李和癸を通政大夫とするもの、もう一点は、洪武年間（一三六八～一三九八）、李之蘭（豆蘭）を補祚功臣・青海君とするものであった。そして、「李和癸官教」には「朝鮮国王之印」が、「李之蘭官教」には「高麗国王之印」が捺されていたという。建国からはるか後代の記事であるが、英祖らによって官教が実見されており、記事の信憑性は高いといえる。

ここで注目しなければならないのは、「李之蘭官教」に「高麗国王之印」が捺されているという点である。右議政元仁孫の推測とは異なり、高麗末期、李之蘭が補祚功臣・青海君とされた事実は確認されず、李之蘭に対する実

際の授職・封爵は朝鮮が建国された直後の太祖元年（一三九二）七月のことであった[12]。したがって、建国直後の官教には「高麗国王之印」が用いられていたと推定される。高麗事元期において、元から下賜された「駙馬高麗国王印」が官教に捺されていることから考えれば、朝鮮建国直後の官教もまた、高麗の旧例に倣って「高麗国王之印」を使用した可能性はきわめて高いといえる。

もしこの推定が正しいとすれば、「李之蘭官教」に捺された「高麗国王之印」は、恭愍王一九年（一三七〇）五月、明より下賜された印章にほかならないであろう[13]。このことは、太祖元年（一三九二）閏一二月、洪武帝による国号「朝鮮」の裁可[14]にともない、翌年三月、「高麗恭愍王時所降金印」が明に返納されている事実[15]からも裏付けられる。「朝鮮」という新たな国号が定まった以上、旧国号を冠した「高麗国王之印」はいまや不要となったのである。

このように、建国直後においては、官教に「高麗国王之印」が用いられたと考えられるが[16]、同印章の返納後、朝鮮政府は官教に捺すべき新たな印章の必要性に迫られることになった。

（二）「国王信宝」と「朝鮮王宝」

次に、「高麗国王之印」を返納した翌月、太祖二年（一三九三）四月の記事を掲げる。

史料7（『太祖実録』巻三、二年四月丙子）

都評議使司啓、朝廷印章未降間、凡頒行教旨・差除等事、用国王信宝、允之、

このとき、都評議使司の啓にしたがい、朝廷（明）より印章が降されるまでの間、官教に[17]「国王信宝」を使用するよう定められた。太祖元年（一三九二）一〇月、太祖の即位は明によって承認されたが[18]、冊封の証明というべき

誥命（冊封文書）と印章は給付されなかった。そのため、暫定的な措置として、「国王信宝」という印章を使用することにしたのである。ここから、太祖は元来、明の下賜する印章を官教に用いようとしたことがわかる。ただ、表1①「都膺官教」（一三九三年一〇月）～⑮「李従周官教」（一三九九年正月）など、太祖・定宗代に発給された官教をみてみれば、「国王信宝」ではなく「朝鮮王宝」が捺されている。中村栄孝もこの点を疑問とし、「国王信宝」とは「朝鮮王宝」と同一の印章であろうか、とひとまず推定した[19]。しかし、これにはしたがいがたい。

史料8（『世宗実録』巻五九、一五年三月乙卯）

行宝・信宝成、旧有伝国宝、文曰国王信宝、上命集賢殿、稽古制改鋳此両宝、……

右に掲げたのは世宗一五年（一四三三）三月の記事であるが、「旧《もと》伝国宝有り、文は国王信宝と曰う」とみえるように、実際に「国王信宝」という「伝国宝」（王位伝承にあたって引き継ぐ印章）が存在したことが確認される。この「国王信宝」こそ、史料7にみえる印章と同一物とみてまず誤りないであろう。史料8では単に「伝国宝」とだけあり、官教に用いられていたかどうか定かでないが、後に「朝鮮国王之印」が「伝国宝」であると同時に、「官教」に捺された点を勘案すれば（後述）、この「国王信宝」もまた官教に使用されたとみて無理はない[20]。

とはいえ、表1①「都膺官教」（一三九三年一〇月）に「朝鮮王宝」（口絵3）が捺されていることからわかるように、「国王信宝」が官教に用いられることはほとんどなく、太祖二年（一三九三）四月から同年一〇月の間までに、「朝鮮王宝」を使用するように改められたようである。

(三)　二種の「朝鮮国王之印」と「伝国宝」

朝鮮初期の対明関係における重要懸案のひとつは、誥命と印章の獲得であった[21]。太祖四年（一三九五）一一月、太祖は明に対し、誥命と印章を給付するよう請うたが[22]、洪武帝は表箋問題[23]を挙げて朝鮮の過失を責め立て、その願いを聞き入れなかった。その後、定宗もまた誥命・印章の給付を求めて明に遣使している[24]。しかし、使者出発の二ヶ月後、定宗が太宗に譲位したため、所期の目的は達成されなかった。太祖・定宗の宿願が叶ったのは、彼らの後を嗣いだ太宗のときであった。三度におよぶ請願の結果、太宗元年（一四〇一）六月、建文帝より、太宗を朝鮮国王に封ずる誥命と「朝鮮国王之印」（「大宝」ともいう）が下賜されたのである[25]。表1⑲「成石璘官教」（一四〇二年一一月）にみられるように、以後、官教に「朝鮮国王之印」が用いられるようになる。

しかし、建文帝が下賜した「朝鮮国王之印」の使用は長くつづかなかった。靖難の役による燕王（永楽帝）の帝位簒奪とその即位にともない、太宗三年（一四〇三）四月、新たな誥命・印章がもたらされたためである[26]。この際、建文帝下賜の誥命・印章は明に返納されているため、年代的にみて、表1㉒「曹恰官教」（一四〇六年閏七月）～㊹「馬天牧官教」（一四二九年二月）に捺された印章が、永楽帝下賜の「朝鮮国王之印」に該当すると思われる。なお、筆者が韓国学中央研究院蔵書閣にて、表1㉗「鄭悛官教」（一四〇九年七月）（口絵4）に捺された「朝鮮国王之印」の寸法を測定した結果、一〇センチ×一〇センチ（縦×横、以下同）という数値を得ることができた。

これまで述べてきたように、朝鮮王朝みずからが鋳造した「国王信宝」や「朝鮮王宝」を官教に用いつづけるという選択肢もあったにもかかわらず、太祖・太宗は明帝下賜の印章の使用を当為としている。これは先述のように高麗末期の慣例に倣ったためであるが、それだけではなく、当時の政治的情勢に起因するものではなかろうか。太祖が誥命と印章の獲得に尽力したのは、建国直後の政治的に不安定な情況下、明による即位の正式な承認を受けることにより、王権の安定をはかるためであったと推定されている[27]。とすれば、即位承認のシンボルである明帝下賜の印章を官教に捺して発給するという行為には、顕官の官職除授の都度、みずからの正統性を誇示し、王としての権威を高めようとする意味が込められていたとみることはできないであろうか。推測の域を出るものではないが、当時の政治情況から考えれば蓋然性は高いと思われる。

ところで、建国当初に「国王信宝」が「伝国宝」として用いられていたことは先述したが、「朝鮮国王之印」下賜後においては、「伝国宝」としての役割は「朝鮮国王之印」に移ったようである。太宗六年（一四〇六）八月、太宗は当時王世子であった李禔（譲寧大君）への伝位を試みたが、このとき「大宝」、すなわち「朝鮮国王之印」を授与しようとしている[28]。結局、臣下の反対によって李禔への伝位は沙汰止みとなったが、「朝鮮国王之印」が「伝国宝」として機能したことは明らかである。この後、世宗への伝位の際にも「朝鮮国王之印」が「伝国宝」として用いられており[29]、『世宗実録』五礼や『国朝五礼儀』（一四七四年）の嗣位条に成文化されるにいたっている[30]。「伝国宝」の地位は完全に「朝鮮国王之印」に取って代わられたのである。

（四）「国王行宝」の鋳造

官教に対する「朝鮮国王之印」の使用は、太宗の後を嗣いで即位した世宗代に一旦中止された。世宗一四年（一四三二）一〇月、礼曹により、中国歴代の璽宝の制に倣い、用途にしたがって印章を使い分けることが提起され、印章を新鋳する運びとなったのである。次に掲げる記事をみてみよう。

史料9　（『世宗実録』巻五八、一四年一〇月丁酉）

礼曹啓、歴代帝王璽宝之制、漢六璽、唐八璽、宋八璽、随事施用、若唐之神璽・宋之鎮国神宝、以鎮中国、蔵而不用、其信璽・信宝、用之於事神・発兵等事、行璽・行宝、用之於封国・冊封等事、其他璽宝之文与用之事、代各不同、我朝帝賜大宝之文、称朝鮮国王、不宜用於境内常時、乞依古制、鋳成国王信宝、用之於事神・

教宥・貢挙等事、国王行宝、用之於冊封・除授等事、其帝賜大宝、除事大文書外勿用、従之、

中国においては、「信璽」「信宝」が神事・発兵などに、「行璽」「行宝」が封国・冊封などに用いられていたため、朝鮮王朝もこれに倣って、「国王信宝」「国王行宝」を鋳造しようとしたのである。このとき、印章新鋳の理由として、「朝鮮国王之印」の印名に「朝鮮国王」という語があり、国内の通常の文書に用いることは不適当という点が挙げられており注目される。また、後の成宗代の議論において、「朝鮮国王之印」を国内の文書に用いるとすれば、印名に「朝鮮」二字があるため、義において許されない、という意見が現れており目を引く[31]。朝鮮初期の事例を顧みれば、確かに、文書における「朝鮮国王」「国王」という自称は、外国（明・日本・女真人）や神霊、太上王・仏寺などに対してみえるのみで[32]、通常の下行文書には用いられていない[33]。このような自称の論理は、朝鮮王朝の王権論・国家構造論に密接に関連する重要な問題であるが、何に依拠したものか判然としない。ともあれ、朝鮮国内向けの文書において「朝鮮国王」「国王」といった語を使用することは、基本的に回避すべきと考えられていたと推定される[34]。

こうして、翌年（一四三二）三月、「国王行宝」（口絵5）と「国王信宝」が鋳造された。

史料10（『世宗実録』巻五九、一五年三月乙卯）

行宝・信宝成、旧有伝国宝、文曰国王信宝、上命集賢殿、稽古制、改鋳此両宝、其制一依欽賜大宝、皆用金、信宝重一百六十四両、行宝重一百七十六両、信宝文曰国王信宝、行宝文曰国王行宝、信宝用之於事神・教宥等事、行実（宝）用之於冊命・除授等事、欽賜大宝、則只用於事大文書、

右の記事にみえるように、「国王信宝」を神事・恩赦などに用い、「国王行宝」を冊命や除授などに用い、また

「朝鮮国王之印」はこれを事大文書に限って用いることになった。これ以後、官教には「国王行宝」が捺されたが、その印影は表1㊺「李澄石官教」（一四三三年三月）・㊼「李禎官教」（一四三四年四月）などにはっきりと認められる。

世宗が「朝鮮国王之印」の使用を止め、「国王行宝」を鋳造したのは、「用途にしたがって印章を使い分ける」ためであった。しかし、太祖や太宗が「朝鮮国王之印」を官教に捺したのは権威宣揚の意図があったという、先述の推論が正しいとすれば、世宗が新たな印章を創出してこれを用いた点は注目に値する。世宗代、とくに太宗が死亡して世宗の親政がはじまって以後は、政治的安定が次第に進んでゆく時期にあたる。[35] 世宗代においてはもはや、「朝鮮国王之印」、すなわち明による権威づけの象徴を官教に顕示する必要がなくなり、新たな印章を随意に創出し得るようになったという歴史的局面を読みとることができるのではなかろうか。

（五）「施命之宝」の鋳造

「国王行宝」の鋳造から一〇年後、世宗二五年（一四四三）一〇月、礼曹の呈にもとづき、議政府が印章制度の改定を提議した。

史料11（『世宗実録』巻一〇二、二五年一〇月癸未）

議政府拠礼曹呈啓、曾以帝賜大宝之文、称朝鮮国王、不宜用於境内常事、乃造国王信宝、用之於事神・赦宥・貢挙等事、国王行宝、用之於冊封・除授等事、其帝賜大宝、事大文書外、蔵而不用、今更参詳、行宝・信宝、既是用於境内、其文並称国王、殊無意謂、且古以美名為文、謹稽経伝、易云、施命誥四方、国語云、言以昭信、宜取此意、改行宝以施命之宝、信宝以昭信之宝、施命之宝、用之於冊封・除授・常行教書等事、昭信之宝、用之於事神・発兵・賜物等事、則庶合行令示信之義矣、且前此行信之宝、用之於挙人巻子、而承旨称臣緘封、今既親押題封、而印文俱改、則不当用於貢挙、乞別鋳科挙之印、使承旨称臣緘封、蔵之尚瑞司、只用於殿試、允合事宜、従之、

ここでは、国内で用いる印章に「国王」と称することが問題点として挙げられている。これは、先に述べた、国内の通常の文書に捺す印章に「朝鮮国王」「国王」という語を用いるべきではない、という論理と軌を一にするものであろう。かつて「朝鮮国王」の語を避けるために、「国王行宝」「国王信宝」を作成したにもかかわらず、それらにやはり「国王」という語を使用していることが、議政府によって指摘されたのである。このため、「国王行宝」を「施命之宝」と改めて冊授・除授や通常の教書に用い、「国王信宝」を「昭信之宝」と改めて神事・発兵や賜物などに用い、貢挙のためには「科挙之印」を新たに作成するよう提案され、世宗の許可が下された。「施命」と「昭信」はそれぞれ『周易』と『国語』の一節から採られた名称である。

「施命之宝」（口絵6）がいつ完成したかは定かでない。ただ、表1㊺「李澄石官教」（一四四三年一二月）に「施命之宝」が捺されていることから推せば[36]、世宗二五年（一四四三）一二月までには完成していたことがわかる。鋳造の決定からわずか二ヶ月後の完成であり、一方の「昭信之宝」が同二七年（一四四五）四月に完成しているのに比べれば[37]、やや早きにすぎる感はあるが、官教という頻用性の高い文書に用いるために、迅速な鋳造が求められたのではなかろうか。

実のところ、「施命之宝」が捺されたと推測される官教の印跡の状態はあまり良いとはいえない。表1㊷「権景老官教」（一四五七年九月）・㊸「李八仝官教」（一四五八年閏二月）の印跡は比較的明瞭に読みとれるが、その他は判読が困難である。筆者は蔵書閣にて、表1㊾・㊿「鄭従雅官教」（一四六三年三月・同七月）を調査したが、印跡

の劣化がひどく、印面を判読できる状態でなかった。しかし、年代的にみてこれが「施命之宝」であることは疑いの余地がない。印章を測定したところ、表1㊴は一〇・八センチ×一〇・八センチ、㊵は（不明）×一〇・六センチであった。やや正確性に欠けるが、「施命之宝」は、約一〇・六センチ〜一〇・八センチ四方の印章であったといえる。

世宗代には制度改変が頻繁に起こっており、世宗二九年（一四四七）一一月、印章の制度に対して三度目の改変が行われている。

史料12（『世宗実録』巻一一八、二九年一一月戊戌）

伝旨承政院、施命之宝、用於冊封・教書等事、凡干除授之事、皆用大宝、

右の記事にみられるように、世宗の命により、「施命之宝」を冊封・教書などに用い、除授にはみな「朝鮮国王之印」を用いるよう定められた。この改定の理由は、国内の官僚に与える官教と倭人・女真人のそれにおいて、使用する印章が不統一であったためと考えられる。

これより先、世宗二一年（一四三九）四月、建州女真人（童倉・童所老加茂ら）に与えた官教に「国王行宝」が捺されていたが、「宝」字が明に対して僭礼であることを慮り、官教を書き改め、明が下賜した印章（「朝鮮国王之印」）を捺してから、ふたたび女真人に送付したことがあった。[38] これ以前においても、朝鮮国内に居住する向化女真人に対する授職はあったが、この童倉への授職を契機として、来朝女真人に対する授職が活発に行われるようになっていた。[39] そのため、女真人に与えられた官教を明人が目にする恐れが生じはじめたのである。後の成宗代の実録記事からは、朝鮮政府が「朝鮮国王之印」と他の印章を「雑用」している事実が、女真人との通交をつうじて明に察知されることを危惧している情況がうかがえる。[40] 明は女真人に「勅書」を与えて授職しており、[41] 両者間の往来

はきわめて密であったためである。来朝女真人への授職を開始した世宗代当時においても、朝鮮政府は、官教が女真人を介して明へ伝達されることを警戒していたと考えられよう。

このように、世宗二一年（一四三九）以後、女真人（倭人も含むか）の官教に限っては、「国王行宝」や「施命之宝」ではなく、「朝鮮国王之印」を捺すようになったと推測される。同二九年（一四四七）一一月の印章制度の改定は、朝鮮人と女真人の官教における印章の使い分けを統一し、ふたたび「朝鮮国王之印」一本に絞ろうとしたものであった[42]。

（六）「王世子之印」と「施令之印」

晩年の世宗は、大小の用兵、堂上官（正三品上以上）の除授、断罪、新たに法規を立てることといった大事以外の庶務を王世子（後の文宗）に摂政させていた[43]。このとき、三品以下の官職除授も王世子が担当している。そして、次の記事にみえるように、世宗三〇年（一四四八）九月からは、世宗が管掌する除授（堂上官以上）と王世子のそれ（三品以下）とで、官教の頭辞と印章を使い分けるよう改定された。

史料13（『世宗実録』巻一二一、三〇年九月癸巳）

伝旨議政府、今後、於東宮除授三品以下批教、勿用大宝、用東宮之印、官教内教旨、改称徽旨、東班六品以上・西班三品以上批、改称授、東班七品以下・西班四品以下教、改称除、於是政府啓曰、前此、三品以下、雖東宮除授、然於官教、称教旨用大宝、猶為一体、今改称徽旨、而用東宮印、則判然為二、甚不便、且当除授野人、称徽旨、而不用大宝、尤為未便、請依旧例、上曰、三品以下除授、予皆不与、而称教旨、名実不称、世子既監国、除授用印、何不可之有、

世宗は議政府に対し、王世子が除授を行う三品以下の官教においては「朝鮮国王之印」ではなく、「東宮之印」（王世子之印）を用い[44]、官教の頭辞を「徽旨」と称するよう下命した。このとき議政府は、王と王世子の除授によって頭辞と印章を使い分けることは不便であり、また、女真人に授与する官教に「徽旨」と称して「朝鮮国王之印」を用いないことは不適当であるとして、旧制によるべきことを要請したが、世宗はこれを聞き入れなかった。実際に「王世子之印」の使用がはじまったのは同年一〇月のことである[45]。

しかし、この規定も長続きすることはなく、早々に改定された。約一年後の世宗三一年（一四四九）八月の記事には次のようにある。

史料14　（『世宗実録』巻一二五、三一年八月壬申）

召集賢殿副提学鄭昌孫曰、群臣除授、嘗用朝廷所賜印章、厥後改用本国所鋳、用之倭・野人除授未便、予従其議、群臣除拝、復用朝廷所賜印、近者、堂上官以上、予皆除授、三品以下、世子除授、予更思之、世子印章、以王世子之印為文、則不宜用於向化人官教、若朝廷見之、則尤不可也、乃欲鋳通行印、用於官教及観察使教書、其印欲以除授之印為文、然語勢不順、且不可通用於教書、欲以施令之印為文、然為皇太子令旨用令字、似有嫌焉、然親王亦用之、無乃無嫌乎、与承政院共議以聞、昌孫曰、若称令旨、則実有嫌於僭矣、若只称令字、則有何嫌哉、古書有軍令・号令、本国常行文字、亦有禁令・教令等語、則施令之印、略無嫌於皇太子令旨之文、以施令之印為文、通用於教書・官教為便、命議于政府、政府皆以新鋳印文為不可、請仍旧、竟鋳施令之印、

世宗は、倭人・女真人の官教に「王世子之印」を用いた場合、もし朝廷（明）がこれを察知すれば、「尤も不可」であることを問題とし、これを解決するため、新印を鋳造して官教に用いるよう提起している。これに対して議政

府は反対したが、結局、「施令之印」という印章を新鋳することに決着した。右に掲げた記事末尾には、「竟に施令之印を鋳す」とあるが、このとき実際に鋳造が行われたのか、単に鋳造の意志が決定されたのかは定かでない。いずれにせよ、世宗は翌年（一四五〇）二月に薨じ、王世子であった文宗が即位したため、「施令之印」はほとんど用いられることがなかったと考えられる[46]。

文宗の即位後、しばらくの間は「朝鮮国王之印」が用いられたと考えられるが、翌年の文宗元年（一四五一）三月の記事に、

史料15（『文宗実録』巻六、元年三月乙卯）

伝旨尚瑞司曰、自今、事大文書及野人官教、用大宝、凡干除授、用施命之宝、

とあるように、「朝鮮国王之印」を事大文書、および倭人・女真人の官教に用い[47]、通常の除授には「施命之宝」を用いることになった。この改定の理由・経緯については実録記事中にみえないが、以後、文宗・端宗代をつうじて「施命之宝」の使用が継続したと思われる。

（七）世祖の女真招撫の自制と「施命」

世祖一二年（一四六六）正月、王の印章をつかさどっていた尚瑞司に対し、「施命金宝」（施命之宝）の使用を禁じ、新造の玉宝を用いるよう命が下った。

史料16（『世祖実録』巻三八、一二年正月癸丑）

伝于尚瑞寺(司)曰、勿用施命金宝、常用新造玉宝、

「施命之宝」は国内官僚向けの官教に用いられる印章であるため、この玉宝もまた同様の目的で用いられたと推定される。それではこの玉宝とは何を指すのか。この問題を考える上で参考となるのは、次に掲げる成宗二四年（一四九三）七月の記事である。

史料17（『成宗実録』巻二八〇、二四年七月戊戌）

都承旨金応箕、将其父之慶官教以啓曰、考景泰元年・五年与成化元年官教、則皆用施命之宝、成化二年官教印文、則只書施命二字、乃玉宝也、……

この記事では、金応箕の父之慶の官教について、景泰元年（世宗三二、一四五〇）と同五年（端宗二、一四五四）、成化元年（世祖一一、一四六五）の官教には「施命之宝」が捺され[48]、成化二年（世祖一二、一四六六）の官教には「施命」という二字の印章が捺されていた、と言及されている。景泰年間の官教に捺された「施命之宝」とは、世宗代に作成された金印であろう。一方、成化二年の官教の「施命」二字の印章とは、その年代からみて世祖の新造した玉宝であることは疑いの余地がない（以下、「施命」と称する）。ここから、世祖代初年には官教に「施命之宝」が用いられていたが、世祖一二年（一四六六）正月を境として、玉宝、すなわち「施命」に切り替えられたことが確認される。

この「施命」がいかなる形態の印章であるかについて、今日まであまり言及されることはなかった。しかし、金東旭編『古文書集真――壬乱以前 文書들 主로――』（延世大学校出版部、一九七二年）所収の「功臣録券」（実際は賞勲教書、一四六七年発給）に「施命」が捺されていることを田川孝三が指摘しており[49]、また、『朝鮮史料集真続』第二輯（朝鮮総督府、一九三七年）所収の「許琮敵愾功臣賞勲教書」（一四六七年発給）について、

尚ホ本教書ニ鈐セラレタル「施命」ノ印文ハ稀ニ見ルモノ、注意スベキナリ。(50)

と解説されていることから、これらの印章こそが、金之慶の成化二年（一四六六）の官教に捺された「施命」二字の印章、すなわち「施命」に該当することがわかる。同書に転載された写真の印跡を手がかりとして、世祖代を前後する時期の官教をみてみると、果たして相当数の「施命」が認められる。印跡の不分明なものが多いが、表1⑩「金永銓官教」（一四八五年五月）・⑬「李崇元官教」（一四八六年一一月）などには明らかに「施命」二字が判読され、この印章が確実に使用されていたことがわかる。

ここで「施命」（口絵7）の寸法について述べておこう。筆者は韓国国立中央図書館にて、表1⑱・⑲「呉凝官教」（一四六六年正月・同二月）を調査したが、そこに捺された「施命」を計測したところ、⑱は八・五センチ×八・三～八・四センチ、⑲は八・五～八・六センチ×八・五～八・六センチという数値を得た。「施命」の寸法は約八・三～八・六センチ四方であり、「朝鮮国王之印」や「施命之宝」より、ひとまわり小さな印章なのである。

さて、ここで疑問とせざるを得ないのが、世祖がなぜ「施命」を造る必要があったのかという点であろう。朝鮮時代の印章は、官品の高低によって寸法・印名が厳格に定められていた。(51)したがって、朝鮮王朝において、王と王妃のみが用い得る「宝」字を削除した、(52)寸法の小さな印章は、王の権威を低下させかねないものなのである。

六曹直啓制をはじめとする数々の制度改革により、権力の集中を計っていた世祖は、またみずからの権威を高揚させることにも力を注いでいた。端宗に対する王位簒奪や死六臣事件により、王位継承の正統性の動揺という危機に面していた世祖は、その正統性を誇示するため、圜丘壇祭祀の実施、(53)尊号の加上、(54)倭人・女真人の招撫、(55)仏教の保護・振興(56)など、正統たる王としての権威の修飾を強力に推し進めた。(57)このような最中、世祖があえて小型の「施命」を作成したのはなぜであろうか。

世祖四年（一四五八）二月、世祖は「体天之宝」（写真2）という印章を作成している。[58] その寸法は方一二・二センチであり、[59]「朝鮮国王之印」や「施命之宝」よりさらに大型の印章であった。このように世祖は、「宝」字を用いた大型の印章を造ることに何ら躊躇していない。官教に捺すための印章として「施命」を造るという選択には、何か特殊な理由が存在したと考えざるを得ないのである。この点については、実録中に関連記事が一切見当たらず、推測を重ねるほかない。ただ、女真人に対する授職をめぐって朝鮮王朝と明との間に起こった、ある一大問題が、「施命」作成の要因を探る上で重要な手がかりとなるのではないかと思う。[60]

写真2　「体天之宝」[61]

当時、世祖は、大国朝鮮が小国を慰撫するという「字小主義」の推進のため、多くの倭人や女真人を積極的に招撫していた。夷狄が続々と来朝することは、すなわち徳治政治の実現を意味し、世祖にとって理想の姿にほかならなかったためである。こうして、女真人の来朝者の数は七〇〇人を超えるまでに膨れあがった。[62] 世祖は彼らに対して厚く回賜を与え、官職を授けることにより、「字小主義」を着々と実行していった。そしてその結果、建州衛の首長童倉という巨酋までが来朝するにいたったのである。しかし、「字小」は本来、唯一無二たる皇帝のみが行い得る行為であり、その上、明は建州女真に対する授職を長らく行っていた。朝鮮王朝が建州女真を招撫することは、朝鮮が明と「抗衡」（譲らずに対抗すること）するものであり[63]、明にとって許容されるものではなかった。果たして、数年後、建州女真との関係を明に譴責される事態が生じる。

世祖五年（一四五九）二月、朝鮮王朝が建州女真と私交し、その巨酋童倉を招撫したことが、女真人の密告により明に暴露されてしまったのである[64]。明は使者を女真に遣わし、ことの真偽を探らせた。『皇明大政紀』には、「建州夷酋董《(童)》山叛して朝鮮に降る。朝鮮及び建州女直に遣使し、制書を出して之を示せば、各おの上表し馬を貢ぎて謝罪す」という綱のもと、

史料18（『皇明大政紀』巻一三、天順三年二月）

先是、諜聞建州酋董《(童)》山潜結朝鮮、命巡撫遼東都御史程信譏察之、信使自在州知州佟成詐以他事、廉其境上、得朝鮮授董《(童)》山為正憲大夫・中枢密《(院)》使制書、還報、信具以上聞、……

という記事がみえ[65]、朝鮮王朝が童山（童倉）を正憲大夫（正二品上）・中枢院使に任ずる制書（官教）が、明の手に渡ったことが知られる。報を受けた皇帝は、朝鮮王朝に遣使して私交・授職の禁を厳しく説諭した[66]。土木の変後、明が女真人の動向に高い関心を払っており、女真人と朝鮮王朝との結びつきを警戒していたことも、この迅速な反応の理由のひとつであろう[67]。世祖は弁明と謝罪の使者を明へ派遣するとともに、建州女真に対する私交・授職を控えるよう方針を転換させた。こうして、建州女真に対する世祖の招撫は強く制限されることになった[68]。

この一件は、世祖に強い衝撃を与えたものと思われる。これまで世祖は、みずからを皇帝に擬するほどに権威の

修飾を進めてきた。しかし、冊封体制の論理を揺るがしかねない僭礼的行為は、明による厳しい譴責を招くことが露わになったのである。ここに、本来、皇族のみが用い得る「宝」字を削除し、「朝鮮国王之印」より小型の「施命」を造らなければならない主たる要因があったと推測される。

ただ疑念として残るのは、建州女真への授職が問題化したのは世祖五年（一四五九）二月、一方、「施命」の使用開始は同一二年（一四六六）正月と、歳月の懸隔がやや大きい点である。とはいえ、歳月の流れとともに、世祖の明に対する警戒意識が徐々に強く醸成され、ついに「施命」という特異な印章の作成にいたった、と推測することは十分可能である。それは次の事例からも推察される。

史料19（『世祖実録』巻四六、一四年四月庚子）

命司僕寺判官李枰・宣伝官李義亨・行司直崔有池・典需張末同等、受事目、先往金剛山、一、諸寺事跡、及御押跋尾、安印図書等、可諱之物、無遺捜覓、蔵于隠密処、一、使臣懸幡二寺、及可遊観諸寺、与学祖・学悦二僧、同議速啓、一、使臣所経諸邑、凡文書、不論善悪、皆蔵之、窓壁所塗、皆用無字紙、懸板・楼題、亦並撤去、

世祖一四年（一四六八）四月、帝命により明使姜玉・金輔が金剛山に赴いて懸幡（寺で法要を催す際、幡幢をかけること）を行おうとした。このとき、世祖はこれに先んじて、使者を金剛山に派遣し、「諸寺の由緒書や、御押が行われた跋文、捺印された図書など、諱むべきものを余すところなく捜索して見つからない場所に隠し、また、金剛山への経路にあたる諸邑の文書は善悪を論ぜずみなこれを隠し、窓壁に塗る紙はみな無字紙を用い、懸板・楼題もまた撤去せよ」と下命している。国内文書を秘匿して使臣にみせないのは、もちろん国家の機密情報の漏洩を防ぐという意図があるに違いない。しかし、諸寺の由緒書から壁紙にいたるまで、あらゆる文書を隠匿したのは、い

ささか過剰な反応である。おそらく諸寺・諸邑には、先の「体天之宝」を捺した文書のように、明の皇帝に対して僭礼にあたる文書、また僭礼と認識されかねない文書が多数保管されていたため、これを明使の眼から遠ざける狙いがあったのではなかろうか。このように、朝鮮による建州女真への授職が問題化した後、国内の文書がはらんでいた僭礼の可能性に対し、世祖は慎重な態度を取っていたとみられる。官教は発給数も多く、それだけ明人の眼に触れやすい文書である。世祖が官教に捺した印章に細心の注意を払い、「施命之宝」の使用を止め、「施命」を新造したのは、当然の対応であったと思われる。以上みてきたように、「施命」作成の主要な動機として、世祖の明に対する強い警戒意識が背後にあったことが指摘されるであろう。[69]

「施命」作成以後、世祖・睿宗・成宗代をつうじてその使用が継続されたことは、次の史料から知られる。

史料20（『成宗実録』巻二七五、二四年三月癸巳）

伝旨議政府曰、人主命令、莫重於爵賞、而旧例、政批・官教、用施命之宝、賜土田・臧獲、用大宝、軽重失宜、有乖事体、自今月二十八日、政批・官教、用大宝、一応賜牌、用施命之宝、

右に掲げたのは成宗二四年（一四九三）三月の記事であるが、旧例では、「施命之宝」が政批（人事関連記録）・官教に用いられ、「朝鮮国王之印」が土田・奴婢を賜与する賜牌に用いられたという。ここにみえる「施命之宝」とは、世宗作成の金宝（「施命之宝」）ではなく世祖作成の玉宝（「施命」）を指す。なぜならば、『成宗実録』巻二八二、二四年九月辛酉（三〇日）の記事に、「旧例では、政批・官教に施命玉宝を用い、土田・奴婢の賜与、および倭人・野人の官教に大宝を用いた」とみえ、旧例では「施命玉宝」すなわち「施命」を官教に用いたと述べられているためである。以上の検討から、世祖一二年（一四六六）正月より成宗二四年（一四九三）三月までの間、官教には「施命」が捺されたことが確認される。[70]

（八）「施命之宝」の新鋳

成宗二四年（一四九三）三月、成宗は「人主の命令、爵賞より重きこと莫し」という判断を下し、政批・官教に「朝鮮国王之印」を用い、賜牌には「施命」を用いるように改定した（史料20）。王の親命にもとづく官教に捺す印章が、土田・奴婢を賜与する文書に捺す印章より格下である事態を避けようとしたのである。皇帝下賜の「朝鮮国王之印」が朝鮮作成の「施命」より格上に位置づけられていたことがみてとれよう。このように、成宗二四年三月癸巳（二八日）以後、官教には「朝鮮国王之印」を用いることになった。

しかし、数ヶ月後の同年七月にふたたび印章改定の機運が高まった。「朝鮮国王之印」が頻用されるため、印面が磨滅するのではないかという、成宗の危惧が発端である。そこで、成宗は政府高官に善後策を論じるよう下命した[71]。

その結果、このまま「朝鮮国王之印」を用いつづけるか、あるいは「施命之宝」の使用を復活させるか、はたまた新たな印章を鋳造するかをめぐって議論が展開された[72]。ここでは長文の実録記事を掲載することは避け、高官らの主張を分類するにとどめたいが、その大要は次のとおりである（高官の名が重複しているのは、議論の進行中、主張を変更した者がいるため）。なお、成宗自身は「施命之宝」の新造に一貫して積極的であった。

①「朝鮮国王之印」使用論―右賛成鄭文炯
②「施命之宝」新造論―領敦寧府事尹壕・左議政盧思慎・右議政許琮・左賛成李鉄堅・右参賛柳輊
③世宗作成「施命之宝」使用論―領議政尹弼商・領敦寧府事尹壕・広陵府院君李克培・左議政盧思慎・右議政許琮・右賛成鄭文炯・西北面都元帥李克均・右参賛柳輊・都承旨金応箕

①は、建国初期より今にいたるまで、「朝鮮国王之印」は磨滅しておらず、また爵賞は重事であるとし、「朝鮮国王之印」の使用継続を主張する。[73] 一方、②は、「施命之宝」(一〇・六〜一〇・八センチ四方)の寸法が「朝鮮国王之印」(一〇センチ四方)より大きいという理由から、「朝鮮国王之印」と同じ寸法の「施命之宝」を新造するように論じた。[74] これに対し、「施命之宝」の使用を国内にとどめれば問題なく、印章の新造は経済的・技術的に困難と反論したのが③である。[75]

この議論の中、「施命」は「朝鮮国王之印」より寸法が小さく問題ないが、これを宰相に対する爵賞に使用するのは軽々しくて王の権威を落としかねない、という主張がなされている。[76] また、もし「朝鮮国王之印」を女真人の官教に用い、「施命之宝」を宰相の官教に用いれば、宰相を女真人より軽んずるのではないか、という懸念も表明された。[77] 明に対する配慮と朝鮮王朝の国内的事情とが天秤に掛けられている様がよくみてとれよう。

このように紛糾した議論の結果、「朝鮮国王之印」と同寸法の「施命之宝」(一〇センチ四方)を新造するよう成宗の裁可が下された。[78] このとき印名に「宝」字が復活しているのは、「印」字を用いる一般官府の印章との差別化をはかり、王の権威を宣揚する狙いがあったものと考えられる。右の議論中、都承旨金応箕が、「世祖代にいたってはじめて施命玉宝を用いた。その理由を日記で調べたが、つぶさに記録されていなかった」と啓したように、[79] 世祖がなぜ「施命」を鋳造したのか、成宗末年の段階ではすでにわからなくなっていた。「宝」字を用い、「朝鮮国王之印」と同寸法にした印章の鋳造は、明の強圧的な掣肘を受けることのなかった、成宗末年にいたってこそ可能であったと思われる。

二ヶ月後の同年九月、新造「施命之宝」(口絵8)が進上された。

史料21（『成宗実録』巻二八二、二四年九月辛酉）

尚衣院進新造施命宝、伝旨議政府曰、人主命令、莫重於爵賞、而旧例、政批・官教、用施命玉宝、賜土田・贓獲、及倭・野人官教、用大宝、軽重失宜、有乖事体、故自癸丑三月二十八日、政批・官教、用大宝、賜牌、用施命玉宝、但於政批、毎用大宝、則印跡已刓、此非細故、而施命玉宝、体制差小、不合於用、故今依大宝体制、用黄金、新造施命之宝、自今九月三十日、政批・官教、及倭・野人官教、一応賜牌、皆用新宝、其以此意、暁諭中外、

このようにして、成宗二四年（一四九三）九月辛酉（三〇日）以後、国内の政批・官教、倭人・女真人の官教、賜牌のすべてに対して「施命之宝」が用いられるようになる。この後、燕山君一一年（一五〇五）九月、「憲天弘道経文緯武之宝」を官教に用いるよう改定され[80]、中宗による反正後、中宗元年（一五〇六）九月よりふたたび「施命之宝」に戻された[81]。また、朝鮮後期に王世子・王世孫が代理聴政を行う際、官教に「王世子印」や「王世孫印」が捺されたこともあったが[82]、これらは一時の変則であり、朝鮮王朝末期にいたるまで、基本的に成宗代の規定が遵守された。建国以来、幾度となく変遷をへてきた官教の文書体式はここにひとまず定着したのである。

『経国大典』告身式には、官教に用いる印章がただ「宝」とのみ記されている。しかし、これは当初から「施命之宝」であったわけではなく、「施命」「朝鮮国王之印」「施命之宝」と数次の変遷をへた上で、最終的に「施命之宝」にいたったという点は注意を要する。

五　おわりに

以上の検討結果をもとにして、太祖元年（一三九二）から中宗元年（一五〇六）における官教文書体式の変遷をまとめれば、表2のとおりである。

表2　朝鮮初期における官教文書体式の変遷

年　月	頭　辞	印　章	倭人・女真人官教の印章
一三九二年七月〜	王旨	高麗国王之印	未詳
一三九三年四月〜	王旨	国王信宝	
一三九三年四月から一〇月にいたるある時期〜	王旨	朝鮮王宝	
一四〇一年六月頃〜	王旨	朝鮮国王之印（建文帝下賜）	
一四〇三年四月頃〜	王旨	朝鮮国王之印（永楽帝下賜）	
一四三三年三月〜	王旨	国王行宝	
一四三五年九月〜	教旨	国王行宝	
一四三九年四月〜			朝鮮国王之印（永楽帝下賜）
一四四三年一〇月から一二月にいたるある時期〜	教旨	施命之宝（世宗作成）	
一四四七年一一月〜	教旨	朝鮮国王之印（永楽帝下賜）	

一四四八年一〇月～	教旨（堂上官以上）	朝鮮国王之印（永楽帝下賜）	朝鮮国王之印（永楽帝下賜）
	徽旨（三品以下）	王世子之印	王世子之印
一四四九年八月頃～	教旨（堂上官以上）	朝鮮国王之印（永楽帝下賜）	朝鮮国王之印（永楽帝下賜）
	徽旨（三品以下）	王世子之印または施令之印	王世子之印または施令之印
一四五〇年二月～	教旨	朝鮮国王之印（永楽帝下賜）	朝鮮国王之印（永楽帝下賜）
一四五一年三月～	教旨	施命之宝（世宗作成）	
一四六六年正月～	教旨	施命	
一四九三年三月～	教旨	朝鮮国王之印（永楽帝下賜）	
一四九三年九月～	教旨	施命之宝（成宗作成）	施命之宝（成宗作成）
一五〇五年九月～	教旨	憲天弘道経文緯武之宝	
一五〇六年九月～	教旨	施命之宝（成宗作成）	

最後に、官教文書体式の変遷の要因を述べて本章の結びとしたい。

官教は、王の親命にもとづき、宰相をはじめとする顕職に発給される任命文書であった。したがって、その文書体式には、王の権威をできるだけ宣揚しようとする意図が見出せる。それはとくに印章について濃厚である。例えば、建国直後、政治的に不安定な情況にあった太宗代には、明による即位承認の象徴である「朝鮮国王之印」を用いることによって、王権の安定を試みたと推定される。一方で朝鮮王朝独自の印章も創出されたが、このとき印名に、一般官府の印章と区別される「宝」字を用い、また経典などから麗句を採用している。これもまた、印章そして官教の格式を高める意味があったといえよう。こうして、「朝鮮王宝」「国王行宝」「施命之宝」といった、官教に捺すにふさわしい印章の考案が模索されたのである。

とはいえ、官教の文書体式は、国内的事情によってのみ決定されたわけではなく、宗主国明による直接的・間接的影響をしばしばこうむることがあった。頭辞の場合、「王旨」から「教旨」へ変更されたが、このとき、「教」は諸侯の用いる命令の語であるため、明に対する僭礼にあたらないとして、「教旨」の使用徹底がなされている。また、世祖代、女真人に対する授職をめぐって朝鮮王朝と明との関係が悪化すると、「宝」字を削去した寸法の小さな「施命」が作成されるが、これは、明に対する僭礼を避け、自主的な規制を加えたものと推定される。

このように、官教文書体式の変遷の背景には、朝鮮王朝国内においては、王の権威宣揚の追求、国外的には、明に対する僭礼への配慮という、二種の要因があったことを読みとり得る。成宗代、「施命之宝」が新鋳され、朝鮮末期まで用いられるようになるが、「朝鮮国王之印」と同寸法であり、「宝」字を用いたこの印章は、国内および国外的事情を慎重に調整した結果、創出された印章であったといえる。

注

(1) 田川孝三「朝鮮の古文書——官文書を主として——」(佐藤進一編『書の日本史』九、平凡社、一九七六年)一四四・一四五頁。

(2) 朝謝文書の発給にあたっては資格審査(署経)を必要とした。時期によっては、この署経の対象が四品以上におよび、朝謝文書が四品以上の官僚にまで発給されることもあった。そのため、官教の発給対象が変動することもあった。ただし、『経国大典』成立後は官教の発給対象が四品以上に固定される。

(3) 史料引用は、왕실도서관 장서각 디지털 아카이브 (http://yoksa.aks.ac.kr/main.jsp) 掲載写真による。

(4) ただし後述のように、官教に捺す印章については、『経国大典』施行後も中宗代にいたるまで幾度か改定が行われた。また、朝鮮後期の王世子・王世孫による代理聴政期には、官教の頭辞と印章に若干変化がみられる。

（5）写真引用は、蔵書閣編『韓国古文書精選——告身・王旨・教旨・令旨——』一（韓国学中央研究院出版部、二〇一二年）掲載写真による。

（6）収録範囲は、太祖初年から成宗末年までにとどめた。成宗二四年（一四九三）九月以後に発給された官教の頭辞・印章には、燕山君末年の一時期、および朝鮮後期における王世子・王世孫による代理聴政期を除き、変化がみられないためである。

（7）頭辞の変遷については、すでに田川孝三「朝鮮の古文書」（前掲）一四五頁、鄭求福「朝鮮朝의 告身」（『古文書와 両班社会』一潮閣、二〇〇二年、初出は一九九六年）二六三頁、朴宰佑「一五세기 인사문서의 양식 변화와 성격」（『역사와 현실』五九、二〇〇六年）三七・三八頁によって指摘されているが、以下では新たに史料を提示しつつ、より詳細に論じた。

（8）『続六典』は『経済六典』（一三九七年）の不備を補うため、受教・条例を撰修した法典であり、太宗一三年（一四一三）二月に頒行された。その後、旧法の更改・撰修の必要が生じたため、世宗八年（一四二六）一二月、『新撰続六典』が進上され、さらに同一五年（一四三三）正月、『新撰経済続六典』が完成した。なお、一時の便宜のため行うべき受教を編纂したものが『謄録』である。中枢院調査課編『李朝法典考』（朝鮮総督府、一九三六年）一一〜四六頁参照。

（9）鄭求福ほか編『朝鮮前期古文書集成——一五世紀篇——』（国史編纂委員会、一九九七年）では、表1㊼「李禎官教」（一四三四年四月）の頭辞を「教旨」と判読しているが（二四頁）、官教の写真をみてみれば、頭辞の部分が破損しており、判読できる状態でない。

（10）世宗代の末年に「徽旨」という頭辞が用いられ（後述）、また朝鮮後期に「令旨」という頭辞が一時的に使用された。「令旨」については、趙美恩「朝鮮時代 王世子 代理聴政期 文書 研究」（『古文書研究』三六、二〇一〇年）六七〜七三頁参照。

（11）中村栄孝「受職倭人の告身」（『日鮮関係史の研究』上、吉川弘文館、一九六五年、初出は一九三一年）五九一〜五九三頁。また、田川孝三「朝鮮の古文書」（前掲）が印章の変遷について概略的に述べている（一四五頁）。さらに、鄭求福「朝鮮朝의 告身」（前掲）も若干言及しているが（二六三・二六四頁）、「施命」を世宗代の作成とするなど、事実認識に誤りがみられる。なお、木村拓「一五世紀朝鮮王朝の対日本外交における図書使用の意味——冊封関係との接点の探求——」（『朝鮮学報』一九一、二〇〇四年）も官教の印章について言及しており注目される。

（12）太祖元年（一三九二）七月、太祖は門下府に命令を下し、李之蘭を補祚功臣・参賛門下府事・義興親軍衛節制使・青海君とした（『太祖実録』巻一、元年七月丁未）。なお、李和癸という人物については未詳であるが、李之蘭の子である和尚・和英・和美・和秀（『太祖実録』巻一、総序、禑王一四年五月、『太宗実録』巻三、二年四月辛酉）のいずれかを「和癸」と誤伝した可能性がある。

(13)「恭愍王十九年五月、太祖高皇帝賜金印一顆、亀紐玂綬、其文曰、高麗国王之印」(『高麗史』巻七二、志二六、輿服、印章)。
(14)『明太祖実録』巻二二三、洪武二五年閏一二月乙酉。
(15)「遣門下侍郎賛成事崔永沚赴京、奉表謝恩、……又遣政堂文学李恬、送納高麗恭愍王時所降金印一顆」(『太祖実録』巻三、二年三月甲寅)。
(16) 明下賜の「高麗国王之印」が捺された官教はいまだ発見されていないが、近年、太祖元年(一三九二)一〇月発給の「李済開国功臣教書」に「高麗国王之印」が捺されている事実が明らかとなった(朴成鎬「조선 초기 功臣教書의 文書史的 의의 검토――一三九二년 李済 開国功臣教書와 一四〇一년 馬天牧 佐命功臣教書――」(『全北史学』三六、二〇一〇年)。朝鮮王朝の建国後にも「高麗」を冠した印章が用いられているのは、太祖元年七月、朝鮮王朝開創の際、太祖が教書によって、「国号は旧来のとおり高麗とし、儀章・法制はすべて前朝の故事によれ」(『太祖実録』巻一、元年七月丁未)と下命したためであろう。
(17) 後述するように、明の下賜した印章が官教に用いられていることからみて、「頒行教旨・差除等事」には官教が含まれると考えてよい。
(18)『太祖実録』巻二、元年一〇月庚午。
(19) 中村栄孝「受職倭人の告身」(前掲)五九一頁。
(20) 太祖七年(一三九八)九月、太祖が定宗に譲位した際、「伝国宝」を授けているが、これが「国王信宝」であった可能性が高い(『太祖実録』巻一五、七年九月丁丑)。
(21) 朝鮮王朝の誥命・印章獲得の経緯については、末松保和「麗末鮮初に於ける対明関係」(『高麗朝史と朝鮮朝史』吉川弘文館、一九九六年、初出は一九四一年)二二九~二四〇頁参照。
(22)『太祖実録』巻八、四年一一月辛未。
(23) 表箋問題とは、朝鮮が明に奉った表箋に「軽薄戯侮」の文字があるとされ、洪武帝の怒りを買った事件。末松保和「麗末鮮初に於ける対明関係」(前掲)二二〇~二四〇頁参照。
(24)『定宗実録』巻五、二年九月庚辰。
(25)『太宗実録』巻一、元年六月己巳。
(26)『太宗実録』巻五、三年四月甲寅。
(27) 李鉉淙「対明関係」(国史編纂委員会編『한국사』九、国史編纂委員会、一九七四年)三〇二~三〇四頁。
(28)『太宗実録』巻一二、六年八月丁未。
(29)『世宗実録』巻一、総序。

(30)『世宗実録』巻一三四、五礼、凶礼儀式、嗣位、『国朝五礼儀』巻七、凶礼、嗣位。

(31)「李克均議、大宝篆文、書以朝鮮国王之印、施之於我国官教・批草、則有朝鮮二字、於義不允、……」(『成宗実録』巻二八〇、二四年七月戊戌)。

(32)日本国王宛の朝鮮国王書契には「朝鮮国王李某」と署名されている(『善隣国宝記』巻中など)。また、国王が功臣らとともに同盟する際の会盟文は、「朝鮮国王」が功臣を率いて皇天上帝・宗廟・社稷・山川百神の霊に告げる、という文言からはじまり(『太祖実録』巻一五、七年一〇月辛亥、『太宗実録』巻一、元年二月辛丑など)、国王が臣下の霊を慰撫する賜祭文には、「国王」が近侍を遣わして霊を諭祭させる、という定型句がみえる(一四六一年発給の「李澄石賜祭文」など)。さらに、定宗二年(一四〇〇)、定宗が太上王(太祖)に尊号を奉上した冊文には「国王臣諱」とみえ(『定宗実録』巻五、二年七月乙丑)、世祖三年(一四五七)、仏寺の保護と雑役の減免を命じた文書では、世祖が「国王」と称して署押している(「双峰寺減役教旨」「龍門寺減役教旨」など)。

(33)例外的な事例として、世祖が八道の軍民に下した諭書が挙げられる。この諭書は「国王体天、諭八道軍民曰……」(『世祖実録』巻五、二年一一月己丑)とはじまるが、下行文書でありながら「国王」を称しており、希覯な例である。「八道軍民」という全国的範囲を対象とし、天意を体した告諭であるため、「国王」の語が用いられたのであろうか。

(34)ただし、「朝鮮国王之印」の使用復活(後述)からわかるように、必ずしも論理が徹底されてはおらず、時期や情況によって揺れ動いている点には注意を要する。

(35)崔承熙「世宗朝의 王権과 国政運営体制」(『朝鮮初期 政治史研究』知識産業社、二〇〇二年、初出は一九九四年)。

(36)文面はやや不鮮明であるが、「施」字の旁が確認される。

(37)『世宗実録』巻一〇八、二七年四月己未。

(38)「伝旨咸吉道都節制使金宗瑞曰、前者、於童倉・童者音波・金波乙大・童所老加茂・童河下大・劉仇難等除拝官教、印以行宝、予更思之、宝字似涉僭擬、今改書官教、用以朝廷所賜之印以送、卿知此意、宜謂倉等曰、前授官教、有司誤用以他印、且字画錯誤、故殿下改印、以皇帝所賜之印以送、因便授之、前授官教、其収還以送」(『世宗実録』巻八五、二一年四月辛卯)。

(39)河内良弘「女真人の朝鮮上京について」(『明代女真史の研究』同朋舎出版、一九九二年、初出は一九八三年)四三九・四四〇頁、韓成周「조선초기 受職女真人 연구――세종대를 중심으로――」(『朝鮮時代史学報』三六、二〇〇六年)七九～八二頁。

(40)「応箕啓曰、……且大宝、用諸野人官教、而施命之宝、欲用於宰相者、非以野人為尊於宰相、彼人則与上国交通、恐上国因知我国雑用他宝也、……」(『成宗実録』巻二八〇、二四年七月戊戌)。

(41)江嶋寿雄「勅書(エジェヘ)と屯荘(トクソ)――清朝勃興期の社会経済史的概観――」(『明代清初の女直史研究』中国書店、

一九九九年、初出は一九五二年）。

（42）木村拓「一五世紀朝鮮王朝の対日本外交における図書使用の意味」（前掲）は、女真人の官教に対する「朝鮮国王之印」の使用について、「倭人と女真人への告身に『朝鮮国王之印』を捺すことによって、受職人を皇帝の陪臣として明確に位置付け、自国の侯国としての名分を確保する」意味合いがあったと指摘する（五七頁）。とすれば、世宗二九年（一四四七）一一月における印章制度の改定は、朝鮮人と倭人・女真人とを等しく明の陪臣と位置づけるものであったといえる。ただ、「朝鮮国王之印」が朝鮮作成の印章より格上に位置づけられていることを鑑みれば（後述）、倭人・女真人に対する優遇を廃したものと解釈することもできる。

（43）『世宗実録』巻一一五、二九年三月戊寅。

（44）後掲の世宗三一年（一四四九）八月壬申の記事にみられるとおり、「東宮之印」の実態は「王世子之印」である。東宮（王世子）が用いる印章であるため「東宮之印」といったにすぎず、「東宮之印」と「王世子之印」の二種があったわけではない。「王世子之印」は「方三寸」と記されており（『世宗実録』巻六一、一五年閏八月戊寅）、方約八・五センチの印章であると考えられる。『朝鮮史』第四編第四巻（朝鮮総督府、一九三六年）に掲載された「五台山上院寺重創勧善文」（一四六四年発給）の写真にその印跡が確認される。

（45）「以盧叔仝知司諫院事、三品以下除授、始用東宮印」（『世宗実録』巻一二二、三〇年一〇月庚申）。頭辞「徽旨」の使用も同時期と考えられる。

（46）「施令之印」が捺された可能性が高い官教としては、時期的にみて、表1(57)「鄭軾官教」（一四四九年一二月）が唯一の事例として挙げられる。この官教によって、鄭軾は朝奉大夫（従四品下）に任命されており、このとき王世子が捺印したことは間違いない。しかし、本章初出後に発表された、朴成鎬『朝鮮初期 王命文書 研究――経国大典体制 成立까지를 中心으로――』（韓国学中央研究院韓国学大学院博士学位論文、二〇一一年）によれば、「鄭軾官教」に捺された印章は「王世子之印」と判読することができるという（八四頁）。とすれば、少なくとも世宗三一年（一四四九）一二月まで「王世子之印」が使用されており、「施令之印」は使われていなかったといえる。ただし、同年一二月から翌年（一四五〇）二月までの間に、「施令之印」を使用するよう制度が改められた可能性は排除できない。

（47）実録記事では野人（女真人）としかみえないが、表1(101)「皮古三甫羅官教」（一四八二年三月）の事例から、倭人の官教にも「朝鮮国王之印」が用いられたことがわかる。

（48）景泰元年（一四五〇）の段階では、まだ「朝鮮国王之印」を用いていたはずであり、「施命之宝」が捺されていたとあるのは不審である。「朝鮮国王之印」、あるいは「王世子之印」「施令之印」を誤認したのであろうか。

(49)　田川孝三「朝鮮の古文書」(前掲) 一五二頁。
(50)　『朝鮮史料集真続解説』第二輯 (朝鮮総督府、一九三七年) 二二頁。
(51)　『経国大典』巻三、礼典、用印では、各衙門の一品から七品以下にいたるまで、印章の寸法が細かく規定されている。太宗代、「国璽」(「朝鮮国王之印」か) より大きいことを理由に、諸官府の印章が改鋳されたこともあった (『太宗実録』巻五、三年二月戊午)。
(52)　朝鮮王朝においては、王と王妃が印章の文面に「宝」字を用いているが、本来、「宝」字は皇族のみが用い得るものである。先に述べたとおり、世宗は「宝」字の使用が明に対して僭礼にあたると認識している。後の成宗代には、「施命之宝」中の「宝」字を削除して「印」字に改めるよう提言されたこともあった (『成宗実録』巻二八〇、二四年七月戊戌)。
(53)　圜丘壇祭祀とは、本来、中国の皇帝が行う祭天儀礼であるが、朝鮮初期においても実施されていた。しかし、世宗代に、皇帝のみが天を祀ることができるという理由から停止された。世祖三年 (一四五七) 正月、世祖はこれを復活させ、計七度開設している。世祖以後の王代では、圜丘壇祭祀は一度も行われていない。高橋公明「朝鮮遣使ブームと世祖の王権」(田中健夫編『日本前近代の国家と対外関係』吉川弘文館、一九八七年) 三四六頁、韓亨周「朝鮮 世祖代의 祭天礼에 대한 研究――太・世宗代祭天礼와의 비교・검토를 중심으로――」(『震檀学報』八一、一九九六年)、桑野栄治「朝鮮世祖代の儀礼と王権――対明遥拝儀礼と圜丘壇祭祀を中心に――」(『久留米大学文学部紀要 (国際文化学科編)』一九、二〇〇二年) 参照。
(54)　世祖三年 (一四五七) 三月、世祖に「承天体道烈文英武」という尊号が加上された (『世祖実録』巻七、三年三月庚午)。明の冊封を受けた朝鮮王のうち、尊号に「天」字を用いた例は他になく、この尊号の特異性が際立っていることが指摘されている。高橋公明「朝鮮遣使ブームと世祖の王権」(前掲) 三四七頁参照。
(55)　世祖は倭人・女真人の招撫を積極的に行い、その結果、これまでに比して格段に多くの倭人・女真人が来朝することになった。高橋公明「朝鮮遣使ブームと世祖の王権」(前掲) 三五三～三六四頁、河内良弘「朝鮮世祖の字小主義とその挫折」(『明代女真史の研究』前掲、初出は一九七四年) 三七八～三八九頁参照。
(56)　「度牒」(僧の認可書) の濫発、寺院の創建・重修、仏典の大量刊行など、世祖は数々の仏教保護・振興政策を行っている。権延雄「世祖代의 仏教政策」(『震檀学報』七五、一九九三年) は、「仏教的功徳という便法を追求する」ことにより、国王としての正統性を確保するため、世祖が仏教を重視したと推測する。
(57)　世祖の王位の脆弱性と君主権強化については、崔承熙「世祖代 王位의 脆弱性과 王権強化」(『朝鮮初期 政治史研究』前掲、初出は一九九七年) 参照。
(58)　『世祖実録』巻一一、四年二月乙卯。

(59)『朝鮮史』第四編第四巻（前掲）に掲載された「五台山上院寺重創勧善文」の解説によれば、「体天之宝」の寸法は方一二・二センチと記されている。
(60)以下、世祖の女真人に対する授職問題の経緯については、河内良弘「朝鮮世祖の字小主義とその挫折」（前掲）に負うところが大きい。
(61)写真引用は、한국사데이터베이스（http://history.go.kr/front/dirservice/dirFrameSet.jsp）による。
(62)『成宗実録』巻五〇、五年一二月乙巳。
(63)授職問題が発覚した際、明が朝鮮王朝に送った勅書に、「彼（女真人）はすでに朝廷（明）の官職を受けており、王がまたこれに〔職を〕加えることは、朝廷と抗衡するものである」とみえる（『世祖実録』巻一七、五年七月戊戌）。
(64)『世祖実録』巻一五、五年二月己巳。
(65)『殊域周咨録』巻一、東夷、朝鮮、『国朝典匯』巻一六六、兵部三〇、朝鮮、正統三年二月、『皇明世法録』巻八一、東夷、朝鮮、『国権』巻二三、天順三年二月などにも同様の記事がみえる。ただし、『国朝典匯』が正統三年（世宗二〇、一四三八）二月に繫年するのは誤り。
(66)『世祖実録』巻一六、五年四月己未、同巻一七、五年七月戊戌。
(67)稲葉岩吉『光海君時代の満鮮関係』（大阪屋号書店、一九三三年）三二・三三頁。
(68)世祖以後、女真人への授職はまれにしか行われなくなった。河内良弘「女真人の朝鮮上京について」（前掲）四四〇頁参照。
(69)なお、世祖が「朝鮮国王之印」を用いようとしなかった点は不審である。これについては確実でないが、「朝鮮国王之印」が世祖の諱（「瑈」の偏「王」字）を犯しているためではないかと推測される。世祖一四年（一四六八）七月、世祖は明使に対し、皇帝に進献する物品の目録に「宝」（「朝鮮国王之印」）を捺すことの是否を尋ねている。これに対する明使の解答は、「もし『宝』を用いれば殿下（世祖）の諱を書くことにあたるため、『宝』を用いるべきではない」というものであった（『世祖実録』巻四七、一四年七月戊辰）。明使による言説とはいえ、王の諱が記された「朝鮮国王之印」の使用が、場合によっては忌避の対象となり得たことを示唆する事例であろう。
(70)睿宗元年（一四六九）一二月発給の表1㊸「許惟礼官教」は、崔錫鼎『明谷集』に載録されたものであるが、「安御宝施命二字」と説明されており、睿宗代にも「施命」が用いられていたことがわかる。
(71)『成宗実録』巻二八〇、二四年七月乙未。
(72)『成宗実録』巻二八〇、二四年七月乙未・戊戌・丁巳。
(73)「鄭文炯議、……爵賞人君之造化、事莫重焉、姑依祖宗朝故事、用大宝、允合大体、雖以刓敝為慮、自祖宗朝、至天順年間、歳月積多、然不至刓鈍」（『成宗実録』巻二八〇、二四年七月乙未）。
(74) 例えば、成宗は「世宗朝所造施命金宝、体制比大宝為大、尤不宜用、今依大宝体制、以錫別造一宝、鍍金用之可也」（『成宗実録』巻二八〇、二四年七月乙未）と主張した。
(75) 一例として金応箕の意見は、「施命之宝、祖宗朝用之已久、其体制、雖大於大宝、止用於国中、則恐似無妨、事大文書外、当用施命之宝、不必別造新宝也」（『成宗実録』巻二八〇、二四年七月戊戌）というものであった。
(76) 「李鉄堅議、自祖宗朝、於爵賞用大宝、至世祖朝、別造施命之宝、其体制、小於大宝、用之爵賞、似乎簡忽、……」（『成宗実録』巻二八〇、二四年七月乙未）。
(77) 「伝曰、……若以大宝、用之於野人等官教、而我国宰相官教、用施命之宝、則無乃宰相反軽於野人乎」（『成宗実録』巻二八〇、二四年七月戊戌）。
(78) 「伝曰、施命之宝、依大宝体制、以七品銀鋳作、而鍍金可也」（『成宗実録』巻二八〇、二四年七月戊戌）。
(79) 『成宗実録』巻二八〇、二四年七月戊戌。
(80) 『燕山君日記』巻五九、一一年九月己丑。「憲天弘道経文緯武」とは、燕山君に奉じられた尊号である（『燕山君日記』巻五八、一一年六月壬戌）。なおこのとき、倭人・女真人の官教には、依然として「施命之宝」を使用するように定められている。時期的にみて、「憲天弘道経文緯武之宝」が捺された官教としては、燕山君一一年（一五〇五）一二月発給の「田漬官教」が挙げられる。국가기록유산（http://www.memorykorea.go.kr）に写真が掲載されているが、印跡は判読できない。
(81) 『中宗実録』巻一、元年九月戊寅。
(82) 趙美恩「朝鮮時代 王世子 代理聴政期 文書 研究」（前掲）六七～七三頁参照。

補論

本章初出と同年に、柳池栄「조선시대 임명관련 教旨의 문서형식」(『古文書研究』三〇、二〇〇七年)が発表された。同論文では、擡頭や背面記録など、朝鮮時代の官教が様々な角度からあつかわれており、頭辞と印章についても考察されている。しかし、朝鮮初期の官教に捺された印章の変遷過程については、筆者の主張と異なる部分が散見される。次に、柳池栄が作成した表(一一九頁)を掲げる。

表 朝鮮初期における官教の印章の変遷

	年月	印章
①	一三九二年~	未詳
②	一三九三年四月二日~一〇月以前	国王信宝
③	一三九四年某月某日~	朝鮮王宝
④	一四〇一年六月一二日~	朝鮮国王之印
⑤	一四三二年一〇月一二日~未詳	国王行宝
⑥	一四四三年一〇月二日~未詳	施命之宝
⑦	一四四七年一一月九日~	朝鮮国王之印
⑧	一四四九年八月二五日~未詳	施令之印

⑨	一四五〇年～一四五八年	施命之宝
⑩	一四五八年～一四六四年頃	朝鮮国王之印
⑪	一四六五年某月某日～	施命之宝
⑫	一四六六年一一月一一日～	施命
⑬	一四九三年三月二八日～	朝鮮国王之印
⑭	一四九三年九月三〇日～一八九四年三月	施命之宝

この表と筆者作成の表2を比較すれば、「高麗国王之印」の存在がみえない（①）、建文帝と永楽帝が下賜した「朝鮮国王之印」が区別されていない（④）など、いくつか差異点が見出されるが、とくに⑤・⑧・⑨・⑩・⑪が筆者の意見と大きく食い違っている。以下、柳池栄作成の表をもとに、その所論の妥当性を検討することにしたい。

⑤世宗一四年（一四三二）一〇月、「国王行宝」が使用されたとするが、同年月は「国王行宝」の鋳造が決定した時点であり（史料9）、実際に使用がはじまったのは翌年三月以後のことである。

⑧世宗三一年（一四四九）八月以後、「施令之印」のみを用いたとする点は誤解を招く主張であろう。なぜならば、同三〇年（一四四八）九月にすでに「王世子之印」を官教に捺すよう制度化されており、また、「王世子之印」や「施令之印」の使用は三品以下の除授に限られ、堂上官以上には依然として「朝鮮国王之印」を使っていたためである（史料13）。さらに、「施令之印」の鋳造・使用が実際に行われたかどうか定かでないことは、本章で述べたとおりである。

⑨世宗三二年（一四五〇）から世祖四年（一四五八）まで、「施命之宝」を使用したという点については、やや注

意を要する。世宗三二年に「施命之宝」を使用しはじめたという柳池栄の主張は、『成宗実録』巻二八〇、二四年七月戊戌の記事に、「金応箕がその父之慶の官教を携えて来て、『景泰元年（世宗三二、一四五〇）と同五年（端宗二、一四五四）、成化元年（世祖一一、一四六五）の官教には施命之宝が用いられている……』と啓した」という記事（史料17）に根拠を置いている。確かに、これをみる限り、世宗三二年当時、「施命之宝」が用いられていたかのようであるが、この点については、景泰元年（一四五〇）の官教に捺された「朝鮮国王之印」、あるいは「施令之印」「王世子之印」を「施命之宝」と金応箕が読み誤った可能性が高いものと思われる。というのも、その翌年の文宗元年（一四五一）三月に「施命之宝」を使用するように改められており（史料15）、それ以前にすでに「施命之宝」を官教に用いていたとは考えがたいためである。したがって、世宗三二年以後に「施命之宝」が使用されていたという主張は受け容れられない。

⑩・⑪世祖四年（一四五八）から同一〇年（一四六四）頃まで「朝鮮国王之印」を使用し、同一一年（一四六五）某月某日から「施命之宝」を用いたという主張は、『成宗実録』巻二八〇、二四年七月乙未の記事に、「鄭文炯が議論していうには、『我が朝では、開国以後、世祖朝の天順年間（一四五七～一四六四）にいたるまで、政批・官教に大宝（朝鮮国王之印）を用い、成化年間（一四六五～一四八七）にいたって、施命之宝を使用した』……」とあることから導かれた解釈である。しかし、天順二年（一四五八）一〇月・同三年（一四五九）三月に発給された「鄭軾官教」（表1㊽・㊿）には「施命之宝」が捺されているため、天順年間に「朝鮮国王之印」が使用されたという鄭文炯の説明にしたがうことはできない。もちろん強いて考えれば、天順三年二月以後のある時期から、「朝鮮国王之印」を用いるようになったと想定することもできる。しかしそもそも、朝鮮王朝の建国後から世祖代まで、官教に「朝鮮国王之印」を使いつづけていた、という鄭文炯の説明は明らかに誤りであり、官教に用いられた印章に関する彼の知見の正確さに疑念を抱かざるを得ない。また、天順・成化年間に官教の印章が変化したとする史料は、

右の記事以外にみえない。そのため、朝鮮初期の官教に対する鄭文炯の説明を信頼することは困難と思われる。なお、成化年間にいたって「施命之宝」を使うようになったというのは、おそらく「施命」の使用について言及したものではないかと思われる（「施命」を指して「施命之宝」と称した例があることについては、本章一三六頁参照）。

以上、柳池栄と筆者の見解の異なる箇所について検討してきたが、柳池栄の所論には首肯し得ない部分が多く、その主張にしたがうことはできないと判断される。

第四章　事元以後における高麗の元任命箚付の受容
――「金天富箚付」の検討――

一　はじめに

高麗事元期から朝鮮初期において、官教と朝謝文書（のち奉教告身）の二種が任命に際して用いられており、後にこれらの文書が四品以上告身と五品以下告身として『経国大典』に規定されたことは、既述のとおりである。しかし、高麗事元期から朝鮮初期においては、官教・朝謝文書に加えて、下行文書「箚付」が官職任命の用途で使われていたことが確認される（「任命箚付」）。任命箚付は、一五世紀後半以後、史料上にみえなくなるため、それまでに消滅にいたったことがわかる。これまでこの文書が注目されたことはなく、それがいついかなる主体によって作成・発給されたのか、またその用途や文書体式がいかなるものであったのか、まったく不明なままである。とくに看過できないのは、官教や朝謝文書が存在するにもかかわらず、なぜ任命箚付を使用する必要があったのか、すなわち任命箚付は官教・朝謝文書といかなる関係にあるのかという点であろう。任命文書を体系的に把握するためには、任命箚付の有する性格を解明することが必須の作業となる。

右に述べた問題関心のもと、本章では、『金海金氏世譜』という族譜に転載された、任命劄付と深い関連をもつと考えられる文書（録文）を取りあげて検討することにしたい[1]。

本章であつかう文書が載録されている『金海金氏世譜』（一九二五年刊）は、現在、『金海金氏世譜――副正公孝先派編（敬順王後孫）――』（一九九一年刊）にその影印が収録されている。同書解説によれば、『金海金氏世譜』（一九二五年刊）の原本は「咸州金氏家」が所蔵しており（七八頁）、文書などが載録された「前文」のある族譜はこの家蔵本が唯一であるという（九四頁）。そのため本章では、すべてこの影印にもとづいて史料を引用することにした。なお、『金海金氏世譜』（一九二五年刊）は、その序と凡例によれば、崇禎三乙酉年（英祖四一、一七六五）と高宗甲午年（高宗三一、一八九四）に編纂された通譜をもとに、副正公後裔の各派の関連史料を収めて編纂されたという。

『金海金氏世譜』開寧君実蹟に載録されている文書を、改行・空格・擡頭をそのままに掲げれば、次のとおりである（引用史料中のアルファベットは筆者による）。

史料1（『金海金氏世譜』開寧君実蹟）

Ⓐ 王旨、　金天富為嘉善大夫・工曹典書者、

　　至元五年正月日

Ⓑ 王旨裏、東北面和寧道上元帥府、牒、今擬充検職大将軍金天

　　富尤軍百戸句当、凡事公勤、毋得慢易、所有劄付、須議出給

　　者、　　　　右付金天富、準此、

本文書を紹介した南権熙は、これを一件の文書とみなしているようであるが、実は史料1のⒶとⒷとは、それぞ

れ独立した別個の文書である。

まず、史料1Ⓐをみてみれば、これは官教と同様の体式をもつ。したがってこの文書の内容は、後至元五年（忠粛王復位八、一三三九）[2]正月、金天富を嘉善大夫・工曹典書に任命するものと考えられるが、「嘉善大夫・工曹典書」という階官（品階を表す称号）および官職は高麗時代の史料中に確認されない[3]。そのため、偽文書である可能性が高いと思われる[4]。あるいは、族譜に載録する際、階官や官職が改竄・誤記された可能性もないわけではないが、その場合、元来の階官や官職が何であったのか、うかがい知ることはできない。

それでは、史料1Ⓑもまた、後世作られた偽文書にすぎないのだろうか。しかし、偽文書と即断する前に、まずは文書の内容を慎重に吟味する必要がある。

そこで、朝鮮・中国の歴代王朝における文書史料を博捜したところ、元の任命箚付の文書体式に、史料1Ⓑとの類似点を多分に見出し得ることがわかった。近年、宮紀子によって紹介された元初の任命箚付三点（録文）を次に掲げよう[5]。

史料2　（『新安忠烈廟神紀実』巻一〇、蒙古字箚付[6]）

皇帝聖旨裏（裏）、江淮諸路釈教都総統所、今擬僧張永帰〔充〕[7]徽州路万寿寺甲乙住持勾当、
　凡事奉公、毋得慢易、所有箚付、須議出給者、
　右　箚　付　僧　張　永　帰、　准　此、
　　張永帰住持
至元二十五年八月　〔印〕　日　〔押〕

史料3（『程氏貽範集』甲集巻五、承制授程隆休寧県尉劄付、『弘治休寧志』巻三一、承制授程隆休寧県尉劄付）

皇帝聖旨裏、行中書省、今擬[8]程隆充徽州休寧県西尉勾当、所有劄付、須議出給者、

右劄付程隆、准此、

至元十三年八月　日

史料4（『済美録』巻一、授鄭安尹歙県牒）

皇帝聖旨裏、行中書省、今擬鄭安充徽州路歙県知

県勾当、所有劄付、須議出給者、

右劄付鄭安、准此、

至元十三年八月　日　押　押

個々の文書の詳しい内容については後述するが、これらの史料を参考とすれば、元任命劄付の体式は次のように帰納し得る[9]（以下、これを「復元案」と称する）。

復元案

①皇帝聖旨裏、②某、③今擬某人充某職勾当、④所有劄付、須議出給者、

⑤右劄付某人、准此、

年　月　日

この復元案と史料1Ⓑを比較してみれば、微妙な差違はあるものの、史料1Ⓑが元の任命劄付の体式と酷似していることがわかる。次節では、史料1Ⓑを仮に「金天富文書」と称し、逐一、内容検討を進めることにしたい。

二　「金天富文書」の内容検討

（一）「金天富文書」にみえる文言の検討

以下、復元案の各部分と対照しつつ、「金天富文書」にみえる文言を一句ごとに詳細に検討していく。

○王旨裏

復元案①「皇帝聖旨裏」の「皇帝聖旨」とは、「皇帝のおおせ」を意味する。また「裏」は、元の公文書に特徴的な用語で、dur/tur（〜に）あるいはiyar（〜によって）というモンゴル語を漢訳表記したものである。「皇帝聖旨」など「旨《おおせ》」に付く場合はiyarの意なので、「皇帝聖旨裏」は「皇帝聖旨によって」と解される。例えば、『臨川呉文正公草廬先生集』（宮内庁書陵部蔵）に載録された任命文書（勅牒）の冒頭は「皇帝聖旨裏、中書省牒[10]」とはじまり、皇帝《カーン》の聖旨《おおせ》によって（皇帝の権威にもとづいて）勅牒が発給されている。元では、「皇族以外の発令者は原則として大カーンの『聖旨《おおせ》』のみを権威の拠り所[11]」とするため、こうした命令文の書き出しが用いられたのである。

「金天富文書」においては、「王旨裏」が「皇帝聖旨裏」に相当する文言と考えられる。「王旨」とは「王のおおせ」を意味する語であるため、「王旨裏」とは、王の権威にもとづいて文書が発給されたことを示す表現にあたるのではないかと思われる。

○東北面和寧道上元帥府、牒

復元案②「某」とは、「皇帝聖旨」という権威にもとづき、文書を発給する発令者である。「金天富文書」において、これに相当する箇所に位置する字句は「東北面和寧道上元帥府」である。「牒」は文書形式を意味するため、この句節の末尾の「牒」字は「東北面和寧道上元帥府」と接続し得ず、この点は復元案と一致しない。

○今擬充検職大将軍金天富尤軍百戸句当

復元案③「今擬某人充某職勾当」は、「今某人を擬して某職の勾当に充つ」と訓み、被任命者（某人）を職務（勾当）に充てるよう擬定することを意味する。「金天富文書」では、「今擬充検職大将軍金天富尤軍百戸句当」の一節がこれに相当すると考えられる。「金天富文書」の場合、被任命者と職務を結びつける「充」字はみえないが、字句の連なりからみて、ひとまず「充検職大将軍金天富」が「某人」（被任命者）、「尤軍百戸句当」が「某職勾当」（任命内容）に対応すると想定できよう。ただ、「充検職」や「尤軍」という名称は史料にみえない。なお、「句当」は「勾当」の誤記であろう。

○凡事公勤、毋得慢易

「母」字は明らかに「毋」の誤りで、「およそ公勤につとめ、軽んずることなかれ」と受給者を戒めるものであり、「張永帰劄付」（史料2）の一節「凡事奉公、毋得慢易」とほぼ合致する。ただ、復元案には存在しないように、任命劄付に必須の文言ではなかったと思われる。

○所有劄付、須議出給者

復元案④「所有劄付、須議出給者」は、「この劄付は議論して発給すべきである」と解釈される。文書が劄付形式で発給されることを明示するものであり、「金天富文書」の一節と合致する。

○右付金天富、準此

復元案⑤「右劄付某人、准此」は、「右の内容を記した文書を与えるため、これにしたがえ」という文書の結句である。「金天富文書」では、「右付金天富、準此」の部分がこれに相当すると思われる。「準」は「准」と通用し、したがうの意であるが、「劄付」が「付」となっている点は復元案と異なっている。

以上の検討の結果、「金天富文書」が元の任命劄付の体式とほぼ合致することが明らかとなった。したがって先の検討で、わずかに意味が取れなかった部分は、次のように校訂することができる。

まず、「東北面和寧道上元帥府、牒」の「牒」字は、復元案にみえず、また文脈上、整合的に解釈することが不可能なため、これは衍字とみなされる。次に、「今擬充検職大将軍金天富尤軍百戸句当」の「充」字と「尤」字については、復元案③との対応関係からみて、前者は衍字と捉えて間違いなく、後者は字の類似性をあわせ考えれば、「充」字の誤記であろう。「検職」もまた、「検校」（後述）を誤って記したものと思われる。なお、「軍百戸」の「軍」字の前に、例えば「前」「後」といった語が脱漏している可能性もある。[12] 最後に、「右付金天富、準此」の「付」字は、もと「劄付」とあるべきだが、「劄」字が脱落したのではないかと思われる。これらの事実から、史料1Ⓑが劄付であることは疑いなく、以下、これを「金天富劄付」と称することにしたい。

「金天富劄付」の校訂テキスト、および解釈は次のとおりである。

校訂テキスト

王旨裏、東北面和寧道上元帥府、今擬検校大将軍金天富充〔某〕軍百戸勾当、凡事公勤、毋得慢易、所有箚付、須議出給者、

右箚付金天富、準此、

解釈

王のおおせによって。東北面和寧道上元帥府が、いま擬定して検校大将軍金天富を〔某〕軍百戸の職務担当に充てる。およそ公勤につとめ、軽んずることなかれ。この箚付は議論して発給すべきである。

右を金天富に箚付する。これにしたがえ。

なお、「金天富箚付」では、発給年月や官府の署押が抜け落ちており、任命箚付の文書体式としては不完全であるようにみえる。しかし、録文から発給年月や官府の署押が脱漏することは頻繁に生じる現象であり(13)、録文である文書の体式の不備を根拠に、文書の真偽を断ずることはできないであろう。

(二)「金天富箚付」にみえる官職の検討

つづいて、「金天富箚付」にみえる官職を検討することにしよう。

○東北面和寧道上元帥府

「東北面」は、高麗時代から朝鮮初期にかけ、朝鮮半島の東北地方に設けられた行政区画であり、東界とも称した。「和寧」はその東北面の一地域であり、現在の咸鏡南道金野郡にあたる。この地は、モンゴルによる双城総管

府の設置（一二五八年）以来、高麗の支配圏から外れていたが、恭愍王五年（一三五六）に収復されて「和州牧」と称し、その後、同一八年（一三六九）、「和寧府」と改められ、朝鮮太祖二年（一三九三）、「永興府」と改称された。[14]

「元帥」は元来、出征する際に臨時に任命される将帥職であったが、倭寇と北元に対処するために、恭愍王代（一三五一〜一三七四年）後半から北方地域に持続的に派遣された。東北面では、恭愍王一八年（一三六九）一一月と同二一年（一三七二）六月に、李成桂が元帥に任命されたこともあった。[15]禑王代（一三七四〜一三八八年）以後、元帥は常設化され、五道両界に都元帥・上元帥・副元帥が設置され、軍隊を統率する指揮官となった。その後、元帥制は恭譲王二年（一三九〇）一一月に廃止された。[16]

なお和寧道の「道」は、高麗時代の広域地方行政区画、いわゆる「五道両界」のそれではない。その実態についてはいくつか考えられるが、まず方面を示す「道」が想起される。高麗時代には、地名に「道」字を添加することによって具体的な方面を示し、「道」は「管内」「等処」といった語と同義に用いられた。[17]この点を念頭に置いて、とくに「元帥」との関係に注目すれば、和寧道の「道」は、軍隊徴発・編成の単位である軍目道の「道」ではないかと考えられる。

このように、「和寧」と「元帥」は、恭愍王五年（一三五六）から恭譲王二年（一三九〇）までに限って併存することがわかる。「金天富箚付」の設定年度は、さしあたりこの時期に想定することができる。

ここで、「和寧道」と「元帥」との関係に注意しつつ、高麗末期の東北面の軍制を簡単にうかがっておきたい。高麗末期、北方地域には翼軍が設置された。翼軍とは、恭愍王代に西北面にはじめて設置された地方防衛の軍隊組織であった。[18]その後、翼軍は東北面にも置かれたと推定されるが、[19]正確な設置年代は不明である。東北面に派遣された各元帥は翼軍や戍卒などの地方軍を統率したと推定されている。[20]そして、禑王四年（一三七八）一一月には、倭寇対策のために翼軍が全国各道に拡大設置されたが、弊害が多く、翌年閏五月、こうした全国的な翼軍は廃止された。

前述のように、当時の軍隊徴発・編成の単位は軍目道であるが、安州道元帥や鶏林元帥など、元帥が軍目道に派遣されることもあった。既存研究において、高麗末期の和寧地方に軍目道が設置されたかについては議論が分かれているが、[21]「東北面和寧道上元帥府」の「和寧道」は、元帥と併称される点から、和寧地方に設置された軍目道を指すものと考えられる。

問題は、東北面の場合、元帥はすべて広域地方行政区画である東北面を単位に派遣されており、軍目道単位に派遣された元帥の存在を史料上確認できない点である。しかし、この点を根拠に、「和寧道上元帥府」が存在しなかったと断定することはできない。なぜならば、当時、元帥が派遣された区域は、時期によって変動したからである。例えば、全羅道の場合、元帥は基本的に広域行政区域（全羅道）を単位に派遣されたが、[22]二件の例のみ、全州副元帥[23]と全州元帥[24]の存在がうかがえる。また、楊広道の場合も、元帥はほとんどが広域行政区域（楊広道）を単位に派遣されるなか、わずか一件の例のみ、漢陽道元帥[25]の存在が確認される。このように、平常時には広域行政区域に派遣される元帥が、場合によっては軍目道単位に派遣される場合もあったことがわかる。すなわち、元帥の派遣区域が確固として定まっていたわけではなかったと考えられるのである。そして、和寧道に対する元帥の派遣記事が見当たらない点については、高麗末期には制度が頻繁に更改されたため、史料が落漏した可能性を考慮しなければならないであろう。恭愍王代以後、東北面和寧道に上元帥が派遣され、上元帥府が設置された可能性は排除し得ないものと思われる。

○検校大将軍

「検校」は実務をもたない散職であり、高麗後期に濫発され、両班はもとより郷吏・百姓にいたるまで検校職を授けられていた[26]。「大将軍」は、京軍（二軍六衛）に属する武官職（従三品）であるが[27]、ここにみえる「検校大将軍」は検校職であるため、京軍の軍官という職務を遂行していたわけではない。

○百戸

「百戸」とは、元の万戸・千戸・百戸という十進法にしたがう軍隊編成単位・行政単位のひとつであり、またそれを指揮する軍官を指す。事元以後、こうした軍隊編成の組織は高麗にも導入され、各地方に万戸府が設置された[28]。百戸はこの万戸府に属する軍官であり、後年、翼軍が設置された際には、軍隊の統率者の一員となっている。翼軍は万戸府に属し、各部隊は千戸・百戸・統主によって統率されていた。次に掲げる史料は、禑王四年（一三七八）一二月、翼軍が全国化された際の規定であるが、それを前後する時期にも、ある程度通底するものと推定される。

史料5（『高麗史』巻八一、志三五、兵志一、兵制）

都堂議置軍翼、遣各道計点元帥、下旨、限倭寇寝息、依西北面例、各道皆置軍翼、択精白能射御者、自奉翊至四品為千戸、五・六品為百戸、参外為統主、千戸統千名、百戸百名、統主十名、録軍籍、……

この規定によれば、奉翊大夫（従二品）より四品にいたる者を「千戸」、五・六品を「百戸」、参外官を「統主」に任じ、千戸が千名、百戸が百名、統主が十名を統率したという。これらの軍官には、「添設職」という実務をともなわない官職を有した、「閑良」「地方品官」「留郷品官」などと称する地方有力者が任用された[29]。したがって翼軍に属する百戸は、有品者が任命された軍官であり、兵卒を統率する任務を負っていたことがわかる。

この規定は、あくまでも禑王四年（一三七八）一二月当時のものである。したがって、これをただちに金天富の事例に当てはめることには慎重を要する。しかし、百戸が有品者に授与される場合があったということは注目に値する事実であろう。

ところで、「金天富剳付」において、金天富は大将軍（従三品）でありながら、百戸（禑王四年一二月の規定では五・六品に相当）に任命されているが、こうした格下げ人事をどのように理解すればよいのであろうか。高麗時代の史料には、百戸任命に関する具体的な事例がみえないため、検校大将軍を百戸に任命することがあり得たのか、明確な解答を下しがたい。ただ、前述のように、「検校」をはじめとする高麗末期の添設職は、郷吏・百姓を含む広範囲の階層に与えられた散職であり、添設職を授与する際には、通常の官職秩序体系は適用されていなかった。そのため、検校大将軍という散職から百戸という実務職への任命が、すなわち格下げ人事であると短絡して結論を導くことはできない。

以上、「金天富剳付」に現れた官職について検討した。「東北面和寧道上元帥」は他の史料に確認されず、また「検校大将軍」が「百戸」に任命されることがあり得たのかなど、史料上の裏付けが困難な部分も多い。しかしながら本文書は、体式が元の任命剳付のそれとほとんど一致しており、そこにみえる官職の内容もまた、高麗末期の歴史的事実と齟齬するものではない。なにより「金天富剳付」は、百戸という下級軍官に任ずる文書であり、祖先を顕彰するために後世に偽造されたとは到底考えがたく、偽文書である可能性は低いと判断される。

以下では「金天富剳付」を真文書とみなし、任命剳付の成立過程について検討することにしたいが、その前にまず、「金天富剳付」が他の史料には存在しないのか、また金天富がいかなる経歴の人物であったのか、という二点について確認しておきたい。

(三)『金寧金氏世譜』元帥公事蹟所載文書について

これまで、『金海金氏族譜』(一九二五年刊)所載の文書を分析してきたが、この文書を参考として、金寧金氏の族譜を悉皆的に調査した結果、辛卯年(高宗二八、一八九一)の跋文のある『金寧金氏世譜』(国立中央図書館蔵、請求記号　古2518-10-824)に収録された元帥公事蹟に次のような史料を見出した[30]。

史料6　(『金寧金氏世譜』元帥公事蹟)

公諱天益[初諱天富]、金寧君七世孫也、官都承旨、蹟云、王旨裡、東北面和寧道上元帥府、牒、洪武七年甲寅六月、麗朝、今擬究撿職大将軍天富尤軍百戸句当、凡事公勤、無得慢易、所肖箚付、須議給者、右付金天富、準此、又、王旨、金天富工曹典書者、建文元年己卯正月、我朝、元帥職牒、簿紙広狭、右二牒、累経兵燹、紙皆磨破、以為有文無考之端、臨読此書者、孰不咨嗟而興歎、云、

右の史料からは、次のような二点の文書を抽出し得る。

ⓐ　王旨、金天富工曹典書者、建文元年己卯正月、

ⓑ　王旨裡、東北面和寧道上元帥府、牒、洪武七年甲寅六月、麗朝、今擬究撿職大将軍天富尤軍百戸句当、凡事公勤、無得慢易、所肖箚付、須議給者、右付金天富、準此、

まずⓐについて検討する。史料1Ⓐは、後至元五年(忠粛王復位八、一三三九)正月に「嘉善大夫・工曹典書」に任命した官教であったが、ⓐは発給年月が建文元年己卯(定宗元、一三九九)正月となっており、任命した官職は「工曹典書」である。定宗元年当時には、工曹典書がすでに存在していたため、発給年月と任命官職とは矛盾する

ものではない。しかし、ⓐには「為」字がみえず、また、発給年に干支が付されており、通常の官教の体式とは異なる。とくに発給年に干支を用いる官教は、朝鮮後期の一時期を除いて確認されておらず[31]、ⓐは史料1Ⓐと同様、史料の信憑性に問題がある。

一方、ⓑでは、「今擬究撿職大将軍天富尤軍百戸句当」や「所肖劄付」とあり、これは史料1Ⓑよりさらに文意を理解しがたい部分である（それぞれ「検」字・「有」字を誤記したものであろう）。加えて、ⓑには、「洪武七年（恭愍王二三、一三七四）甲寅六月、麗朝」という史料1Ⓑにはみえない句節が挿入されている。先に言及したように、「金天富劄付」の設定時期は高麗末期と想定することができるため、「麗朝」という王朝名を自称、その上、略称した語を文書に使用するのは不自然である。この句節は後代に付け加えられたものとみなければならない。

このように、史料6の文書は、史料1にみえない独自の記述が含まれているが、信憑性に乏しく、その文書内容を受け入れることは難しい。以下の本文でも、史料1Ⓑにもとづいて、「金天富劄付」を検討することにしたい。

（四）金天富の経歴と金寧金氏族譜の編纂

金天富は、金寧金氏の族譜、および『秋斎集』に収録された金将軍伝にその名がみえるのみで、他の史料には確認されない人物である。

まず、史料1が載録されている『金海金氏世譜』（一九二五年刊）が記す金天富についてみておこう。同氏系譜によれば、金天富は時興の七世孫であり、父は鎰成、子は瑞一と存一、曾孫は益和君仁賛という。『金海金氏世譜』の系譜では、金天富を「金天益、初諱天富」と記載し、その経歴を次のように記している。

史料7（『金海金氏世譜』系譜）

子天益［初諱天富、文科、都承旨、麗忠恵王朝、嘉善大夫・工曹典書、洪武六年、麗恭愍王朝、為和寧道上元帥令擬充撫残大将軍、封開寧君、配延安李氏］、

金天富は文科及第後、都承旨をへて、忠恵王代（一三三〇～一三三二、一三四〇～一三四四年）に嘉善大夫・工曹典書に昇り、洪武六年（恭愍王二二、一三七三）、「和寧道上元帥令擬充撫残大将軍」となり、開寧君に封爵されたという。

また、同書の開寧君実蹟でも、金天富の経歴が記載されている。

史料8（『金海金氏世譜』開寧君実蹟）

君諱天富、敬順王十二世孫、大将軍諱鎰成之子也、天姿剛明、器宇宏大、兼文武之才、負朝野之望、位躋工曹典書、当麗季、以和寧道上元帥靖難、上国録勲、復給一百戸、賜爵開寧君、

金天富は官職が工曹典書まで昇り、高麗時代の末に和寧道上元帥として難を靖んじた。そのため、上国ではその勲を録し、一百戸を復給して開寧君という爵を賜ったという。

これらの史料にみえる金天富の経歴は比較的詳細である。しかし、「金天富箚付」の発給主体である和寧道上元帥が金天富の官職経歴に含まれており、甚だしくは「和寧道上元帥令擬充撫残大将軍」（史料7）とし、箚付の定型文言である「令（今の誤記）」や「擬充」が官職名に誤って挿入されている。史料7・8の記述者は、「金天富箚付」が金天富を百戸に任ずる文書であることを正しく理解できず、「和寧道上元帥」を金天富の官職経歴に含ませてしまったのであろう。このように、これらの史料には、金天富関連の文書（官教・任命箚付）の内容を独自に解釈して

引用した痕跡が明らかである。したがって、文科及第や開寧君封爵など、史料7・8にみえる独自の記載も信頼することはできない。金天富の経歴は、金天富の関連文書を主要な情報源のひとつとして創作された可能性が高い。

また、元帥公事蹟（史料6）が収録されている『金寧金氏世譜』（一八九一年跋）にみえる金天富の経歴は次のとおりである。

史料9（『金寧金氏世譜』世系）

子天益［初諱天富、都承旨、上元帥、討平和寧道、洪武七年、行工曹典書、入我国初、元帥職牒追贈事、配位姓氏与墓所、革世兵燹後、未詳］、

金天富は都承旨をへて「上元帥」となり、洪武七年（恭愍王二三、一三七四）、「行工曹典書」に昇った後、朝鮮初に「元帥職牒」を受けて追贈されたという。ここにいう「元帥職牒」は「金天富箚付」を指すに違いない。しかし、「金天富箚付」は官職を追贈する文書ではなく、任命に用いられた文書である。この史料9もやはり、金天富の関連文書を恣意的に解釈し、経歴を創作した可能性が高いため、その記載を信じることはできない。

次に、趙秀三（一七六二～一八四九年）の『秋斎集』に収録された金将軍伝にみえる金天富について検討する。[32]

史料10（趙秀三『秋斎集』巻八、金将軍伝）

金将軍名希祖、字而賢、甲山人、而扶余氏也、扶余金氏、自羅・麗為巨族、而聖祖開国、有推忠翊戴佐命一等功臣・大匡輔国崇禄大夫・議政府左議政・益和君金仁賛、乃将軍七代祖也、和寧道上元帥・撿（検）校・嘉善大夫・工曹典書・開寧君天富、将軍六代祖也、将軍高祖曰従南、漢城判尹・礼曹典書也、曽祖曰貴宝、爵上護軍也、将軍祖孝同、少以豪力、不得於時、全家徙于辺、則無罪謫、而甲州也、遂世居之、……聖上即阼之二十一年

夏、漢陽趙秀三撰并書、

金将軍伝は、女真との戦争で活躍した武人、金希祖・金彦父子の伝記である。史料10の中略部分には、金希祖と金彦の行跡が詳細に記されている。本伝末尾の「聖上即阼之二十一年」という記年から考えれば、金将軍伝が著作されたのは、正祖二一年（一七九七）あるいは純祖二一年（一八二一）と推定される。

本史料には、金希祖の六代祖として金天富の名がみえる。さらに、その肩書きは「和寧道上元帥・撿（検）校・嘉善大夫・工曹典書・開寧君」とあり、金寧金氏族譜に記されたものと合致する。

ここで注意しなければならないのは、金天富の家門が金寧金氏ではなく、扶余金氏となっている点である。族譜をはじめとする扶余金氏関連の史料は見当たらず、金将軍伝がいかなる情報源にもとづいて撰述されたのか明確でない。しかし金将軍伝において、金希祖・金彦の事跡や系譜が詳細に記されている点からみれば、おそらく扶余金氏家門に伝来した記録を典拠としたのではないかと考えられる。

このように金天富の事跡は、金寧金氏と扶余金氏の二家門に伝わっていた。この不可解な現象を整合的に解釈するための関鍵は、金寧金氏族譜が金天富の事跡をどのように受容したのかという点にあるようである。

管見の限り、一八世紀以前に刊行された金寧金氏族譜には、「都承旨（あるいは通徳郎）天益」とのみあり、天富の名は確認されない[33]。そして、一九世紀中葉以後に作成された金寧金氏族譜には、天益を天富と同一人物とし、その肩書きに「和寧道上元帥云々」という記載が現れはじめる[34]。すなわち、本来、金寧金氏と関係のなかった天富の事跡が天益と結合し、金寧金氏族譜に纂入するにいたったと推測されるのである。おそらく、ある地域に伝来していた金天富の事跡および文書を、一九世紀に金寧金氏が入手し、みずからの系譜に挿入したのではないかと考えられる。金寧金氏族譜に金天富の事跡が収録されたのは、こうした経緯によるものと思われる。

三　元任命箚付と事元以後の高麗におけるその受容

（一）元の任命箚付

前節で「金天富箚付」の内容検討を行ったが、本節では、任命箚付の性格を理解するため、先掲した三点の元任命箚付の内容について検討し、その上で事元以後の高麗における任命箚付の成立について考察することにしたい。

「張永帰箚付」（史料2）は、至元二五年（一二八八）八月に発給された。表題に「蒙古字箚付」とあり、この文書は元来、「パクパ字で漢字を音写したもの」[35]と推定される。

文書の発給機関である「江淮諸路釈教都総統所」とは、江南において仏教を統括し、住持を任命する僧人機関であった。[36]この箚付によって、張永帰は「徽州路万寿寺甲乙住持」に任命されているが、「甲乙住持」とは、師弟関係にもとづき、同一の寺院・門派から順次輪番で選定される住持である。[37]すなわち「張永帰箚付」は、江淮諸路釈教都総統所が僧人張永帰を万寿寺の住持に任ずる任命箚付であることがわかる。

「程隆箚付」（史料3）、「鄭安箚付」（史料4）は、至元一三年（一二七六）八月、行中書省が程隆と鄭安を、それぞれ徽州路休寧県の西尉（県尉か）、歙県の知県に任命する際に発給した任命箚付である。[38]

さて、ここでとくに注目したいのが鄭安の事例である。鄭安は、歙県の知県に就いてより数年後、至元一八年（一二八一）正月、従仕郎（従七品）・歙県尹に任じられた。次に掲げる文書（録文）をみてみよう。

史料11（『済美録』巻一、再授鄭安尹歙県牒）

皇帝聖旨裏、中書省　牒鄭安、　牒奉
勅、可授従仕郎歙県尹、　牒至、准
勅、故牒、
至元十八年正月　　日　　牒
資徳大夫中書左丞耿　押
資徳大夫中書左丞郝　押
資徳大夫中書右丞張　押
栄禄大夫平章政事　押
栄禄大夫平章政事　押
光禄大夫中書左丞相　押
光禄大夫中書右丞相　押
中　書　令

今回の任用にあたっては、任命箚付ではなく中書省の発給する勅牒が与えられた。勅牒とは、中書省が皇帝の命を奉じ、六品から九品の官を任命する際の文書である[39]（五品以上には宣を発給する）。この勅牒による任命は、史料11を載録する史料の別の箇所において「真命」と称されている。

史料12（『済美録』巻一、歙令鄭君墓道之碑）

……居三年、邑大治、民争詣府、請留府、上其事、始更賜銅章、拝真命為従仕郎、仍歙県令、尋以老自免去、遂不復仕、……

鄭安は歙県の知県として邑を治めていたが、その治績が評価され、「真命」を拝して従仕郎・歙県令（県尹）に任じられたという。[40] 先の勅牒（史料11）はこのとき発給されたものに違いない。鄭安はかつて行省の任命箚付（史料4）を受けて知県となったが、これはあくまで地方機関による任命であり、階官も付与されなかった。このとき階官が与えられていないのは、朝廷における序列を位置づける階官の付与という行為が、皇帝以外に認められていなかったためと推測される。史料12にみえる「真命」とは、皇帝の命のもと、階官および官職が授けられることを表現したものであろう。

右に述べた考察を整理してみれば、元において任命箚付が発給される場合、皇帝以外の主体によって任命が行われ、それは階官の付与をともなわないものであったと理解される。このことは「金天富箚付」における授職内容（上元帥府による百戸任命）と符合しており、高麗の任命箚付の用法の成立に対し、元任命箚付のそれが影響をおよぼしたことを強く示唆する。次に、事元以後の高麗において、元任命箚付の体式・用法が受容された可能性について考察することにしよう。

（二）事元以後の高麗における任命箚付の受容

事元以後、高麗では多くの官人が元の官職を受けていた。事元期の墓誌銘には、「宣授」「勅授」の職を帯びた官人が頻出するが、これは元によって任命されたものである。また録文ではあるが、元統二年（忠粛王復位三、一三三四）、元が高麗人李達漢を武徳将軍（正五品下）・高麗国万戸府万戸に任命する宣が確認される。[41] これらのことから、元より任命された高麗人には、宣・勅牒をはじめとする任命文書が広く授与されていたと推定される。また、忠烈王一八年（一二九二）には、耽羅人高仁坦が「征東行省箚付」によって耽羅指揮使に任命されている。[42]元の地方行政機関のひとつであった征東行省では、高麗王が長官に任じられたのをはじめ、多数の高麗人がその官員に起用されていた。[43]この征東行省における各種業務をつうじ、高麗は任命箚付の作成・使用に関する知見を得たのではないかと推測される。

こうした状況を鑑みれば、事元期か、離元活動を行って元から距離を置いた恭愍王五年（一三五六）以後かは不明であるが、高麗が元任命箚付の体式・用法を受容し、自国における地方軍官任命の文書として任命箚付を用いるようになった、という推論は説得力をもつと思う。

ところで、高麗におけるこの種の任命箚付が、宋・金・明から伝播したという可能性についても検討する余地がある。実際、宋・金・明において、箚付が任命のための文書として用いられていたことは、各種の史料から推察される。南宋初の任命箚付としては、建炎二年（一一二八）発給の文書が現存しており、[44]金代、枢密院が官員を任ずる際には箚付が用いられていた。[45]また、明初の任命箚付の体式は不明であるが、明末の例としては、万暦二三年（一五九五）、兵部が日本の上杉景勝・毛利輝元らに官職を授けた任命箚付が伝わっている。[46]しかし、南宋・明末の任命箚付には「皇帝聖旨裏」などの文言はなく、内容構成も「金天富箚付」や元任命箚付とはまったく異なっている。

多数の高麗人が元によって授職され、それにともなって元の任命文書が高麗に多数流入していた事実や、「王旨裏」というモンゴル風の用語から考えれば、「金天富箚付」の体式・用法は元より受容したと考えるべきであろう。

四　朝鮮初期における任命箚付の使用状況

（一）　女真人に対する任命箚付および官教の発給

『朝鮮王朝実録』をみてみると、朝鮮初期に任命箚付を発給したという記事がいくつか確認される。それでは、高麗の任命箚付は朝鮮王朝にいかに継受されたのであろうか。本節では、朝鮮初期における任命箚付の体式や用法について検討することにしたい。

朝鮮政府は羈縻政策の一環として、朝鮮半島北部・中国東北部に居住する女真人に対し授職を行っていたが[47]、その際に任命箚付を発給していた。

史料13（『太宗実録』巻九、五年二月己丑）

遣議政府知印金尚琦于東北面、……〔賜〕女真万戸仇要老子遼河襲爵万戸箚付一道、……

この史料では、太宗五年（一四〇五）二月、女真万戸仇要老の子遼河に対し、父の職（万戸）を襲う箚付を発給したとみえ、任命箚付の存在がうかがえる。

朝鮮初期の任命箚付の体式については、次に掲げる史料が参考になる。

史料14（『成宗実録』巻九、二年正月丁亥）

命以斡朶里浪都郎可為都万戸、其（衍字）其箚付曰、朝鮮国議政府、敬奉教旨、吾弄草住斡朶里浪都郎可、能継乃父之志、時節来見、誠心帰順、予甚嘉之、您府家、将本人授本処都万戸勾当、部領管下軍民、在辺效力、敬此、除敬依外、所有劄付、須議出給者、右劄付吾弄草等処都万戸浪都郎可、准此、

この成宗二年（一四七一）正月発給の劄付では、女真人の浪都郎可を都万戸に任命し、彼の朝鮮に対する帰順を嘉し、今後の尽力を説いている。この文書の核心は、浪都郎可に対する万戸任命にあり、まさしく任命劄付であることがわかる。ただ、「金天富劄付」や元任命劄付と体式が著しく異なる点には注意を要する。これについては、朝鮮王朝が独自に改変を加えたのか、明初の任命劄付の影響を受けたのか判然としない(48)。ところで注意すべきは、女真人の任命に際して、官教が発給される場合もあったという点である。

史料15（『世祖実録』巻三八、一二年二月丙申）

礼曹啓江原道巡幸後倭・野人接待節次、……一、野人等除職官教・劄付告身、啓行在所、其別賜鞍馬・衣服・禄俸、啓稟備給、従之、

右に掲げたのは、世祖一二年（一四六六）二月、礼曹による倭人・野人（女真人）の接待節次に関する記事であるが、ここに「野人等の除職官教・劄付告身」とみえる。ここから、当時、女真人を任命する際に発給した文書には、官教と任命劄付の別があったことがわかる。

それでは官教と任命劄付の発給は、いかなる事由によって区別されていたのだろうか。女真人に官教が与えられた場合をみてみよう。

史料16（『世宗実録』巻八五、二一年四月辛卯）

伝旨咸吉道都節制使金宗瑞曰、前者、於童倉・童者音波・金波乙大・童所老加茂・童河下大・劉仇難等、除拝

官教、印以行宝、予更思之、宝字似渉僭擬、今改書官教、用以朝廷所賜之印以送、卿知此意、宜諭倉等曰、前授官教、有司誤用以他印、且字画錯誤、故殿下改印以皇帝所賜之印以送、因便授之、前授官教、其収還以送、

この史料は、世宗二一年(一四三九)四月、咸吉道都節制使金宗瑞に対する世宗の伝旨である。かつて、建州女真人の童倉や童所老加茂らに与えた官教に「行宝」(「国王行宝」)を捺したが、「宝」字が明に対する僭礼にあたることを憂慮し、官教を書き改め、「朝廷所賜之印」(「朝鮮国王之印」)を捺して再発給するよう命じている。この三ヶ月前の同年正月に、童倉が嘉善大夫(従二品下)・雄武侍衛司上護軍、童所老加茂が威勇将軍(正四品上)・虎賁侍衛司護軍に任命されているため[49]、史料16にみえる官教もこのとき発給されたとみてよい。

さて、ここで注目すべきことは、今回の授職にあたって任命箚付ではなく官教を賜与している点である。史料13・14の場合のように、階官の付与をともなわない万戸に任命する際、発給した文書は任命箚付であった。これに対し、童倉・童所老加茂の場合、官教が発給され、嘉善大夫・威勇将軍といった階官をともなう官職に任命されている。このことから、朝鮮初期、女真人を任命する文書において、階官の付与をともなう官職を授ける際には官教[50]を、万戸など階官の付与をともなわない官職を授ける際には任命箚付を用いる、という区別が存在したと考えられる。

その後、成宗三年(一四七二)一〇月、女真人に対する任命箚付の発給は廃止された。

史料17(『成宗実録』巻二三、三年一〇月庚辰)

礼曹啓、近年、中朝疑我招撫野人、至遣使臣来問、今考除万戸箚付、皆有論其父祖、許令帰附、俾管某地等処勾当、此実中朝疑我之一端也、今後、万戸勿給箚付、皆給官教、従之、

右に掲げた礼曹の啓には次のようにある。近年、中朝（明）は朝鮮が女真人を招撫していることを疑い、使臣を遣わし朝鮮王朝を問責したことがあった。女真人を万戸に任命する劄付を改めてみてみると、その父祖を論じて帰附を許し、「某地等処の勾当を管轄させる」といった文言があり、こうした表現は明の疑心を招きかねないものである。そのため、今後、万戸を任命する際、劄付の発給を止め、みな官教を給うように、と。このように礼曹が提言したところ、この案は成宗の許諾を得た。

任命劄付廃止の要因として、当時における朝鮮王朝と明との間の緊張の高まりが指摘される。前章でも触れたように、成宗の先々代にあたる世祖代、女真人に対する授職が発覚し、明に問罪される事件が起こった[51]。本来、夷狄の慰撫は皇帝のみに許された行為であったためである。事件以後にも女真人への授職は継続したが、その規模は大幅に縮小されることになった。この緊張関係の余波が成宗初年まで及び、明の疑心を招きかねない任命劄付の廃止をもたらしたと思われる。

このように、朝鮮初期（正確には成宗三年一〇月まで）、女真人を任命する文書には官教あるいは朝謝文書（のち奉教告身）と任命劄付の別があり、それは階官の付与をともなう授職であるか否かによって使い分けられていたと思われる[52]。これはまさしく、任命劄付を発給する場合、階官の付与をともなわないという、「金天富劄付」や元の任命劄付における用法と合致している。

（二）済州人に対する任命劄付の発給

ほとんど史料がなく不明な点は多々あるが、朝鮮初期には、女真人以外に対しても任命劄付が発給されていた。これに関しては、

史料18（『太祖実録』巻五、三年三月丙寅）

都評議使司上言、済州未嘗置学校、其子弟、不入仕於国、故不識字、不知法制、各所千戸、率皆愚肆作弊、乞自今置教授官、土官子弟十歳以上、皆令入学、養成其材、許赴国試、又以赴京侍衛従仕者、許為千戸・百戸、以給箚付、上従之、

という太祖三年（一三九四）三月の記事が注目される。このとき都評議使司は、済州人のうち、京に赴いて侍衛する者が千戸・百戸となることを許し、任命箚付を給うよう要請している。文書体式は不明であるが、女真人以外の千戸・百戸に対しても任命箚付が発給されたことが確認される。ここで注目すべきは、朝鮮初期の済州には土官制という特殊な地方支配が実施されていたという点である。土官制とは、在地の有力者や郷吏などを任官してその地の行政・軍事を管轄させるという特殊な地方制度であり、太祖・定宗・太宗代に、永興（前の和寧）・平壌や済州という、かつて元の直轄領化された地域に限って施行されていた[53]。したがって朝鮮初期においては、朝鮮と明に両属する女真人や、もと元の直轄地であり、その影響が色濃く残る済州の人々に特定の軍官職を授ける場合にのみ、任命箚付が限定的に用いられていたのではないかと思われる。

済州人に対する任命箚付の存在は、この史料18を除いて他に見出せないが、後には代わって「差帖」という文書が用いられるようになった。やや時代が下って世宗一三年（一四三一）五月の記事に、

史料19（『世宗実録』巻五二、一三年五月戊寅）

刑曹啓、済州前百戸金用吉、偽造本州印信、又署牧使・判官名、成百戸・千戸差帖及蠲減徭役文字、以与諸人、多受贈遺、按律当斬、従之、

とみえるように、済州の前百戸金用吉が印信を偽造し、地方官（牧使・判官）の名を署し、千戸・百戸の差帖を作りあげ、人々に与えたという事件が起こった。

差帖とは、官府・官僚が属下の人員を差定（差《えら》び定める）する際に用いる文書であり、朝鮮初期から末期まで連綿と存在した。その文書体式は、時期と発給主体によってまま変化がみられるが、冒頭句「某為差定（あるいは差任）事」と結句「合下仰照験施行、須至帖者」という文句はほぼ一貫している。時代はやや下るが、一例として朝鮮後期の差帖を掲げれば次のとおりである。

史料20　（「崔崙寿差帖」）

府尹為差定事、来二月初一日行
釈奠祭献官差定向《すべきこと》事、合下仰
照験施行、須至帖者、
　右下幼学崔崙寿、［准此］、
丁丑正月十九日
　　差定
帖　　（押）

写真1　「崔崙寿差帖」[54]

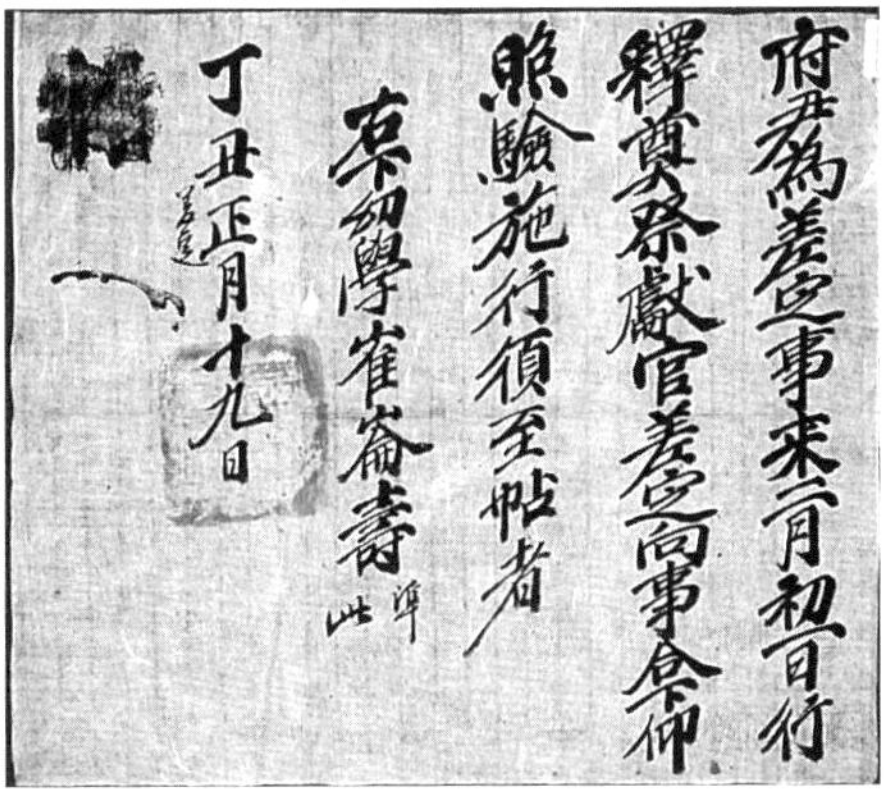

右の文書は、丁丑年（高宗一四、一八七七）[55]正月、某府の府尹が釈奠祭の献官に崔崙寿を任命した差帖である。研究の蓄積が少なく不明な部分も多いが、先行研究によれば、差帖は、中央・地方の官府・官僚が属下の官員を無禄官[56]や吏職・郷任に任ずる際などに用いられたと考えられている。[57]差帖について注目すべきことは、この文書はあくまで職務に任ずるものであり、階官を付与するものではなかったという点である。このような差帖の性格は任命箚付のそれと合致していることがわかる。[58]

史料19にみえる差帖は偽造されたものであるが、この当時、済州人を千戸・百戸に任ずる際に差帖を使用するという規定があったからこそ、文書が偽造されたに違いない。済州人を軍官に任命する文書は、世宗一三年（一四三一）五月までに、任命箚付から差帖へと移り変わったと考えられる。[59]右に述べたように、朝鮮建国後には、女真人や済州人を任ずる際に任命箚付が用いられたことが確認されるが、少なくとも世宗代までには任命箚付の発給が女真人の万戸に限定されるようになり、さらに成宗代にはそれもまた廃止されるにいたったのである。

朝鮮初期における任命箚付が高麗の制度を継受したという徴証はない。しかし、その発給対象が万戸・百戸など元制に由来する軍官に限られていた点、任命にあたって階官が付与されない点から考えれば、元制とそれを受容した高麗の制度を下敷きとし、朝鮮王朝の任命箚付が整備されたことは疑いないであろう。

五　おわりに

本章で取りあげた「金天富箚付」は、被任命者の金天富が他の史料にほとんどみえず、またあわせて載録された「金天富官教」が偽文書の可能性が高いため、なお慎重に取りあつかう必要がある。しかし「金天富箚付」は、体式・用法が元の任命箚付のそれと酷似する点、文書内容が高麗末期の歴史的事実と齟齬しない点、下級軍官（百戸）を任命する文書であり、祖先顕彰のため後世に偽造されたとは考えがたい点などから、偽文書である可能性は低いと判断される。元が多数の高麗人を授職し、その任命文書が高麗に流入していたことや、文面にみえるモンゴル特有の用語から推せば、「金天富箚付」の体式・用法は、元制の影響を受けて成立したものと思われる。

一四世紀末、朝鮮王朝が建国されて以後、任命箚付は、女真人や土官制の敷かれていた済州の人々を、万戸・百戸など、元制に由来する軍官職に任命する際に使用された。また女真人には、任命箚付とは別に官教が発給される場合があり、この官教と任命箚付の発給は、階官の付与をともなう授職であるか否かによって区別されていた。これらの事実から考えれば、明証はないが、朝鮮初期の任命箚付は高麗の制度を下敷きに整備された可能性が高いことを指摘し得る。

任命箚付は、任命に通常関与することのない機関（元帥府・議政府など）によって発給され、階官を付与しない任命に際して用いられていた。その点において、任命文書として一般に発給される官教や朝謝文書（のち奉教告身）とは、画然と区別される存在であったといえる(60)。

朝鮮時代における済州人に対する任命箚付は、世宗一三年（一四三一）五月までには差帖に取って代わられた。また、女真人に対する任命箚付も、成宗三年（一四七二）一〇月に廃止され、任命にあたっては、すべて官教を発給するよう改められた。これ以後、任命箚付による官職任命の事例を見出すことはできない。成宗代には、朝鮮王朝の基本法典『経国大典』の編纂が進められ、種々の制度改革が行われていた。いわゆる「大典体制」の形成期にあたるこの時期、任命箚付はその役割を終えたのである。

注

（1）本文書は、南権熙『高麗時代 記録文化 研究』（清州古印刷博物館、二〇〇二年）によってはじめて紹介されたが（四九六・四九七頁）、「形式的にみれば前例がなく、真偽の是非を検討しなければならない」とし、その内容の検討には踏み込まれていない。

（2）史料1Ⓑが高麗末期の歴史的事実に即して解釈できるため（後述）、至元五年（一二六八）ではなく、後至元五年（一三三九）とみなすのが妥当であろう。

（3）「嘉善大夫」は朝鮮太祖元年（一三九二）七月に文武散階が制定されたとき、従二品下の階官としてはじめて現れる名称である（『太祖実録』巻一、元年七月丁未）。また、「工曹典書」は高麗時代には存在せず（『高麗史』巻七六、志三〇、百官一、工曹）、朝鮮建国後の太祖元年にはじめて置かれている（『太祖実録』巻一、元年七月丁未）。高麗時代の墓誌銘中にも「嘉善大夫」「工曹典書」を見出すことはできない。

（4）朴竣鎬『예의 패턴――조선시대 문서 행정의 역사――』（笑臥堂、二〇〇九年）もまた、史料1Ⓐを偽文書と推定している（六〇・六一頁）。ただし、朴竣鎬は史料1Ⓑには言及していない。

（5）宮紀子「徽州文書新探――『新安忠烈廟神紀実』より――」（『東方学報』七七、二〇〇四年）二三五・二三七頁。

（6）史料引用は、宮紀子「徽州文書新探」（前掲）二三五頁所掲の録文による。

（7）史料3・4によって補う。

（8）『弘治休寧志』所載録文に「程」字なし。

（9）ただし、改行・空格・擡頭が原文書のとおりであったという保証はない。

（10）史料引用は、神田喜一郎「八思巴文字の新資料」（『神田喜一郎全集』三、同朋舎出版、一九八四年、初出は一九六九年）掲載写真による。

（11）松川節「大元ウルス命令文の書式」（『待兼山論叢』二九、一九九五年）三九・四〇頁。一方、皇族の命令文の書き出しには、「長生天気力裏、大福廕護助裏」（とこしえの天の力に、大威霊の輝きの加護に）といった定型句が用いられた。

（12）恭愍王一八年（一三六九）一一月、西北面における翼軍（後述）設置の際、「前軍」「後軍」という部隊が置かれている（『高麗史』巻八一、兵志一、兵制）。

（13）例えば、族譜に転載された「鄭仁卿功臣教書」（一二九二年頃発給）は発給年月を欠いているが、真文書として認められている。本文書については、盧明鎬ほか編『韓国古代中世古文書研究』上（서울大学校出版部、二〇〇〇年）二八～三一頁参照。

(14)『高麗史』巻五八、志一二、地理三、東界、和州、『新増東国輿地勝覧』巻四八、咸鏡道、永興大都護府、建置沿革。
(15)『高麗史』巻四一、恭愍王世家、一八年一一月庚午、同巻四三、恭愍王世家、二一年六月己亥。
(16) 諸元帥の印章が回収され、元帥制は廃止された（『高麗史』巻四五、恭譲王世家、二年一一月辛丑）。
(17) 河炫綱「高麗地方制度의 研究」（『韓国中世史研究』一潮閣、一九八八年）二三〇頁。
(18) 翼軍については、李載龒「朝鮮初期의 翼軍」（『朝鮮初期社会構造研究』一潮閣、一九八四年、初出は一九八二年）、李基白「高麗 末期의 翼軍」（『高麗貴族社会의 形成』一潮閣、一九九〇年、初出は一九六九年）、呉宗禄「高麗後期의 軍事 指揮体系」（『国史館論叢』二四、一九九一年）、同「朝鮮初期 両界의 翼軍体制와 国防」（水邨朴永錫教授華甲紀念論叢刊行委員会編『水邨朴永錫教授華甲紀念 韓国史学論叢』上、探求堂、一九九二年）、原田一良「高麗翼軍の成立——部隊単位『軍翼』への照明——」（『高麗史研究論集』新羅史研究会、二〇〇六年、初出は一九九四年）参照。
(19) 李載龒「朝鮮初期의 翼軍」（前掲）、呉宗禄「高麗後期의 軍事 指揮体系」（前掲）。
(20) 呉宗禄「高麗後期의 軍事 指揮体系」（前掲）二五二・二五三頁。
(21) 朝鮮太祖七年（一三九八）二月、東北面の端州・鏡城などの各翼軍に属する千戸・百戸・統主の員数が規定された（『太祖実録』巻一三、七年二月庚辰）。李載龒「朝鮮初期의 翼軍」（前掲）は、この翼軍の員数規定から咸興・永興（前の和寧）が除外されていることに着目し、これこそ太祖七年以前よりすでに咸興・永興に翼軍が存在した証左と捉え、高麗末期、東北面に咸鏡《ママ》道・和州道という軍目道（軍翼道）が設置されていたと推測する（一五八・一五九頁）。一方、呉宗禄「朝鮮初期 両界의 翼軍体制와 国防」（前掲）は、「東北面都宣撫巡察使鄭道伝が州府郡県の名を分定し、従事崔競を遣わして啓聞した。安辺以北・青州以南は、『永興道』と称し、端州以北・孔州以南は、『吉州道』と称し、東北面都巡問察理使にこれを統治させた……」（『太祖実録』巻一三、七年二月庚辰）という記事を根拠として、太祖七年二月、東北面にはじめて永興道・吉州道の二つの軍目道が定められたとする（六六六頁）。ただし、このときの軍目道分定は、高麗末期に存在した軍目道の再編成、あるいは名称の改定であったとも考えられるため、これを根拠に、東北面の軍目道の有無を論じることはできないと思われる。
(22) 呉宗禄「高麗後期의 軍事 指揮体系」（前掲）二五四・二五五頁。
(23)『高麗史』巻一三五、列伝四八、辛禑三、九年八月。
(24)『高麗史』巻一三六、列伝四九、辛禑四、一三年一一月。
(25)『高麗史』巻一三六、列伝四九、辛禑四、一二年二月。
(26) 韓沽劤「勲官『検校』考——그 淵源에서 起論하여 鮮初 整備過程에 미침——」（『震檀学報』二九・三〇、一九六六年）。
(27)『高麗史』巻七七、志三一、百官二、西班。なお百官志では、恭愍王代（一三五二～一三七四年）に将軍を護軍と改称したと伝えるが、『高麗史』を繙けば、恭愍王代以後も将軍と護軍の名称がしばしば混用されている。

(28) 内藤雋輔「高麗兵制管見」(『朝鮮史研究』東洋史研究会、一九六一年、初出は一九三四年)、崔根成「高麗 万戸府制에 관한 研究」(『関東史学』三、一九八八年)。

(29) 原田一良「高麗翼軍の成立」(前掲)五頁。閑良・地方品官・留郷品官については、千寛宇「麗末鮮初의 閑良」(『近世朝鮮史研究』一潮閣、一九七九年、初出は一九五六年)、浜中昇「麗末鮮初の閑良について」(『朝鮮学報』四二、一九六七年)、韓永愚「麗末鮮初 閑良과 그 地位」(『朝鮮前期社会経済研究』乙酉文化社、一九八三年、初出は一九六九年)、朴恩卿「高麗後期의 留郷品官勢力」(『高麗時代郷村社会研究』一潮閣、一九九六年、初出は一九八四年)、崔鍾沢「麗末鮮初 地方品官의 成長過程」(『学林』一五、一九九三年)、柳昌圭「고려후기 지방세력의 역학구조——在地品官과 郷吏層을 중심으로——」(『国史館論叢』一〇一、二〇〇三年)参照。

(30) 同譜につづいて編纂された、一九二九年刊の『金寧金氏世譜』(国立中央図書館蔵、請求記号 한古朝58-가5-195)と、一九三一年刊の『金寧金氏派譜』(同、請求記号 한古朝58-5-247)も同様の史料を収録している。

(31) 発給年を干支で表記した官教は、いずれも朝鮮後期のものであり、清の年号を避けるために使用されていた。柳池栄「조선시대 임명관련 教旨의 문서형식」(『古文書研究』三〇、二〇〇七年)一〇三〜一〇六頁参照。

(32) 史料引用は、『影印標点 韓国文集叢刊』二七一(民族文化推進会、二〇〇一年)所収の高麗大学校中央図書館蔵本(一九三九年刊)による。

(33) 国立中央図書館、および富川族譜図書館における調査による。例えば、崇禎紀元後三丙戌年(英祖四二、一七六六)跋の『金海金氏族譜』(国立中央図書館蔵、請求記号 古2518-10-855)系譜では、「天益」「都承旨」という記録のみある。

(34) 崇禎紀元後四庚申年(哲宗一一、一八六〇)跋の『金海金氏世族譜』(国立中央図書館蔵、請求記号 古2518-10-881)系譜に、「初名天富」という記録がはじめてみえる。

(35) 宮紀子「徽州文書新探」(前掲)二三七頁。

(36) 高雄義堅「元代に於ける僧尼管属僧官並に度牒の研究」(『仏教学論纂(龍谷大学紀要一)』一九四四年)、竺沙雅章「元代華北の華厳宗——行育とその後継者たち——」(『宋元仏教文化史研究』汲古書院、二〇〇〇年、初出は一九九七年)、野口善敬「元代江南における住持任命権者の変遷」(『元代禅宗史研究』禅文化研究所、二〇〇五年、初出は二〇〇三年)。

(37) 高橋文治「張留孫の登場前後」(『モンゴル時代道教文書の研究』汲古書院、二〇一一年、初出は一九九七年)二四六頁。

(38) 史料4の表題には「牒」とみえるが、文書の形式は明らかに劄付である。

(39) 「右文散官四十二階、由一品至五品為宣授、六品至九品為勅授、勅授則中書署牒、宣授則以制命之」(『元史』巻九一、志四一上、百官七、文散官)。

(40)『済美録』巻一、建立鄭令君廟榜では、「……遂以鄭公知県事、招諭百姓、復業撫字、有方視民如子、三年大治、祇受勅牒、従仕郎、仍歙県尹」とあり、「勅牒」が授与されたと明記している。

(41) 本書第二章注(25)参照。

(42)「〔至元〕二十九年、以征東行中書省箚付充耽羅指揮使」(『東文選』巻一〇一、星主高氏家伝)。なお、高仁坦は、忠烈王二〇年(一二九四)一一月の記事にみえる耽羅星主「高仁旦」と同一人物であろう(『高麗史』巻三一、忠烈王世家、二〇年一一月庚戌)。

(43) 征東行省については、北村秀人「高麗に於ける征東行省について」(『朝鮮学報』三二、一九六四年)、張東翼「征東行省의 置廢와 그 運営 実態」(『高麗後期外交史研究』一潮閣、一九九四年)参照。

(44) 丁明夷「霊石県発現的宋代抗金文件」(『文物』一九一、一九七二年)。

(45)『金史』巻五三、志三四、選挙三、右職吏員雑選、同巻五五、志三六、百官一、尚書省、六部、礼部。

(46) 大庭脩「豊臣秀吉を日本国王に封ずる誥命」(『古代中世における日中関係史の研究』同朋舎出版、一九九六年、初出は一九七一年)。

(47) 河内良弘「女真人の朝鮮上京について」(『明代女真史の研究』同朋舎出版、一九九二年、初出は一九八三年)、韓成周「조선 초기 受職女真人 연구――세종대를 중심으로――」(『朝鮮時代史学報』三六、二〇〇六年)。

(48) なお、この朝鮮初期の任命箚付は、前述した明末の任命箚付と文書体式が相違する。

(49)『世宗実録』巻八四、二一年正月丙午。

(50) 五品以下の官職を与える場合は、朝謝文書(のち奉教告身)を発給したと考えられる。

(51) 河内良弘「朝鮮世祖の字小主義とその挫折」(『明代女真史の研究』前掲、初出は一九七四年)。

(52) 女真人を階官の付与をともなわない万戸や千戸に任命する際、「中枢院牒」という文書が発給される場合があった(『太祖実録』巻三、二年五月辛酉、同巻六、三年一二月己卯、同巻一三、七年正月壬申)。中枢院牒の存在は『太祖実録』の三例を除いて他に見出せず、建国直後の太祖代に限って使用されたようである。この文書が任命箚付といかなる関係にあるか未詳である。

(53) 吉田光男「一五世紀朝鮮の土官制――李朝初期地方支配体制の一断面――」(『朝鮮史研究会論文集』一八、一九八一年)、李載龒「朝鮮初期의 土官」(『朝鮮初期社会構造研究』前掲、初出は一九六六年)。

(54) 写真引用は、왕실도서관 장서각 디지털 아카이브(http://yoksa.aks.ac.kr/main.jsp)掲載写真による。

(55) 年代比定は、왕실도서관 장서각 디지털 아카이브(前掲)による。

(56) 無禄官とは、その名のとおり禄を受けることのない官職であり、初入仕（新任）の場合、また守令が職務怠慢によって左遷された場合、さらに一時離職していた者が復職する場合に任命された。無禄官は一般の官職に比して様々な面で差別待遇を受けていた。朴洪甲「朝鮮前期의 無禄官」（『嶠南史学』二、一九八六年）参照。

(57) 宋哲鎬「조선 시대 差帖에 관한 연구――一七세기 이후의 口伝에 관한 差帖을 중심으로――」（『古文書研究』三五、二〇〇九年）。

(58) 任命箚付や差帖が有する性格の共通点については、本章初出後に発表した川西裕也「高麗・朝鮮의 非告身 임명문서에 대한 고찰」（『蔵書閣』二七、二〇一二年）でやや詳しく論じている。

(59) なお、文宗元年（一四五一）二月には、済州の千戸・百戸の任命権は兵曹に回収され、他地域の土官同様に兵曹から差定されるようになったため（『文宗実録』巻九、元年八月壬辰）、これ以後、兵曹から千戸・百戸を任命する文書が発給され、守令の下す差帖は廃止されたものと思われる。

(60) 高麗事元期発給の「申祐官教」「金子松官教」（本書第二章参照）、朝鮮初期発給の「金宗直官教」「李崇元官教」「金直孫官教」（本書第三章の表1⑧・⑫・⑬・⑯・⑱・㉔）などは、官教であるにもかかわらず階官を付与していないが、その理由はなぜであろうか。このうち朝鮮初期発給の官教は兼職を任ずるものであり、その場合には階官を付与する官教が別途に支給されたためと考えられる（例えば、表1⑮と⑯は同時期に発給されているが、前者は階官・官職を、後者は兼職を付与したものである）。また、事元以後の高麗では、官教が特別な場合に限って発給されたため、「申祐官教」「金子松官教」においては階官を付与していないのではないかと思われる。

第五章　朝鮮初期における文武官妻封爵の規定と封爵文書体式の変遷

一　はじめに

朝鮮時代、文武官僚は、正一品から従九品にいたる官品体系のうちに序列化されたが、官僚の妻もまた、夫の品階の高低にしたがって封爵がなされ、爵号が与えられていた。官僚の妻は、封爵をつうじて朝鮮王朝の秩序体系に組みこまれていたといえよう。

文武官妻を封爵する際に発給されたものが封爵文書であるが、この文武官妻封爵文書については、これまで考察の対象とされてこなかった[1]（以下、単に封爵文書といった場合、文武官妻の封爵文書を指すことにする）。

後述のように、『経国大典』文武官妻告身式に規定された封爵文書の体式は、官教および奉教告身のそれとほとんど同一であり、封爵文書と任命文書との差異は見出せないかのようにみえる。そのため、封爵文書を任命文書と同一視して議論を展開する研究もあった（本書第二章参照）。しかし、朝鮮建国から間もない時期に発給された封爵文書をみてみると、『経国大典』のものとはまったく異なっていることがわかる。それでは、朝鮮初期において、封爵文書はいついかなる経緯をへて、任命文書と同一の体式を有することになったのであろうか。封爵文書の実態の解明は、朝鮮時代の任命文書をより厳密かつ包括的に理解することにつながるであろう。

そこで本章では、文武官妻の封爵文書に関する基礎的研究として、その体式について考察を進めることにした。封爵文書の体式は『経国大典』に規定されており、これが朝鮮末期まで継承された。しかし、朝鮮王朝の建国から『経国大典』成立にいたるまでの過程において、封爵文書の体式には明らかな変化が認められる。それがいかなる変遷をつうじて、『経国大典』文武官妻告身式として確立するにいたったのかを追究したい。

ところで、封爵文書のみならず、文武官妻の封爵の制度を取りあげた専論もほぼ皆無に近く[2]、等閑視されているのが現状である。そのため本章ではまず、封爵の資格や爵号といった文武官妻封爵の規定が、高麗最末期から朝鮮建国初期の変容をへて、『経国大典』に結実するまでの過程を追跡することにした。文武官妻封爵の規定に関する基礎的考察は、封爵文書を考察するにあたって必須の前提条件であると考える。ひいては、今後、朝鮮王朝における支配階層の女性の位置づけを法制的側面から解明する際、ひとつの手がかりとなることが期待される。

二　『経国大典』文武官妻封爵の規定と封爵文書の体式

はじめに、『経国大典』にみえる、文武官妻封爵に関する規定と封爵文書の体式について確認しておこう。『経国大典』外命婦条には次のようにある。

史料1　（『経国大典』巻一、吏典、外命婦）

封爵従夫職［庶孽及再嫁者勿封、改嫁者追奪、○王妃母・世子女、及宗親二品以上妻、並用邑号］、

外命婦とは、大殿（王）の乳母・王妃の母・王女・王世子の女・宗親（王族）の妻、そして文武官の妻のうち、封爵された者を指す言葉である。(3) 史料1のうち、文武官妻に関する規定をみれば、封爵は夫の職にしたがい、庶孽（庶子）および再婚した者には封爵を許さず、再婚した者は封爵を剝奪するという。

封爵された文武官妻には、夫の品階の高低にしたがって爵号が与えられた。『経国大典』外命婦条には、夫の品階とそれに対応する爵号が逐一記載されている。これをまとめれば、表1のとおりである。

表1　『経国大典』の文武官妻の爵号

品階		爵号
正・従一品		貞敬夫人
正・従二品		貞夫人
正三品	堂上官	淑夫人
	堂下官	淑人
従三品		
正・従四品		令人
正・従五品		恭人
正・従六品		宜人
正・従七品		安人
正・従八品		端人
正・従九品		孺人

封爵の証明として発給されたものが封爵文書である。封爵文書は、朝鮮時代において、「爵牒」[4]「告身」[5]「夫人之牒」[6]「某爵貼」[7]などと称されていたが、堂上官（正三品上以上）の妻と堂下官（正三品下以下）の妻とで、その体式は大きく異なっている。『経国大典』成立後、封爵文書は、次の堂上官妻告身式・三品以下妻告身式にもとづいて作成された。

史料2（『経国大典』巻三、礼典、堂上官妻告身式）

教旨、

具官某妻某氏為某夫人者、

年　［宝］　月　日

史料3（『経国大典』巻三、礼典、三品以下妻告身式）

吏曹奉

教、具官某妻某氏為某人者、

年　［印］　月　日

判書臣某　参判臣某　参議臣某

正郎臣某　佐郎臣某

堂上官妻告身式（史料2）は、王命を意味する頭辞「教旨」にはじまり、某職を帯びた某人の妻某氏を「某夫人」（貞敬夫人・貞夫人・淑夫人）に封じることが表示され、末尾に年月日が記されて「宝」（「施命之宝」）が捺される。

また三品以下妻告身式（史料3）は、吏曹が「教」（王命）を奉じ、官僚某人の妻某氏を「某人」（淑人・令人など）に封じることが表示される。ついで年月日が記されて「印」（「吏曹之印」）が捺され、末尾に吏曹所属の官員（判書・参判・参議・正郎・佐郎）の署名が並ぶ。

このように、堂上官妻告身式（史料2）と三品以下妻告身式（史料3）の体式は、それぞれ官教と奉教告身のそれとほとんど合致していることが確認される。

三　高麗最末期における文武官妻封爵の規定と封爵文書

本節では、朝鮮初期の文武官妻封爵の規定を考察するのに先立ち、まずはそれに強い影響を与えたと考えられる、高麗最末期の文武官妻封爵の規定についてみておきたい。というのも、建国初期における朝鮮王朝の諸制度は、基本的に高麗最末期のものを踏襲しつつ、徐々に整えられていったためである。

高麗における妻封爵の規定に関しては、『高麗史』巻七五、志二九、選挙三、封贈之制に、成宗代（一〇世紀末）から年代を追って記録されている。しかし同条では、「某品官以上の妻の封爵を許す」と簡単に記される場合がほとんどであり、封爵の実態について詳細な点を明らかにしがたい。高麗の全時期にわたる妻封爵に関する研究は今後の課題である。

ただ、王朝滅亡を一年後に控えた恭譲王三年（一三九一）八月には、妻封爵の規定が再整備されており、その内容が比較的詳細に記されている（引用史料中の数字および破線は筆者による。以下同）。

史料4（『高麗史』巻七五、志二九、選挙三、銓注、封贈之制）

〔恭譲王三年八月〕都評議使司上言、自古、天子之配為后、諸侯之配為妃、天子之女、謂之公主、諸侯之女、謂之翁主、上下之礼、不可紊乱、所以定名分、而別尊卑也、①我国家、近代以来、紀綱陵夷、不循礼制、后妃・翁主・宅主之称、或出時君之所欲、或因権勢之私情、皆失其義、至於臣僚妻室之封・祖宗之贈、皆無定制、願自今、②定以王之正配称妃、冊授金印、世子正配称嬪、冊授銀印、衆王子正配称翁主、王女称宮主、並下批銀印、王之有服同姓姉妹・姪女、及同姓諸君正妻称翁主、③文武一品正妻、封小国夫人、二品正妻、封大郡夫人、三品正妻、封中郡夫人、母並大夫人、四品正妻、封郡君、母郡大君、五・六品正妻、封県君、母県大君、三子登科之母、無職人妻特封県君、歳賜如旧、有職人妻加二等、④凡婦人、須自室女為人正妻者得封、父無官嫡母無子、而次妻之子有官者、許封嫡母、其次妻雖不得因夫受封、所生之子有官者、当従母以子貴之例、受封県君、已上命婦夫亡改嫁者、追奪封爵、⑤三十歳前守寡、至六十歳不失節者、勿論存没、旌門復戸、⑥士大夫追贈祖考、二品以上、贈三代、父准子職、祖・曾祖逓降、妣並同、三品、贈二代、四品至六品、贈考妣、⑦並吏曹受判給牒、従之、

史料4の内容は、おおむね次のように整理される。

高麗最末期には綱紀が衰頽し、本来、身分に応じて厳正に用いるべき「后妃」「翁主」「宅主」といった称号が濫発され、臣僚妻の封爵や祖宗追贈の制度は大いに乱れていた（破線部①）。こうした礼制の乱れを匡正しようとする意図のもと、以下の規定が定められた。

まず破線部②では、王の正配（正妻）、王世子の正配、衆王子（王世子以外の王子）の正配、王女、王の姉妹・姪、同姓諸君妻の封爵規定が定められている。王の妻は「妃」と称して「冊授」して金印を賜い[8]、王世子の妻は「嬪」

と称して「冊授」して銀印を賜う。また、衆王子の妻は「翁主」と称し、王女は「宮主」と称し、「下批」して銀印を賜う。王の姉妹・姪、および同姓諸君妻は「翁主」と称するという。

ここにいう「冊授」「下批」とは、何を指すのであろうか。「冊授」とは文字どおり「冊もて授く」、すなわち冊書によって封爵を行うことと理解される。冊書とは、先王・先妃に諡号を贈ったり（諡冊）、王・王妃の死を哀悼したり（哀冊）、王妃・王太子・公主・宮主などを冊封する際に用いられた文書であり、玉や竹などで作られていた。[9] また「下批」は、高麗事元期より朝鮮初期にかけ、参上官（おおよそ六品以上）を任命するに際して用いられた王命形式であることは、すでに指摘したとおりである。

破線部③には、文武官妻と母の封号に関する記載がみえる。文武官妻について、一品妻を「小国夫人」、二品妻を「大郡夫人」、三品妻を「中郡夫人」、四品妻を「郡君」、五・六品妻を「県君」に封じるよう定めている。これを整理すれば表2のようになる。

表2　高麗最末期の文武官妻の爵号

品階	爵号
一品	小国夫人
二品	大郡夫人
三品	中郡夫人
四品	郡君
五・六品	県君

破線部④は妻封爵に対する細部規定である。まず、室女（未婚者）として嫁いだ者のみ封爵を受けることができ、夫が死亡して再婚した者は封爵を追奪するとある。すなわち、再婚者は封爵の対象から除外されていたことがわかる。また、封爵は基本的に正妻に限られており、「次妻」は封爵されず、その実子が官を得た場合のみ、封爵が許されたという。ここにみえる「次妻」については、他の史料にほとんど現れず、その実態は明らかでない。ただ、中国において「次妻」とは、正妻より下位に位置する存在であったと推定されており[10]、また高麗末期から朝鮮初期にかけて、複数の妻をめとる官僚が増加し、社会問題化していたことから考えれば[11]、正妻以外の妻を指すと思われる。

破線部⑤・⑥は、それぞれ守節寡婦（再婚しない寡婦）の顕彰、官僚の祖考追贈に関する規定である。

史料4末尾の破線部⑦には、「並吏曹受判給牒」という一文がみえる。これは「すべて吏曹が『判』を受けて『牒』を発給する」と解釈される。「判」は王命の一種であるが、とくに人事に即していえば、「下批」と対になる語であった。先に述べたように、官僚の任命において、参上官を任命する形式が「下批」であるが、この「下批」に対し、参外官（おおよそ七品以下）を叙任する際に用いる形式を「判」という。「下批」は王の直接命令を、「判」は人事案に対する王の裁可を意味した。すなわち「下批」「判」という語は、いずれも任命の形式を意味し、受給者の位階の高低にしたがって、「下批」／「判」と段階的に使い分けられていたのである。

さて、史料4では、妃・嬪は「冊授」、翁主（衆王子妻）・宮主は「下批」によって封爵されている。他方、翁主（王の姉妹・姪、同姓諸君妻）・文武官妻については、一見、封爵の形式に対する言及がないようにみえるが、妻封爵に関する規定を述べる文章の内容構成上、この点はやや不自然である。ただ、先に述べた文武官任命における「下批」／「判」の用法から類推すれば、「冊授」の形式による妃・嬪、「下批」の形式による翁主（衆王子妻）・宮主よりも下位の序列に位置する翁主（王の姉妹・姪、同姓諸君妻）・文武官妻は、「判」の形式によって封爵されたと想定することができよう（図1）。ここで注目されるのが、破線部⑦「並吏曹受判給牒」である。この一文は、直前の祖考追贈（破線部⑥）のみならず、さらに遡って、翁主（王の姉妹・姪、同姓諸君妻）・文武官妻の封爵の箇所にまでかかり、その封爵の対象・形式と、発給される文書について言及しているとみてよい。

図1　高麗最末期の妻封爵の形式

妃 嬪	―　冊授
翁主（衆王子妻） 宮主	―　下批
翁主（王の姉妹・姪、同姓諸君妻） 文武官妻	―　判

それでは、右の各封爵形式において、実際にいかなる封爵文書が発給されたのであろうか。

まず「冊授」は、先にも触れたとおり、竹や玉などで作られた冊書が発給されたと思われる。

「下批」の場合、高麗事元期より末期にかけ、「下批」によって発給された朝謝文書の存在が確認されるが（本書序章・第一章参照）、この体式が封爵文書にも適用されていたとは断定しがたい。ただ朝鮮初期には、「下批」であれば、官教の体式をもつ封爵文書（史料2）を発給したと推定されるため（後述）、朝鮮初期の制度との類似点が多く見出せる高麗最末期においても、官教の体式の封爵文書が使用された可能性を指摘し得る。ただし、その存在を立証する明徴はなく、あくまで推測にとどまる。

「判」によって封爵する際には、「吏曹受判給牒」という記述を考えれば、牒式文書が発給されたと推定される。もちろん「牒」は公文書一般を意味し得るため、「牒」という記述から、ただちに牒式文書であったと断ずることは危険をともなう。ただ朝鮮初期において、「判」による封爵の際に牒式文書が発給されていたことから推せば（後述）、高麗最末期においても同様に牒式文書であった可能性が想定される。

四　朝鮮初期における文武官妻封爵規定の変遷

本節では、朝鮮建国後において、高麗最末期の文武官妻封爵の規定がいかに変遷していったのかを追跡したい。

（一）太祖五年五月――建国直後の規定――

朝鮮王朝が建てられて以後の数年間、文武官妻封爵の規定は、おそらく恭譲王三年（一三九一）八月の規定（史料4）に多く依拠していたと考えられるが、詳細はよくわからない。太祖五年（一三九六）五月には、妻封爵の規定が次のように整備された。

史料5（『太祖実録』巻九、五年五月丙子）

吏曹請顕祖宗重配匹、……、一、各品正妻、一品郡夫人、二品県夫人、正三品成均大司成以上淑人、三品令人、四品恭人、五品冝《（宜）》人、六品安人、参外孺人、令主掌吏曹奉教給牒、如因夫及子之功、特恩封爵者、不在此限、一、凡婦人受封者、須是室女為人正妻者得封、雖係正妻、原非室女者、不許封爵、止許称某官某妻某氏、

其世係有咎明白者、雖正妻、不許封爵、無封爵明文、而擅称者、痛行理罪、夫亡改嫁者、追奪封爵、

各品の妻について、一品は「郡夫人」、二品は「県夫人」、正三品の成均大司成以上は「淑人」、三品は「令人」、四品は「恭人」、五品は「宜人」、六品は「安人」、参外官（七品以下）は「孺人」に封じる。また、夫あるいは子が功臣となれば特恩によって封爵するが、この場合は特例措置が取られたという（おそらく規定よりも高い封爵が行われたのであろう）[12]。新しい爵号とそれに対応する品階をまとめれば、表3のとおりである。

表3　太祖五年五月の文武官妻の爵号

品階	爵号
一品	郡夫人
二品	県夫人
正三品の成均大司成以上	淑人
三品	令人
四品	恭人
五品	宜人
六品	安人
参外官（七品以下）	孺人

封爵文書は、吏曹が王命を奉じて「給牒」した。この「給牒」とは、高麗最末期の「受判給牒」と同様に、「判」

を受けて牒式文書を発給することと考えられる（この点については第五節第一項で詳述）。

さて、史料5の規定には、封爵対象者の資格に関して次のようにみえる。室女（未婚者）として正妻となった者のみ封爵を受けることができる。正妻であっても、室女でない者、すなわち再婚者は封爵を許さず、ただ「某官某妻某氏」と称することを許すにとどめる。その世係（血筋）に罪がある者は、正妻といえども封爵を許さず、封爵の明文なく僭称する者は厳しく処罰する。夫が死亡して再婚した者は封爵を追奪するという。

恭譲王三年（一三九一）八月の規定（史料4）と比較すれば、この太祖五年（一三九六）五月の規定には、再婚者の封爵禁止や封爵文書の発給方式など、高麗最末期のそれを継承した部分もみえる。しかし、六品以上のみならず、参外官の妻にまで封爵を許し、その爵号が一新された、という二点は大きな変更点である。高麗最末期には六品までが妻封爵の対象範囲であったが、ここにいたって参外官まで封爵が許され、封爵範囲が大幅に拡大されたのである。こうした封爵範囲の拡大が何を目的として行われたのか詳らかでないが、王朝内における文武官妻の法制的位置づけを考察する上で注目すべき事実であろう。

（二）太宗一七年九月——爵号の改称——

右に挙げた建国直後の規定は、太宗一七年（一四一七）九月、若干の調整が加えられた。

史料6（『太宗実録』巻三四、一七年九月甲子）

定命婦封爵之式、吏曹啓曰、宗室正一品大匡輔国大君妻、三韓国大夫人、輔国府院君妻、某韓国大夫人、従一品崇禄諸君妻、某韓国夫人、正二品正憲諸君・従二品嘉靖諸君妻、二字号宅主、正三品通政元尹・従三品中直正尹妻、慎人、正四品奉正副元尹・従四品朝散副正尹妻、恵人、功臣正一品左右議政府院君妻、某韓国大夫人、諸府院君妻、某韓国夫人、従一品及正従二品諸君妻、二字号宅主、已上皆下批、文武正従一品妻、在前郡夫人、改貞淑夫人、文武正従二品妻、在前県夫人、改貞夫人、已上、吏曹依前例僉議給牒、従之、

このとき、文武官の正従一品妻の爵号「郡夫人」が「貞淑夫人」と、また正従二品妻の爵号「県夫人」が「貞夫人」と改称された。

また封爵文書の発給は、吏曹が前例のとおり「僉議給牒」するという。「僉議」とは合議の意であるが、ここではとくに、吏曹による封爵可否の合議を意味すると思われる。なぜならば、次の史料にみるように、文武官妻の封爵には吏曹による資格審査が必要とされたためである。

史料7（『太宗実録』巻二一、一一年四月甲辰）

罷吏曹正郎申檣・佐郎柳渼職、司憲府啓、檣与渼、以監察辛鴻生・李師伯之謝、経日方始署出、劾問其由、則答以、鴻生・師伯等謝、不即署出、皆以円議不順故也、本府又劾問檣等以、二人円議不順、以何縁故、吏曹出謝之際、論議痕咎、古例有無与夫、以文選之官、敢将有痕咎人員、不曾啓聞、直除監察之由、則答以、本曹凡遇婦人封爵・初入仕・新来従仕・父母田地逓受、乃至籍各品政案、分別人品、点以朱黒、一皆円議、何独於朝謝、不分人品也哉、臣等窃謂、檣・渼、以文選司、専掌銓注、苟有痕咎、除授之際、啓聞駁正、是其任也、既不如此、乃於署経台諫之後、援引各品政案・婦人封爵等例、擅自立法、托以円議不順、累経斉座、不肯署出、右員等罪、伏取上裁、故有是命、

史料8（『世宗実録』巻三九、一〇年三月丙午）

吏曹拠卒摠制洪敷妻尼朴氏状告啓、婦人爵牒、例考門系成給、憲府嘗推朴氏母失行真偽、而事在赦前、未畢推

明、請待朴氏更訴憲府弁明、然後成給、従之、

前者は、太宗一一年（一四一一）四月の記事である。それによれば、婦人封爵の際、政案（官職履歴文書）に記録して人品を分別し、朱点と黒点を打って合議し、その可否を論じたという。後者の世宗一〇年（一四二八）三月の記事では、婦人の「爵牒」は、つねに門系（血筋）を調査してから発給するとみえる。

このように、「僉議給牒」の「僉議」とは、封爵の可否の合議という、封爵に際しての必要な手続き事項を意味するものであった。

（三）世宗一二年四月――封爵形式の変化――

世宗一二年（一四三〇）四月、当時、諸々の制度改革を担っていた儀礼詳定所によって、妻封爵の規定に対する改革案が提起された。

史料9（『世宗実録』巻四八、一二年四月辛巳）

詳定所啓、大小命婦封爵、正従一品嫡妻、称某郡夫人、二品妻、称某県夫人、三品以下妻、仍旧、但二品以上妻、同於三品以下妻、吏曹給牒未便、自今、吏曹僉議以啓下批、若其守信嫡妻、因子職封爵者、加大字、従之、

「大小命婦」の封爵について、正従一品妻は「某郡夫人」と称し、二品妻は「某県夫人」と称し、三品以下妻は旧例による。ただ、二品以上妻については、吏曹が給牒することは不適当であるため、今後、吏曹が合議して王に啓し、「下批」するようにした。もし守信（貞節を守って再婚しないこと）の嫡妻（正妻）で、子の職によって封爵

される者には、「大」字を加えることにしたという。[13]

ここで問題となるのは、「大小命婦」の範疇に文武官妻が含まれるか否かという点であろう。なぜならば、先に史料6でみたように、太宗一七年（一四一七）九月、文武官の正従一・二品妻の爵号「郡夫人」「県夫人」は、すでに新たな爵号（貞淑夫人・貞夫人）に改称されているからである。とすれば、世宗一二年（一四三〇）四月に、一度は消滅した「郡夫人」「県夫人」という文武官妻の爵号が復活したのであろうか。一見すると不審であるが、この疑問は次に掲げる記事によって氷解する。

史料10（『世宗実録』巻五五、一四年正月丙子）

以璵為広平大君、安孟聃延昌君、茂生元尹、欣副元尹、碩副正尹、洪禑摠制、李尚興同知摠制、金孝貞集賢殿副提学、権繕右司諫、李思倹判義州牧事、①前此、宗室大君之妻、称三韓国大夫人、府院君・諸君及功臣議政府院君之妻、皆称某韓国大夫人、然人臣之妻、称国未便、②曾命詳定所考古制議啓、③宗室命婦、正一品之妻、称某府夫人、用都護府以上官号、従一品之妻、称某郡夫人、正従二品之妻、称某県夫人、正従三・四品之妻、依旧称慎人・恵人、功臣命婦、正従一品之妻、称某郡夫人、正従二品之妻、称某県夫人、④文武各品之妻仍旧、⑤但二品以上之妻、例従三品以下之妻、吏曹給牒未便、吏曹僉議署合、啓聞下批、⑥且上項宗室・功臣・文武二品以上守信嫡母、依古制、因子之職加爵者、加大字、⑦其命婦之爵、則至是改下、

これは、史料9より二年後の世宗一四年（一四三二）正月、李璵・権繕らに対する叙任に関する記事であるが、ここに以下のような記述がみえる。

これより以前、大君（嫡出の王子）の妻は「三韓国大夫人」と称し、宗親（王族）の府院君・諸君、および功臣・議政の府院君の妻は、みな「某韓国大夫人」と称していたが、臣僚の妻が「国」を称するのは不適当なことであった

（破線部①）。そこで、かつて儀礼詳定所に命じて古制を調査させ、改革案を提言させたことがあるという（破線部②）。

儀礼詳定所の案の内容は次のとおりである。宗親の命婦について、正一品妻は「某府夫人」と称し、その府名に都護府以上の官号を用い、従一品妻は「某郡夫人」、正従二品妻は「某県夫人」と称し、正従三・四品妻は、旧例によってそれぞれ「慎人」「恵人」と称する。功臣の命婦については、正従一品妻は「某郡夫人」と称し、正従二品妻は「某県夫人」と称する（破線部③）。また、文武各品妻は旧例による（破線部④）。ただし、二品以上妻に対して封爵文書を発給する際、三品以下妻と同様に吏曹が担当するのは適当でないため、吏曹が合議して署合（合同で署名すること）し、王に啓聞して「下批」するように改める（破線部⑤）。かつ、宗親・功臣、および文武二品以上の守信嫡母は、古制にのっとり、子の職によって爵を与える場合には「大」字を加える（破線部⑥）。

この改革案の内容と世宗一二年（一四三〇）四月の記事（史料9）とを照合すれば、（一）儀礼詳定所が提言している、（二）二品以上妻を封爵する際、吏曹が合議して王に啓して「下批」する、（三）守信正妻（嫡母）で子の職によって封爵される者には「大」字を加える、という諸点がそれぞれ合致している。ここから、史料10破線部②以下にみえる、儀礼詳定所によって提起された改革案とは、まさしく史料9に記された儀礼詳定所の啓の内容を指すと推測される。したがって、史料9における「郡夫人」「県夫人」への改称とは、文武官妻ではなく、宗親・功臣妻の爵号の改称であったと断じてよい。

また、史料10末尾の破線部⑦「其命婦之爵、則至是改下」に注目すれば、封爵規定の改定は、世宗一二年（一四三〇）四月に決定されたが実行に移されず、同一四年（一四三二）正月にはじめて施行されたと思われる。

なお、史料10には重要な記述がみえる。先に述べたとおり、従来、文武官妻に対する封爵文書は、吏曹が合議して「〔受判〕給牒」していた。ところが、この世宗一四年（一四三二）正月の改定では、文武官二品以上妻に対し、吏曹が合議・署合し、王に啓して「下批」するよう変化している。[14] すなわち、二品以上／三品以下において、封爵の形式（下批／判）が相違するようになったのである（図2）。この改定は封爵文書の体式に対しても変化を惹起したと推定されるが、この点については次節で改めて検討することにしたい。

図2　世宗一四年正月の封爵形式の変化

二品以上妻	―	下批
三品以下妻	―	判

（四）世宗二一年閏二月――一品妻爵号の改称――

世宗二一年（一四三九）閏二月には、文武官の一品妻の爵号が改称された。

史料11（『世宗実録』巻八四、二一年閏二月庚辰）

議政府拠吏曹呈啓、文武一品之妻、依続六典、以貞淑夫人封爵、今更参考、与貞淑王后廟諱相同、実為未便、請自今一品正妻爵号、改称貞敬夫人、已封者亦追改、従之、

一品妻の爵号「貞淑夫人」が、翼祖（太祖の曾祖父）妃の貞淑王后の廟諱と同一であることが問題視され、これを「貞敬夫人」と改称している。

（五）『経国大典』外命婦条成立まで

以後、『経国大典』成立にいたるまで、文武官妻の封爵規定に関する記事は見出せない。ただ、『経国大典』外命

婦条（史料1）では、「庶孽及再嫁者勿封」として、庶子封爵の禁止が明言されている一方、高麗最末期（史料4）および太祖五年（一三九六）五月の規定（史料5）では、再婚者の封爵を禁止するのみで、庶子封爵をとくに禁じていないことが注目される。

この点に関しては、太宗代以後に強まる庶子差待（差別待遇）が要因となったと考えられる。李芳遠（太宗）は、庶子であった異腹兄弟の李芳碩・李芳蕃を殺害し（第一次王子の乱）、同腹の兄李芳幹の反乱を鎮圧した後（第二次王子の乱）、嫡子を持たない定宗から譲位された。そして即位後には、みずからの王位を正当化するため、嫡庶の分を明確化し、庶子が顕官に就くことを禁じるなど、庶子に対する締めつけを強化していった[15]。またこの頃、朱子学的倫理観を信奉する官僚層により、一夫一妻制が強力に推進され、庶子の立場はさらに弱化していく[16]。明確な年次はわからないが、太宗代以後のある時期、庶子封爵の禁止が法制化されたのであろう。

また、文武官妻の爵号について、韓忠熙は、

……一四四三年（世宗二五）頃に、次のように、正三品淑人が正三品堂上階の淑夫人と正三品堂下・従三品階に調整され、三品～参外階が四～七品と九品階に降格、また八品に端人が新置され、定立したと推測される。……（中略部分に爵号の変化が図示されているが、紙幅の都合上省略した―引用者注）……この世宗二三[五]年頃の制度がそのまま継承され、『経国大典』の編纂とともに法制化された[17]。

として、世宗二五年（一四四三）頃、爵号に大幅な改変が加えられ、それが『経国大典』に引き継がれたと論じる。この年を前後して、宗親階・儀賓階・雑職階が相継いで新設されているが[18]、韓忠熙はおそらく、こうした一連の階官整備の過程で、文武官妻爵号の改定も行われたと推定しているのではないかと思われる。しかしその根拠は

明示されておらず、にわかには賛同しがたい。ただ、次の二事例から、旧来の爵号が使用された時期の上限を推定することはできる。

史料12（『世宗実録』巻六八、一七年六月乙卯）

上又議於政府・六曹曰、乳母官爵、議已定矣、独中宮乳母無古制、肆不擬議、然此豈無功乎、宜加官爵、但宮内之官、宮妾得拝四品之秩、其外雑類、皆除五品以下之官、故乳母之官、不可以此而除拝、依臣僚四品之妻、封為恭人何如、僉曰、恭人、士大夫之妻之爵、不可混施、宜除宮内五品之職、従之、

世宗一七年（一四三五）六月、中宮（王妃）の乳母の官爵が定められた際、「臣僚四品之妻」の例によって、これを「恭人」に封じるよう世宗が提言している。結局、この案が通ることはなかったが、当時、文武官四品妻の爵号が「恭人」であったことがわかる。

また、世宗二六年（一四四四）一〇月の記事では、

史料13（『世宗実録』巻一〇六、二六年一〇月壬申）

吏曹報議政府曰、行守之法、京官則禄秩・科田・子孫承蔭、一従職事、守令則不之及焉、請自今守令、以六品守知郡事、五品守都護府使、四品守牧使者、其科田・子孫承蔭・妻封爵、一従職事施行、議政府啓、依吏曹所報為便、但妻封爵、若従夫職事、則仮使以五品守都護府使者之妻、其時授爵牒、則例授令人也、其後、夫還降為五品職事、則是妻為三品、而夫為五品也、至於五・六品亦然、請一従夫散官、従之、

とある。当時、禄秩・科田・子孫承蔭（蔭職を承けること）の等級は、京官の場合、すべて職事（実職）の品階にしたがっていたが、守令はこれと異なっていた。そこで吏曹は、守令もまた、職事にしたがって科田・子孫承

蔭・妻封爵を行うよう要請したのである。これに対して議政府は、守令の妻の封爵が夫の職事にしたがえば、次のような不都合が生じると反論した。例えば、五品の官僚が都護府使（従三品）となった際、その妻は「令人」を受ける。その後、夫が守令を辞めて、五品の職事に戻った場合、妻が三品となっているにもかかわらず、夫の品階は依然、五品のままであり、夫と妻の品階が相違してしまう。この議政府の指摘を承け、以後、守令の妻封爵は夫の散官（階官）にしたがうよう決定された。このように、当時、文武官三品妻の爵号は「令人」であったと認められる。

『経国大典』外命婦条の規定（表1）では、正三品妻の爵号は「淑夫人」または「淑人」、従三品妻の爵号は「淑人」、正従四品妻の爵号は「令人」とされている。すなわち、四品妻の爵号（恭人）は世宗一七年（一四三五）六月まで、三品妻の爵号（令人）は同二六年（一四四四）一〇月まで、太祖五年（一三九六）五月の規定（史料5）にしたがっていたのである。その他の爵号については不明であるが、「恭人」「令人」の例から推せば、世宗代後半（少なくとも世宗二六年一〇月）まで文武官妻の爵号は、一・二品を除き、おおむね太祖五年五月の規定のとおりであった可能性が高いのではなかろうか。史料上では確認されないが、世宗代後半以後の制度改定の過程で、爵号が漸次整備されていったと思われる。(19)

本節を終えるにあたって、恭譲王三年（一三九一）八月・太祖五年（一三九六）五月・『経国大典』外命婦条における爵号の変遷過程を示せば、表4のとおりである。

表4　高麗最末期・朝鮮初期における文武官妻の爵号の変遷

品階	恭譲王三年八月	太祖五年五月	『経国大典』
正・従一品	小国夫人	郡夫人（太宗一七年九月、貞淑夫人に改称。世宗二一年閏二月、貞敬夫人に改称）	貞敬夫人
正・従二品	大郡夫人	県夫人（太宗一七年九月、貞夫人に改称）	貞夫人
正三品堂上官	中郡夫人	淑人（成均大司成以上）	淑夫人
正三品堂下官		令人	淑人
従三品			
正・従四品	郡君	恭人	令人
正・従五品	県君	宜人	恭人
正・従六品		安人	宜人
正・従七品		孺人	安人
正・従八品			端人
正・従九品			孺人

五　文武官妻封爵文書の体式の変遷

本節では、文武官妻の封爵文書の体式がいかなる経緯をへて、『経国大典』堂上官妻告身式・三品以下妻告身式（史料2・3）所掲の文書体式に結実したのかを考察する。

（一）「李和尚妻李氏封爵牒」の釈読

『経国大典』成立前に発給された、体式をうかがい得る封爵文書の実例は、後掲の成化一一年（成宗七、一四七六）八月発給の「金宗直妻曹氏封爵文書」、そして、これから検討する洪武三一年（太祖七、一三九八）一二月に発給された「李和尚妻李氏封爵牒」のみである。

「李和尚妻李氏封爵牒」（以下、「李氏牒」と称する）は、朝鮮総督府が発行した『朝鮮史』（一九三二年刊）第四編第一巻に、写真とともに判読文が掲載されている。同書によれば、この文書は「原縦五四・〇糎、横五〇・〇糎。吏曹之印、方六・〇糎」であり、「咸鏡南道北青郡坪山面李唐鎬氏所蔵」であったという。現在、国史編纂委員会にその写真が残されているが（写真1）、原文書の所在は不明である。

『朝鮮史』掲載写真・判読文をもとに「李氏牒」の全文を掲げれば、史料14のとおりである。[20]

写真１　「李和尚妻李氏封爵牒[21]」

史料14（「李和尚牒李氏封爵牒」）

＊「大」字の右横に「三」と補筆あり。　＊＊字画の左半分のみが記されている。

吏曹　牒
故嘉善大夫・工曹典書李和尚妻李氏、年三十七、籍東平、
父、前奉善大夫・司宰副令崇祚、
外祖、追封推忠佐理功臣・＊大重大匡・門下賛成事・判版図司事・上護
軍・行興威衛保勝散員金瑞龍、本霊光、
本曹所申、洪武弐拾玖年伍月弐拾弐日、都承旨臣閔汝翼、啓奉
王旨、一品已下正妻、仰吏曹封爵給牒、敬此、可封淑人者、故牒、
洪武三十一年十二月初六日、牒
玄＊字捌拾＊柒号

佐郎・承議郎・考功佐郎　閔（押）
佐郎
正郎
正郎・通徳郎　尹（押）
議郎・奉正大夫　鄭（押）
議郎
知曹事
典書・嘉善大夫・集賢殿直学士・経筵侍講官全（押）
典書・嘉善大夫　河（押）
判事

本文書は、故嘉善大夫（従二品下）・工曹典書李和尚の妻である李氏を「淑人」（正三品成均大司成以上）に封じたものである。この文書については先学による釈読もすでにあるが[22]、私見とは異なる部分も多い。「李氏牒」はやや難解で内容を摑みがたい文書であるため、以下、詳細に釈読を行いたい。

まず最初に、李氏の夫である李和尚についてみておこう。李和尚は、開国功臣李之蘭（豆蘭）の子であり[23]、太祖四年（一三九五）閏九月には、開国原従功臣に選定され、「録券」（功臣として認定する文書）が発給されている[24]。また、同七年（一三九八）正月の時点で工曹典書の職にあったが[25]、「李氏牒」本文中に「故……李和尚」とあることから、同年中に死亡したようである。

文書の発給者に関して、冒頭の「吏曹牒」、本文末尾の「故牒」、発給年月日に付く「牒」という語から、本文書が吏曹により、「牒」（正確には「故牒」）として発給されたことは明らかである。

次に、「故嘉善大夫・工曹典書李和尚妻李氏、年三十七、籍東平」とあり、李氏の年齢や、本貫が東平であったことが知られる。また、「父、前奉善大夫・司宰副令崇祚、外祖、追封推忠佐理功臣・大重大匡・門下賛成事・判版図司事・上護軍・行興威衛保勝散員金瑞龍、本霊光」とあるように、李氏の父は李崇祚、外祖は金瑞龍であった。以上は李氏の個人情報についての記述である。

これにつづいて「本曹所申」とあるが、本曹とはこの文書の発給者である吏曹に違いない。「申」字は臣僚の王に対する上達の文言であるため[26]、「洪武弐拾玖年伍月弐拾弐日、……可封淑人者」の部分は、吏曹が王に申し上げた内容と判断される。

それによれば、洪武二九年（太祖五、一三九六）五月二二日、王命をつかさどる中枢院（のち承政院に改編）の都承旨閔汝翼が「王旨」を「啓奉」したという。都承旨の伝えた「王旨」とは、「一品已下正妻、仰吏曹封爵給牒」という部分と判断される。なぜならば、この部分につづき、王命の引用の末尾を意味する語「敬此」がみえるためである。[27]「一品已下正妻、仰吏曹封爵給牒」とは、「仰」が指令の意であるため、一品以下妻に対して封爵・給牒することを吏曹に指示する王命である。年月日から考えて、この王命は、太祖五年（一三九六）五月丙子（二〇日）に定められた、文武官妻封爵の規定（史料5）に依拠して発せられたとみて間違いない。吏曹はこの規定をよりどころとして、合議して李氏を「淑人」に封じることを決定した。[28]ここまでが吏曹の「申」の内容にあたる。

文書本文の末尾には「故牒」とあり、本文書が「牒」の形式で発給されたことが表記されている。その後には、発給年月日、吏曹所属の官員（判事・典書・知曹事・議郎・正郎・佐郎）の名が並ぶ。なお、発給年月日の横にみえる「玄字捌拾柒号」は、従来、「文書の保管、または発給番号」[29]と推定されてきたが、左半分の字画のみ記されていることからわかるように、これは勘合のために付けられた字号、[30]要するに、文書発給の事実を官府で確認するための発給・照会番号である。

以上、「李氏牒」を釈読してきたが、疑問に思われるのは、吏曹の「申」に対する王の裁可がみえない点である。すなわち、本文書の記載にしたがえば、「申」が一方的に伝えられ、王の裁可を待たずに文書が発給されるという、いささか奇妙な事態になるのである。本文書の文面には、何らかの省略があるとは考えられないであろうか。

ここで、この「李氏牒」の発給過程をより正確に理解するために、本文書と体式および発給過程が類似する「吉再追贈牒」を検討することにしたい。[31]この文書は、『冶隠先生言行拾遺』（一六一五年初刊）巻中、追贈牒に載録されている。次にその全文を掲載しよう。[32]

史料15（『冶隠先生言行拾遺』巻中、追贈牒）

故高麗門下注書吉再、

本曹所申、宣徳元年十二月初三日、左副代言臣許誠、敬奉教旨、前朝之臣故注書吉再乙良《を》追　贈為只為《するように》、下吏曹、敬此、稽諸古典、可贈通政大夫・司諫院左司諫大夫・知製　教・兼春秋館編修官、宣徳二年正月二十六日、知申事・通政大夫・経筵参賛官・兼尚瑞尹・知製教・充春秋館修撰官・兼判奉常寺事・知吏曹内侍茶房事・臣鄭欽之、奉
教依允、敬此、追　贈、故牒者、宣徳二年正月二十八日、

吉再（一三五三〜一四一九年）は高麗末期に活動した文臣であり、高麗滅亡後、朝鮮への仕官を良しとせず野に下り、後進の教育にあたった人物として、つとに著名である。吉再が死亡してから数年後の世宗八年（一四二六）一二月、その義節を顕彰するため、官職の追贈が決定され、翌年正月、吏曹によって牒が発給された。これが「吉再追贈牒」である。

朝鮮時代、文官の追贈は吏曹が行っていたため、本文書は吏曹によって作成されたに違いない。本文は「故高麗門下注書吉再」とはじまっているが、文書冒頭に受給者の名を唐突に表記するとはやや考えがたいので、おそらく冒頭に「吏曹牒」という字句が脱漏しているものと思われる。ついで「本曹所申」とあり、吏曹が王に上申した内容が記されている。

宣徳元年（世宗八、一四二六）一二月三日、承政院の左副代言許誠が、「教旨」を「敬奉」し、「吉再を追贈せよ」と吏曹に伝えた[33]。吏曹はこれを承け、古典を参考としつつ、吉再に通政大夫（正三品上）・司諫院左司諫大夫・知製教・兼春秋館編修官を追贈することを決定した。ここまでが吏曹の「申」であり、以上の内容が王に上申されたと考えられる。

翌年正月二六日、知申事鄭欽之が「奉教依允」、すなわち吏曹の決定を「許す」という王命を奉じた[34]。吏曹はこれを承けて同月二八日、本文書を発給したのである。なお、「吉再追贈牒」には吏曹官員の署名がみえないが、原

文書には記載されていた可能性が高い。『治隠先生言行拾遺』に載録されるまでの過程で、省略あるいは脱漏したものと考えられる。

このように、冒頭の「吏曹牒」という字句、末尾の吏曹官員の署名を補えば、「吉再追贈牒」と「李氏牒」の文書体式は相当に類似していることが確認される。

さて、ここで注目したいのは、「奉教依允」という語である。この語に関しては、次の太宗一一年（一四一一）九月の記事に興味深い記述がみえる。

史料16　（『太宗実録』巻二二、一一年九月甲申）

礼曹上書曰、礼者所以弁上下、於言語文字、不可相犯、出乎天子者、曰詔曰誥、太子諸王、曰令曰教、則臣下不敢違犯、今国朝承前朝樸略之弊、出於殿下、謂之判、則臣下当不敢有犯、乃有以判書・判事・判官為銜者、乞以申判依申、為奉教依允、以申判可、為奉教可、以申判付、為奉教下、庶合礼文、従之、

礼曹の上書にはこうある。これまで前朝（高麗）の例に倣い、殿下（王）より発せられるもの（出於殿下）、すなわち王命を「判」と称することがあった。しかし、官職名として判書・判事・判官が存在するからには、「判」という語を王命として用いれば、君臣の礼を乱すことになるため、王命「判」の使用は不適当である。そこで、「申判依申」を「奉教依允」、「申判可」を「奉教可」、「申判付」を「奉教下」と改称したという。「奉教依允」とは、「申判依申」を改めたものとわかる。「申判依申」とは、王に上申（申）して、裁可（判）を受けたところ、「上申したとおりにせよ」（依申）という回答を得たという意であろう。

このように「吉再追贈牒」は、王の下命→吏曹の追贈決定・王への上申→王の許諾→文書発給というプロセスをへていることがわかる。一方、「李氏牒」の発給にいたる流れは、先にみたように、王の下命→吏曹の封爵決定・

王への上申→文書発給というものであった。両者を対照してみれば、発給過程と文書体式の類似から考えて、「李氏牒」の文面では、王の許諾の部分（申判依申）が省略されたものと推測される。すなわち「李氏牒」は、本来、王の裁可「判」を受けて「給牒」されたと理解されるのである。

以上の事実に鑑みれば、太祖五年（一三九六）五月の規定（史料5）における「給牒」は、高麗最末期の「受判給牒」（史料4破線部⑦）と同じく、王の「判」を受けて封爵文書を発給したものとみることができよう。

太祖五年（一三九六）五月当時、「淑人」以外の封爵文書にも、「李氏牒」の体式が適用されていたか否かについては、これを明示する史料がない。しかし、「李氏牒」の文中に「一品已下の正妻、吏曹に仰《おお》せて封爵給牒せしむ」とあり、また太祖五年五月の規定では、各品妻の封爵の際、「主掌の吏曹をして、教を奉じて給牒せしむ」とあることから、一品以下、すべての封爵文書は、吏曹が「判」を受けて「給牒」したことがわかる。後に述べるように、封爵文書は、封爵の形式が「下批」か「判」かによって、その体式を異にしていたと推測される。したがって、「判」によって発給された文武官妻の封爵文書の体式は、その爵号の高低にかかわらず、「李氏牒」と同様であったと思われる。

（二）文武官妻封爵文書の体式の変遷過程

本項では『朝鮮王朝実録』の記事に依拠しつつ、『経国大典』成立までの封爵文書体式の変遷過程を追跡する。まず、世宗一七年（一四三五）九月の記事からみていこう。

史料17（『世宗実録』巻六九、一七年九月辛未）

吏曹啓、続典、改判為教、改王者為教旨、而官教・爵牒及外吏正朝・安逸差貼、仍称王旨、実為未便、請並改

以教旨、従之、

この史料によれば、『続典』（新撰経済続六典[35]）の規定では、王命である「判」が「教」と改められ、また「王旨」が「教旨」と改称されていた。しかし、「官教」「爵牒」、および正朝・安逸戸長の任命文書である「差帖」の文面には、なお「王旨」が用いられていた。そこで、「王旨」「教旨」の混用を統一するため、みな「教旨」と改めたという。これ以後、文武官に与えられた「官教」の頭辞「王旨」は、すべて「教旨」に改められている（本書第三章参照）。したがって、封爵文書中の「王旨」もまた、このとき「教旨」に改定されたとみてよい。

さて、これから約一ヶ月後、同年一〇月の記事からは、これを遡るある時期、封爵文書の体式が大幅に変化したことが推察される。

史料18（『世宗実録』巻七〇、一七年一〇月甲寅）

吏曹啓、在前、文武各品正妻爵牒成給時、並称某官某妻某氏為某夫人、今続典内、文武各品命婦内、実行二品以上之妻、吏曹僉議署合、啓聞下批、故二品以上正妻、不繫其夫、只称某氏為某夫人、然只称某夫人、則凡同姓者、或私相借与、今後二品以上正妻、称某官某妻某氏為某夫人、因子職得封者、称某官某母某氏為某大夫人、従之、

この史料からは次の事実を読みとることができる。かつて文武官各品の正妻に発給された「爵牒」の文面には、みな「某官某妻某氏為某夫人」と表記されていた。[36] また、『続典』（新撰経済続六典）では、文武官各品の命婦のうち、「実行（実職）二品以上之妻」は、吏曹が合議・署合し啓聞して「下批」する、と規定されており、その封爵文書の文面には夫の名や官職を表示せず、ただ「某氏為某夫人」とのみ表記されていた。しかし、これは危険をと

もなうことであった。単に「某氏」とのみ称すれば、同姓の者が封爵文書を貸し借りする恐れがあったためである。そのため、今後、二品以上妻の封爵文書は、三品以下妻と同様に「某官某妻某氏為某夫人」と正確に表記し、子の職によって封爵を得た者は「某官某母某氏為某大夫人」と表記するようにさせたという。

ここで注目すべきことは二点ある。

まず第一点として、『続典』（新撰経済続六典）の規定では、二品以上妻を「下批」によって封爵していたことが挙げられる。これに関しては、先掲の世宗一四年（一四三二）正月の記事（史料10）にみえる記述が注目される。史料10破線部⑤によれば、高官である文武官各品の二品以上妻に対し、吏曹が封爵文書を発給することは適当でないため、吏曹が合議して署合した上で王に啓聞し、「下批」するように改めたという。すなわち、これ以後、二品以上妻に対しては「下批」の手続きを取り、文書発給にあたっては吏曹による「給牒」を止めたのである。

先述のとおり、これまで文武官妻の封爵文書は、すべて吏曹が「判」を受けて「給牒」していた。しかし、世宗一四年（一四三二）正月以後には、二品以上妻に「下批」形式の封爵を行うようになった。そして、この規定が『続典』（新撰経済続六典）に引き継がれたのである。

それでは、「判」から「下批」への封爵形式の切り替えにともない、二品以上妻の封爵文書の体式はいかに変化したのであろうか。次の端宗元年（一四五三）一一月の記事は、「下批」形式の場合、いかなる封爵文書を実際に発給したかをうかがう際に参考となる。

史料19（『端宗実録』巻九、元年一一月庚辰）

伝旨吏曹、収春城府夫人鄭氏封爵官教、……

このとき、端宗は吏曹に命じて、永膺大君琰（世宗の子）の前妻である春城府夫人鄭氏の「封爵官教」を没収させている。「府夫人」とは、宗親の正一品妻に与えられる爵号であった（史料10破線部③）。太宗一七年（一四一七）九月の規定（史料6）では、宗親の正一品妻は「下批」の形式によっており、これ以後、「府夫人」の封爵形式が変化した形跡は史料にみえない。このように、「府夫人」の封爵は「下批」の形式を取り、その文書は官教の体式を有していたと推定される。文武官妻を封爵する際にも、これと同様に、「下批」形式の場合、官教の体式の封爵文書が発給されたとみてよいのではなかろうか。世宗一四年（一四三二）正月を契機として、二品以上の妻には官教、すなわち『経国大典』堂上官妻告身式（史料2）と同体式の封爵文書が発給されるようになったと思われる。[37]なお、官僚に与える朝謝文書では、吏曹あるいは兵曹によって「給牒」される場合、「下批」と「判」（後には「教」）という両様の任命形式があり、「下批」形式であれば必ず官教が発給されたというわけではない点には注意が必要である。

さて、史料18で注目すべき第二点目として、すべての文武官各品妻の封爵文書に「某官某妻某氏為某〔夫〕人」という語があったということが挙げられる。「淑人」（正三品成均大司成以上）に封爵した「李氏牒」の文面にはこのような文言はみえない。したがって、史料18で言及されている封爵文書は、「李氏牒」とは体式の異なる文書であったとみなければならない。

そこで、「某官某妻某氏為某〔夫〕人」という文言にふたたび着目すれば、これは『経国大典』堂上官妻告身式・三品以下妻告身式（史料2・3）の文言の一部「具官某妻某氏為某〔夫〕人者」とほぼ合致する。ここから、「李氏牒」の発給時点（太祖七年一二月）から、世宗一七年（一四三五）一〇月（史料18）にいたるまでのある時期に、すべての封爵文書の体式が変化したという見通しを立てることができる。

先に述べたとおり、世宗一四年（一四三二）正月以後には、二品以上妻に官教の体式の封爵文書が発給されるようになった。そのため、同一七年（一四三五）一〇月の時点においては、文武官二品以上妻に官教の体式、三品以下妻に『経国大典』三品以下妻告身式に類似する封爵文書が発給されていたと推定される（図3参照）。

図3　世宗一七年一〇月時点における封爵の形式と文書

二品以上妻	―	下批	―	官教
三品以下妻	―	判	―	『経国大典』三品以下妻告身式に類似する封爵文書

もちろん、「李氏牒」の体式から、『経国大典』三品以下妻告身式に類似する封爵文書へと直結せず、その間、両者をつなぐ橋梁となるべき体式の文書が存在する可能性は十分考えられる。ただ、世宗一七年（一四三五）一〇月までに、煩瑣な文面をもつ封爵文書の簡略化が進み、『経国大典』三品以下妻告身式につながる過渡的な体式が形成されていたことは疑いないであろう。

なお、『経国大典』三品以下妻告身式は、『経国大典』（乙巳大典）が施行されるより前、すでに成立していたようである。これについては、次頁に掲げた史料20が参考となる。

この文書は、成化一二年（成宗七、一四七六）八月、通訓大夫（正三品下）金宗直の妻曹氏を「淑人」（正三品下・従三品）に封爵する文書である。この文書の体式は、『経国大典』三品以下妻告身式（史料3）のそれと合致する。したがって、成宗七年（一四七六）八月を、『経国大典』三品以下妻告身式の成立した時期の下限とみることができる。

史料20（「金宗直妻曹氏封爵文書」）

吏曹奉
教、通訓大夫・行善山都
護府使金宗直妻令人
曹氏為淑人者、
成化十二年八月初三日
行正郎
行判書　参判　参議臣成（着名）
行佐郎臣金（着名）

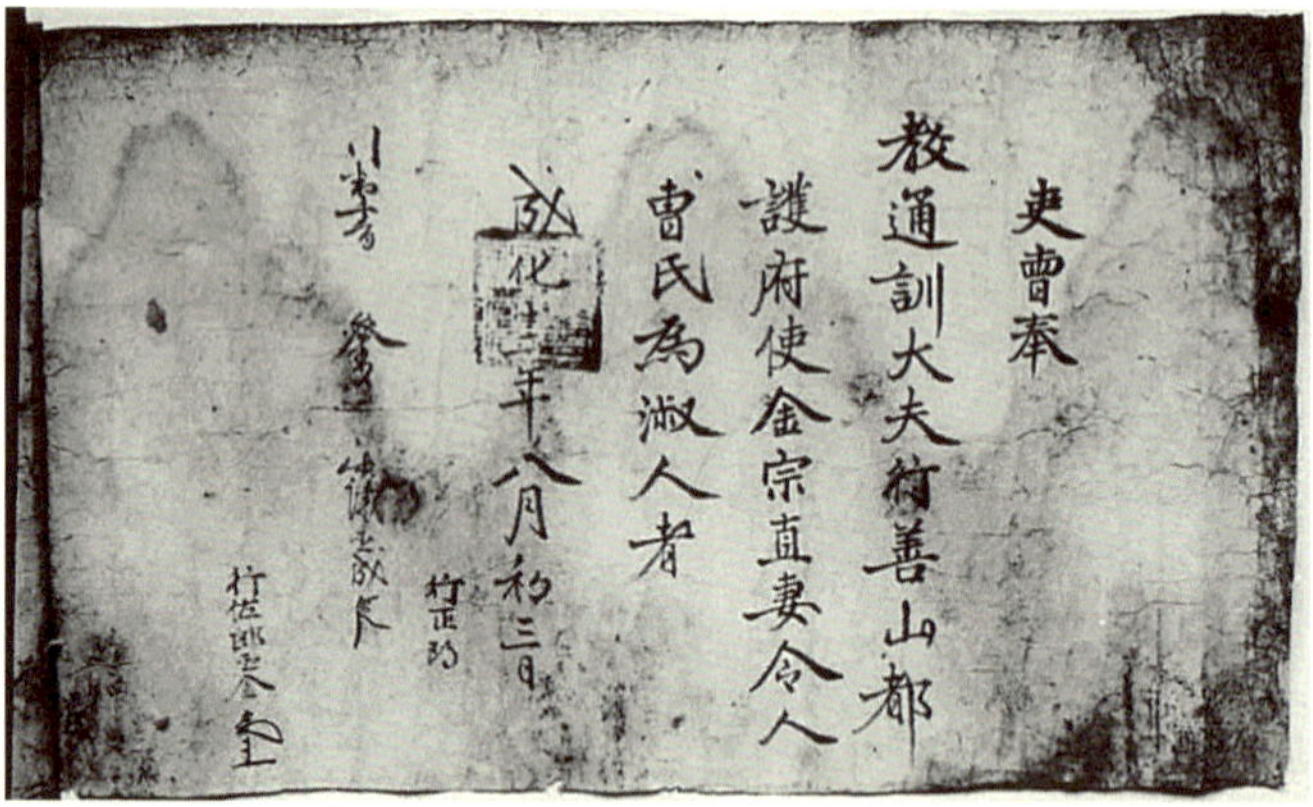

写真2「金宗直妻曹氏封爵文書[38]」

（三）文武官妻封爵文書の分界線の変遷

最後に、品階の高低にともなう、封爵文書の分界線の変化について触れておこう。先にみたように、世宗一四年（一四三二）正月以後、封爵文書（官教／牒）には、二品以上／三品以下という分界線が引かれるようになった。しかし『経国大典』の文武官妻告身式では、堂上官／堂下官（三品以下）という分界線に引き直されている。封爵文書の分界線がいつ、二品以上／三品以下から、堂上官／堂下官（三品以下）へと変化したかについては、これを明示する史料が見当たらない。

ただ、堂上官の範囲が正三品上以上の品階に固定されるのは、世祖代頃と推定されているため、この頃、『経国大典』の封爵文書の分界線が確定されたと推測することは可能である。すなわち、朝鮮初期には堂上官の範囲は流動的であったが、やがて世祖代までには、文官は通政大夫、武官は折衝将軍（いずれも正三品上）で実職を有する者であれば、無条件に堂上官と認定されるようになっていた(39)。この頃、堂上官の範囲が固定されることにより、封爵文書の分界線が改めて引き直されたのであろう。『経国大典』にみえる封爵文書の分界線は、世祖代頃に定着したと考えられる。

六　おわりに

これまでの考察をつうじて、朝鮮初期における文武官妻封爵と封爵文書体式の変遷の大まかな流れを解明できたと思う。検討結果を整理して結びにかえたい。

朝鮮初期の文武官妻封爵の規定は、漸進的に整備され、最終的に『経国大典』外命婦条に結実した。同条では、再婚者と庶子に対する封爵を禁止している。再婚者の封爵禁止は、高麗最末期より受け継がれたものだが、庶子の封爵禁止は、太宗代以後に強化される庶子差待の結果、新たに生じた規定と思われる。また、『経国大典』成立までに、数次にわたって爵号が改変されたが、その変遷過程は表4に記したとおりである。

文武官妻に与えられた封爵文書についていえば、朝鮮建国初期においては、吏曹が「判」を受けて牒式文書を発給し、一品から九品までその文書体式が同一であったと考えられる。その後、「李氏牒」発給（太祖七年一二月）の時点から、世宗一七年（一四三五）一〇月にいたるまでのある時期、『経国大典』三品以下妻告身式につながる過渡的な封爵文書の体式が成立したと思われる。また、同一四年（一四三二）正月以後、二品以上妻に対して吏曹の「受判給牒」を止め、王の直接命令「下批」形式で封爵を行うことになった。それにともなって、官教の体式（『経国大典』堂上官妻告身式）を有する文書が発給され、二品以上／三品以下とで、封爵文書の体式が相違するようになった。さらに、同一七年九月には、二品以上妻の封爵文書（官教体式）の頭辞「王旨」が「教旨」と変更された。『経国大典』にみえる文武官妻の告身式では、堂上官／堂下官（三品以下）という封爵文書の分界線が引かれているが、これは世祖代頃に定着したと推測される。

以上みてきたように、封爵文書の整備過程は、官教・奉教告身のそれとまったく異なっていることがわかる。『経国大典』文武官妻告身式は官教・奉教告身の体式と酷似しているが、封爵文書と任命文書を安易に同一視することはできないのである。

それではなぜ、朝鮮建国初期には独自の体式を有していた封爵文書が、『経国大典』施行までに官教や奉教告身と同一の体式を備えるようになったのであろうか。その要因はおそらく、朝鮮初期に進められた、公文書の体式の簡素化によるものと思われる。封爵文書の体式を実際にみてみれば、「李和尚妻李氏封爵牒」が発給の経緯を逐一記すのに対し、『経国大典』の堂上官妻告身式・三品以下妻告身式（史料2・3）は、単に受給者と爵号に言及するにとどまっており、きわめて簡略なものとなっている。後者が前者に比べ、文書の作成・発給がはるかに容易であったことは想像に難くない。

朝鮮建国初期には、封爵文書はもとより、禄牌（禄支給文書）や追贈文書、紅牌（科挙合格証）なども また、独自の体式を備えていた。しかし、『経国大典』が成立する頃までに、こうした公文書の体式は簡素化され、官教・奉教告身と類似した体式へと変化しているのである。当時、公文書制度の整備を進めていた王朝政府は、制度の障碍となり得る要素を除去し、その円滑化を図ろうとしていたといえる。

注

（1）古文書学の概説中、封爵文書の実例が数点挙げられるのみである。田川孝三「朝鮮の古文書――官文書を主として――」（佐藤進一編『書の日本史』九、平凡社、一九七六年）一四五頁、崔承熙『（増補版）韓国古文書研究』（知識産業社、一九八九年）八一・八二頁、九六〜九八頁参照。

（2）文武官妻の爵号の変遷について、韓忠熙『조선초기의 정치제도와 정치』（啓明大学校出版部、二〇〇六年）が、文武官の階官・官職の整備過程を論ずるなかで触れているが、断片的な言及にとどまる（五八〜六〇頁、一〇〇〜一〇二頁）。

（3）外命婦と対をなす存在が「内命婦」、すなわち王の後宮、および宮中に仕える女官である。詳細は、李英淑「朝鮮初期 内命婦에 대하여」（『歴史学報』九六、一九八二年）参照。

（4）『太宗実録』巻二四、一二年一二月壬戌。

（5）『太宗実録』巻九、五年三月丙申。

（6）『世宗実録』巻一一七、二九年九月丙申。

（7）世祖九年（一四六三）四月に作成された「李禎妻金氏所志」の文中には、封号を冠した「安人貼」「宜人貼」と称する文書の名がみられる（李樹健編『慶北地方古文書集成』嶺南大学校出版部、一九八一年、四七九頁）。

（8）『通典』巻一五、選挙三、歴代制下に、「其選授之法、亦同循前代、凡諸王及職事正三品以上、若文武散官二品以上及都督・都

護・上州刺史之在京師者冊授……、五品以上皆制授、六品以下守五品以上及視五品以上皆勅授、……自六品以下旨授、……」とみえるように、唐代では、品階の高低にしたがって任命形式が相違し、それらは「冊授」「制授」「勅授」「旨授」などと称されていた。これを参考とすれば、「冊授金印」の一節は、「冊して金印を授く」ではなく、「冊もて授け、金印〔を賜う〕」と訓むべきであろう。この点については、後出の「下批銀印」に「授」字がないことからも推察される。

(9) 高麗時代の王妃・王子・宮主・宗親の冊封における冊式（復元）は、次のとおりである。詳細は、崔鈆植「高麗時代 国王文書의 種類과 機能」（盧明鎬ほか編『韓国古代中世古文書研究』下、서울大学校出版部、二〇〇〇年）四〇～四二頁参照。

「維、年号、歳次、月日、干支、
　王若曰、云々、
　咨爾某、云々、
　今遣某官某、持節備礼、冊命爾為某位、
　於戯（噫）、云々、」

(10) 仁井田陞『中国身分法史』（東京大学出版会、一九八三年、初版は一九四二年）七一五～七一九頁。

(11) 金斗憲『韓国家族制度研究』（서울大学校出版部、一九六九年、初版は一九四九年）四七二～四七八頁、李泰鎮「庶孽差待考――鮮初 妾子『限品叙用』制 成立過程을 中心으로――」（『歴史学報』二七、一九六五年）、朴容玉「朝鮮太宗朝 妻妾分弁考」（『韓国史研究』一四、一九七六年）、裵在弘「朝鮮前期 妻妾分揀과 庶孽」（『大丘史学』四一、一九九一年）、박경「朝鮮前期 妻妾秩序 確立에 대한 考察」（『梨花史学研究』二七、二〇〇〇年）。

(12) 例えば、太祖元年（一三九二）九月、開国一等・二等・三等功臣に対し、その父・母・妻を功臣の等級に応じて、それぞれ三等・二等・一等を超えて封爵・追贈することを許している（『太祖実録』巻二、元年九月甲午）。

(13) すなわち、「某郡大夫人」「某県大夫人」などと称したのであろう。

(14) 誤解のないよう附言すれば、史料10破線部⑤は宗親・功臣妻にかかるものではない。なぜなら、宗親四品以上妻・功臣二品以上妻に対しては、このときすでに「下批」の封爵形式が適用されていたからである。史料6参照。

(15) 李相佰「庶孽 差待의 淵源에 대한 一問題」（『李相佰著作集』乙酉文化社、一九七八年、初出は一九三四年）。

(16) 注(11)所掲の五点の論著参照。太宗一三年（一四一三）六月、柳廷顕を参賛議政府事に任命する告身への署経を司諫院が拒否した。その理由は、彼の妻が「孽出」、すなわち庶子出身であったことによる（『太宗実録』巻二五、一三年六月壬子・癸亥）。このときは、太宗の圧力によって署経が強行されたが、妻が庶子出身であることが夫の昇進にまで影響したことを物語る事例である。

(17)韓忠煕『조선초기의 정치제도와 정치』(前掲)一〇一頁。
(18)韓忠煕『조선초기의 정치제도와 정치』(前掲)五二〜五六頁。
(19)なお、世宗二六年(一四四四)四月に作成された「戸口単子」(戸籍関連文書)では、朝奉大夫(従四品)・軍器監副正(従四品)である権蹲の妻鄭氏が「安人」と記されている(『郷土研究』(忠南郷土研究会)一、一九八五年、三頁)。「安人」は、太祖五年(一三九六)五月の規定では六品妻、『経国大典』外命婦条の規定では七品妻の爵号であり、権蹲の官職の品階とはかなり落差がある。品階と爵号がなぜこれほど乖離しているのか、現在のところ成案を得ない。
(20)한국사데이터베이스(http://db.history.go.kr)にも同写真が掲載されている。また、朝鮮前期の古文書の事例を蒐集した、鄭求福ほか編『朝鮮前期古文書集成――一五世紀篇――』(国史編纂委員会、一九九七年)が同文書の判読文を載録しているが(一三頁)、若干の誤脱がある。
(21)国史編纂委員会提供。
(22)盧明鎬ほか編『韓国古代中世古文書研究』上(서울大学校出版部、二〇〇〇年)一〇三〜一〇五頁。なお、本章初出の直後に発表された、沈永煥「조선초기 태조 七년(一三九八)李和尚妻李氏〈封爵牒〉考」(『歴史와 実学』三九、二〇〇九年)でも、同文書の検討を行っている。
(23)『太祖実録』巻一、総書。
(24)한국사데이터베이스(前掲)掲載写真参照。
(25)『太祖実録』巻一三、七年正月乙卯。
(26)高麗より以来、臣下が王に上達する文言には「申」字が用いられていたが、世宗一五年(一四三三)九月、「申」字の使用を止め、「善申」を「善啓」、「申呈」を「上言」、「謹申」を「謹啓」、「申聞」を「啓聞」と改めた(『世宗実録』巻六一、一五年閏八月壬申・丁丑、同九月庚寅)。
(27)元・明の公文書では、皇帝の聖旨や詔書を引く場合、文末に「欽此」、官府・官人間の上下行文書を引く場合、文末に「奉此」「得此」などの語を付加し、その文章が引用文であることを明示した。朝鮮でもこれを承け、王の言葉を引く際、その末尾に「敬此」という語を使用していた。
(28)史料5によれば、「淑人」は正三品成均大司成以上の妻に与えられる爵号であった。夫の李和尚の階官は嘉善大夫(従二品下)であるため、本来の規定では、李氏は「県夫人」に封じられるべきであろう。しかし、南智大「조선초기 散階(官品)의 구조와 기능」(『韓国文化』一三、一九九二年)、同「朝鮮初期 官署・官職体系의 정비」(『湖西文化論叢』九・一〇、一九九六年)が指摘するように、朝鮮初期には、階官ではなく実職が序列の規準となる場合があった。李和尚の実職「工曹典書」(正三品)

は、成均館大司成より上位の官職である。例えば、兵曹典書・知製教・同知春秋館事尹紹宗の卒記（『太祖実録』巻四、二年九月己未）のように、成均館大司成から工曹典書に昇進した官僚の事例はいくつか見出せるが、その逆はない。李氏が「淑人」に封爵されたのはこうした理由によると思われる。

(29) 盧明鎬ほか編『韓国古代中世古文書研究』上（前掲）一〇四頁。

(30) 沈永煥「조선초기 태조 七년（一三九八）李和尚妻李氏〈封爵牒〉考」（前掲）一六・一七頁。

(31) 本章初出後、沈永煥「조선초 吉再의 추증과〈追贈牒〉의 復元」（『圃隠学研究』七、二〇一一年）によって、「吉再追贈牒」の体式の復元が行われている。

(32) 平出・空格・擡頭は韓国学中央研究院蔵書閣本（請求記号 D3B-1056）による。

(33)『世宗実録』巻三四、八年一二月壬戌（三日）には、「贈高麗節士注書吉再通政大夫・司諫院左司諫大夫・知製教・兼春秋館編修官」とある。

(34)「依允」につづいて「敬此」とあり、「依允」が王の発した言葉であることがわかる。

(35) この史料でいう『続典』とは、『新撰経済続六典』（一四三三年）を指す。本書第三章注(8)参照。

(36)「夫人」号を有するのは、二品以上妻のみ（貞淑夫人・貞夫人）であるため、三品以下妻の場合、「某官某妻某氏為某人」と称していたと思われる。

(37) ただし、先述のように、世宗一七年（一四三五）九月まで、頭辞には「教旨」ではなく「王旨」が用いられ、同年一〇月まで、文面には「某官某妻某氏為某夫人」ではなく「某氏為某夫人」という文言が用いられた。

(38) 写真引用は、한국사데이터베이스（前掲）による。

(39) 朝鮮初期の堂上官については、南智大「조선초기 散階（官品）의 구조와 기능」（前掲）、金順南「朝鮮初期의 堂上官」（『史叢』四五、一九九六年）参照。

終章

本書では五章にわたり、高麗事元期から朝鮮初期の任命文書について考察を進めてきた。高麗事元期から朝鮮初期は、高麗が元の藩属国となり、つづく朝鮮王朝が国家の礎を築くという朝鮮史上の画期をなす時期にあたる。この時期を前後して、唐・宋制の影響下にあった任命文書の体系は動揺することになり、その体式・機能にも大きな変化が見られる。本書では、こうした朝鮮中近世の変革期における任命文書の体系・体式・機能とその変化を検討し、それをつうじて国家の制度や思想について考察を加えた。これまで論じてきた内容を整理すれば次のとおりである。

第一章「『頤斎乱藁』辛丑日暦所載の高麗事元期から朝鮮初期の古文書――官教・朝謝文書の新事例――」では、一八世紀の文集『頤斎乱藁』に、任命文書を含む高麗事元期から朝鮮初期にいたる古文書（録文）一〇点が掲載されている事実を指摘し、その内容について分析を加えた。

『頤斎乱藁』所載の古文書の内訳は、官教一点、禄牌二点、朝謝文書五点、尺文の可能性のある文書一点、用途不明の文書一点である。このうち、これまでほとんど事例が発見されていない、当時の官教と朝謝文書が確認されたことは重要な意義をもつ。

高麗事元期より末期において、朝謝文書の発給手続きがいかに変化したかについては従来明らかでなかったが、

『頤斎乱藁』所載の朝謝文書に捺された印章をもとに関連史料を分析し、恭愍王代から禑王代にかけ、典理司・軍簿司などの署押捺印をへるよう発給手続きが改定されていったことを解明した。

また、忠粛王一二年（一三二五）四月発給の「金子松官教」の存在が確認されたが、高麗事元期の官教は、これまで忠穆王即位年（一三四四）四月発給の「申祐官教」の一例が知られるにすぎず、しかもそれは偽文書ではないかという疑念も提起されていた。「金子松官教」の発見により、高麗事元期の官教の存否、そして「申祐官教」の真偽の問題を改めて考える余地が生じたのである。さらに「金子松官教」の印章は、黄胤錫によって「蒙古字」ではないかと推定されており、「申祐官教」の印章を見定めるのに貴重な手がかりといえる。

本章の検討の結果、少数の事例しか知られていなかった高麗事元期から朝鮮初期の古文書が、ある程度まとまって紹介されたことは、単に古文書学のみならず、周辺諸分野の研究においても大きな意義を有するものであり、当該期の史料状況の改善に寄与したと思われる。

第二章「高麗事元期から朝鮮初期における任命文書体系の再検討」では、当該期の任命文書の体系について検討を加えた。当時、官職任命に際して発給された文書として官教と朝謝文書の存在が確認されるが、両者が任命文書の体系上にいかに位置づけられるのかという基本的な問題については、明確な解答が出されていなかった。そこで、高麗事元期の官教の存否、および高麗事元期から朝鮮初期の朝謝文書の機能を中心に検討を行った。

まず朝謝文書については、従来、任命文書とあわせて発給され、官職任命の資格審査に通過したことを証明する副次的な文書にすぎないという説も提起されていたが、実際には任命文書そのものにほかならないことを論証した。次に官教については、高麗事元期にすでに存在したか否か議論が分かれていたが、唯一現存する高麗事元期の官教の原文書であり、真偽をめぐって論争がつづく「申祐官教」を取りあげ、その印章の文面を分析した。その結果、これが元から高麗に下賜されたパクパ字「駙馬高麗国王印」であることが判明した。パクパ字の印章が高麗・

朝鮮時代に偽造されたとは考えがたいため、「申祐官教」が真文書であることはほぼ間違いなく、高麗事元期において官教は確かに実在したと考えられる。この事実を踏まえた上でさらに考察を進め、官教の文書体式が事元期に成立したこと、また、王が親任する場合、あるいは通常の任命手続きを取れない場合など、特別なケースに限って官教が発給されたことを指摘した。

高麗事元期より朝鮮初期における官教の体式と使用状況からは、次のような事象を読みとることができる。第一に、事元期に成立した官教では、中国皇帝に対して僭礼となる語の使用を周到に避けているが、これは当時の為政者の国際秩序認識の表れといえる。第二に、王の意志のみによる任命が可能な官教の制度は、その存廃をめぐって王と官僚との間で角逐がつづいた末、結局『経国大典』に明文化されたが、それは王の意向が臣僚の反対を押し切った形で行われたものであった。

第三章「朝鮮初期における官教の体式の変遷――頭辞と印章を中心として――」では、朝鮮時代、四品以上の官僚に与えられた任命文書の一種である官教について、その体式が固定化する一五世紀までの事例一〇〇余点を網羅的に収集した。この作業を踏まえて、『朝鮮王朝実録』の記事を追ってゆくことにより、従来、曖昧に認識されていた官教の頭辞と印章の変遷過程を瞭然と把握することが可能になった。官教の頭辞は当初、「王旨」であったが、世宗代に「教旨」へと改められた。一方、印章の変化は多様であり、太祖代から世祖代にかけて、「高麗国王之印」「朝鮮王宝」「国王行宝」「朝鮮国王之印」「施命之宝」「施命」と試行錯誤を繰り返した上で、最終的に成宗代のとき、新鋳「施命之宝」に固定された。

このように、官教の体式が二転三転した要因は、朝鮮王朝の国内事情と国外事情に求められる。第一に国内的には、王の直接命令に基づいて発給された官教は、王の権威をできるだけ宣揚し得るようにその体式が整えられたことが指摘される。印章の文面には、官府・官僚の印章を意味する「印」字ではなく、本来中国の皇族のみが使い得る「宝」字を用い、また経典などから麗句を採用しているが、これは王の地位を官民から超越しようとしたものといえる。第二に国外的には、官教の体式は、宗主国である明に対して僭礼となる格式を取らぬよう、朝鮮政府が苦慮した末に生み出した産物という事実を指摘し得る。官教の頭辞が諸侯の用いる命令の語「教」字を含む「教旨」へと変更され、また世祖代に、女真人に対する授職をめぐって明との関係が悪化すると、「宝」字を削去した寸法の小さな「施命」が作成されるが、これらは明に対する僭礼を避け、自主的な規制を加えたものと考えられる。王朝政府は、国内と国外の事情を勘案しつつ、官教の体式を定式化していったのである。宗主国明の存在は、朝鮮王朝国内で用いられる任命文書の体式にも大きく影を落としていたといえる。

第四章「事元以後における高麗の元任命箚付の受容――「金天富箚付」の検討――」では、高麗事元期より末期にかけて発給されたと考えられる「金天富文書」（録文）の体式を、元において任命の用途で使われていた下行文書である箚付（任命箚付）のそれと比較した。両文書の文面を比較検討した結果、「金天富文書」が元の任命箚付の体式とほぼ完全に合致することが明らかとなり、両文書の用法においても、階官を付与しない任命に用いるという共通性を見出すことができた。

当時、高麗には元の地方機関である征東行省が置かれ、高麗王やその王子が長期にわたって元に滞在するなど、両国の間では様々な文物や情報が活発に行き交っていた。このことから考えてみても、高麗が元の任命箚付の体式を受容した可能性はきわめて高い。

任命箚付は朝鮮王朝にも引き継がれ、済州人や女真人を軍官（万戸・百戸）に任ずる際に使用されたことが確認される。しかし、世宗代に、済州島の百戸を任命する文書は差帖に取って代わられ、成宗代には、女真人に対する任命箚付の発給も停止される。『経国大典』の成立を前後して、任命箚付はその姿を完全に消すことになり、類似の性格をもつ文書は差帖へと統合された。朝鮮王朝の諸制度が整備されて「大典体制」が確立するとともに、事元期高麗の遺物である任命箚付はその役割を終えたといえる。

第五章「朝鮮初期における文武官妻封爵の規定と封爵文書体式の変遷」では、文武官妻に与えられた封爵文書について、その体式と発給手続きの変遷過程を考察した。『経国大典』文武官妻告身式には封爵文書の体式が規定されているが、任命文書（官教・奉教告身）のそれと酷似しており、両者の深い関連性をうかがわせる。しかし一方で、朝鮮初期の封爵文書は『経国大典』規定のものとまったく異なる体式を備えていることが確認される。そこで本章では、朝鮮初期において封爵文書の体式と発給手続きがいかに変遷していったかを追跡し、封爵文書と任命文書との間にいかなる差異点を見出し得るかを究明することにした。

まず議論の前提作業として、高麗最末期・朝鮮初期における文武官妻の封爵規定の整備過程について論じた。文武官妻の封爵対象および爵号が『経国大典』の外命婦条に結実するまでの過程を追い、封爵の対象範囲は、高麗最末期には六品以上であったが、朝鮮建国後には参外官（七品以下）まで拡大したこと、また、高麗時代には再婚者のみが封爵対象から外されていたが、朝鮮太宗代には庶子に対する封爵も禁じられるようになったことを指摘した。

朝鮮時代の封爵文書の最古の事例としては、建国から数年後に発給された「李和尚妻李氏封爵牒」が挙げられるが、本文書は複雑な体式をもつため、これまでその性格や内容が誤って理解されてきた。そこで改めて検討を加えた結果、「李和尚妻李氏封爵牒」は、吏曹が王の裁可「判」を受けて下行文書形式「牒」によって発給されたこと、また、当時、本文書のような牒式文書がすべての封爵対象者に与えられた可能性が高いことを明らかとした。

その後、世宗代には、二品以上妻に官教体式の封爵文書を用いるように改めたと考えられる。またこの頃、三品以下妻に対する封爵文書の体式が奉教告身のそれに類似するものに改められた可能性が高い。さらに世祖代には、堂上官妻には官教体式、堂下官妻には奉教告身体式の封爵文書を発給するよう制度が定着したものと思われる。

『経国大典』文武官妻告身式を一瞥すれば、任命文書の体式とほぼ合致しているため、封爵文書と任命文書にはさしたる差異もないようにみえる。しかしながら、封爵文書と任命文書はその整備過程がまったく異なっており、両者には大きな違いがあるといえる。

本書各章の考察を踏まえて、高麗事元期から朝鮮初期を中心に、朝鮮中近世の任命文書制度の変遷、およびその背景にある国家の政治・思想状況を整理すれば、おおよそ次のようになる[1]。

高麗では元来、唐・宋の三省（中書省・門下省・尚書省）制を基礎とした政治機構を築きあげており、官僚を任命する際、「制授告身」や「勅授告身」「中書門下制牒」「尚書吏部教牒」など、三省制度にもとづく文書を使用していた。しかし、一二世紀中葉、武臣による政権の奪取を境として制度の動揺が起こりはじめ、一三世紀中葉に事元した後には、従来の政治機構の維持が決定的に不可能となり、三省制は改編を余儀なくされた。そのため、制授告身をはじめとする任命文書もまた消滅するにいたったのである。

事元以後の高麗においては、任命文書として、一般的に朝謝文書が用いられていたが、王が親任する場合や、通常の任命手続きが取れない場合など、特別なケースに限り官教を下すことがあり、また千戸・百戸など元制に由来する特殊な軍官を任命する際には、劄付をはじめとする種々の形式の文書が発給されていた[2]。当時における任命文書は、相当に錯雑とした体系を有していたのである。さらに、従来ほとんど注目されてこなかったが、高麗事元期の任命文書には、元の文書制度の影響がはっきりとみてとれる。官教の体式は事元以後に確立したものと考えられ、また任命劄付の体式が元のそれを下敷きに形成されたことは疑念の余地がない。こうした事実は、高麗の文書制度の変容に元がいかなる影響をおよぼしたのかという、新たな視角からの研究[3]に寄与するものと思われる。

一四世紀末、高麗が滅亡して朝鮮王朝が建国されると、基本的に四品以上に官教、五品以下に朝謝文書を発給するよう定められた。以後、一五世紀末に永世不変の法典『経国大典』が施行されるまで、朝鮮は任命文書に用いる文言や印章を頻繁に改変している。

任命文書は、王命のもと、官僚を王朝政府の機構中に位置づけるという重要な役割を担うものであった。そのため、その文書体式は、朝鮮王朝が奉じる儒教政治理念にふさわしく、また可能な限り王の権威を宣揚するように形成されていった。このようにして、官教においては、君主の命令の語として不適当とされた頭辞の語「王旨」が「教旨」と改められ、文書に実際に捺す印章の文面でも、「朝鮮」や「国王」という国内の常時に用いるのに適切でない文言を避け、「施命之宝」という独特な文言が創作された。また、吏読によって記されるために「鄙俚」とみなされた朝謝文書は廃止され、正体漢文によって書かれた奉教告身が新たに生み出された。

ただし、王の権威の宣揚は無制限に行われていたわけではなく、宗主国明の存在によって制約を受けていた点には注意を要する。女真人の羈縻問題に象徴されるように、当時、朝鮮と明とは安全保障をめぐって緊張関係にあり、朝鮮は明を刺激しないよう慎重な態度で接しなければならなかった。また、世宗代以後には、君臣の道理にもとづき、朝鮮王が忠実な諸侯として明皇帝に「至誠事大」しなければならないという思想が生まれる[4]。官教において、事元前の高麗で用いられていた「聖旨」「勅旨」「宣旨」など、本来皇帝のみが使用し得る語ではなく、諸侯の用いる命令の語「教旨」を新たに定め、印章の文言や寸法を明皇帝に対して僭礼とならぬよう慎重に調整したのは、こうした事情が潜んでいたのである。既往の公文書研究では、朝鮮王朝が文書体式を整備してゆく過程において、宗主国明の存在が占めていた比重の大きさに対してあまり注意が払われてこなかったが、今後、改めて深く追究してゆく必要があると思われる。

『経国大典』施行後には、官教（四品以上告身）と奉教告身（五品以下告身）という任命文書の体系が固定され、朝鮮末期までその制度が維持されつづけた。この頃、箚付などの任命関連文書もまた廃止され、同様の性格を有する文書は基本的に差帖へと一本化された[5]。このような簡素化・効率化の傾向は、文書体系のみならず、体式の変化にも見出すことができる。文書の発給過程がつぶさに記録された複雑な体式の朝謝文書は、世祖代に任命内容のみを端的に記す奉教告身が登場することにより、その姿を消すことになった。文武官妻封爵文書も、朝鮮建国初期には複雑な体式を有していたが、成宗代までに官教（堂上官妻告身）と奉教告身（三品以下妻告身）の体式へと単純化された[6]。『経国大典』が施行されて以後、任命・封爵に関連する文書の体式は、基本的に官教あるいは奉教告身のそれへと集約されたのである。朝鮮初期において王朝政府は、煩瑣な体系・体式を有していた官府間の行移文書を徐々に整備し、行政の効率化を推し進めていたことが指摘されているが[7]、任命文書においてもやはり、体系と体式を簡素化して文書の効率的な作成・発給を試みたことがみてとれる。

任命文書の体系と体式の確立は、『経国大典』にもとづく王朝体制、すなわち「大典体制」の完成とほぼ軌を一にしている。建国以来、およそ一〇〇年つづいた試行錯誤の果て、王朝政府による国家の諸制度の整備はひとまず終了するが、任命文書もまた、このときその体系と体式を確固たるものとしたのである。

以上、高麗事元期より朝鮮初期を軸として、朝鮮中近世における任命文書制度の歴史的変遷を展望しようとする、本書の所期の目的は果たされたものと思われる。

本書は、高麗事元期から朝鮮初期の公文書中、任命文書の体系・体式・機能について総合的な考察を加えたものであり、朝鮮中近世の公文書研究に新たな展望を開いたと考えられる。高麗事元期から朝鮮初期においては、多種多様な公文書が発給されていたことが確認される。王や中央官府から個人や民間機関に発給されたものに限ってみても、科挙合格証である「紅牌」「白牌」、寺院の雑役を減免する「減役文書」、優れた功績を挙げた者を功臣に封ずる「功臣録券」、それら功臣に田地・奴婢を与える「功臣教書」や「賜牌」、禄支給文書である「禄牌」、財産相続を証明する「立案」などを挙げることができる。これらの文書については先行研究が存在するものもあるが、関連史料の少なさもあり、体系的な研究が行われてきたとは到底いえないのが現状である[8]。高麗事元期から朝鮮初期において発給された種々の公文書の性格を解明し、それらを相互に参照しつつ、包括的な研究を進めていくことは、学界に残された大きなテーマといえる。

最後に、今後の課題を述べて結びとしたい。

課題の第一は比較研究の必要性である。近年、日本・唐はもとより、宋・元・明・後金・清や琉球の任命文書に関する研究や新史料の発掘が陸続と行われており[9]、東アジア各国の任命文書を比較検討するための材料が整いつつあるといえる。それぞれの国の任命文書を相互に突きあわせ、詳細に考察を加えることにより、文書の作成・発給の仕組み、官職任命における権威のよりどころなど、それぞれの国の文書がもつ固有の特徴を浮かびあがらせることができるであろう。ひいては、こうした公文書の分析を梃子にして、東アジア各国の行政制度や統治理念の比較という新たな研究の展望が開かれるものと期待される。

従来、朝鮮の古文書の比較研究といえば、中国から伝えられた公文書の体系・体式を朝鮮がいかに受容・吸収したかを検討することに関心が集中しがちであったが、二国間における一方向的な文物制度の伝播という点だけを取りあげるのではなく、時代・地域を越えた広い視野からの比較研究が求められる。

課題の第二として、文書の伝来論的研究が挙げられる。本書では文書史料の伝来過程（作成・伝達・保管・廃棄・再利用）について、ほとんど触れることができなかった。こうした問題を追究することは、原文書と録文とを問わず文書史料のもつ性質を捉える上で、欠かすことのできない作業であると思われる[10]。この点は、従来の研究でもほとんど注意が払われてこなかったが、今後、積極的に取り組むべき問題であろう。

古文書の伝来論的研究は、古文書学上の問題にとどまらず、様々な興味深い論点を提供してくれる。例えば、任命文書を発給された官僚の後孫により文書がいかに保管・廃棄されたかを考察することは、後孫の祖先顕彰に対する意識や、門中における文書保管の原則をうかがうことを可能にするものと思われる。ひいては、朝鮮において古文書の原本がなぜ残存しにくいのかという問題に接近するための鍵となるに違いない[11]。

もう一点、課題として取りあげるべきは、モノとしての文書に対する科学分析的な研究である。この研究が重要であるのは何よりも、従来、体式上の瑕瑾が見当たらない場合、「大家の鑑識眼」に頼っていた古文書の真偽判定に資するところがきわめて大きいためである。とくに、体式が簡潔で偽造が容易な朝鮮後期の官教には偽文書が多く、研究に多大な障碍となっているため、現在早急な対策が俟たれている。

従来の朝鮮古文書学において、科学分析の方面からアプローチした研究はごく限られていたが[12]、近年、田代和生は、朝鮮が日本へ送った外交文書の料紙と印肉の成分を科学的に分析することにより、文書の真偽を判別するという画期的な論考を発表した[13]。この論考は外交文書をあつかったものとはいえ、朝鮮古文書に対するはじめての本格的な科学分析という点できわめて意義が大きいものであり、今後、朝鮮国内向けに発給された文書について研究を進める際に、ひとつの模範とすべきものであろう。

加えて注目したいのは、和紙の放射性炭素の濃度を測定し、その作成年代を鑑定した小田寛貴の一連の研究である[14]。ごくわずかな試料で精度の高い測定が可能な加速器質量分析法（ＡＭＳ）を用いた氏の研究は、いまだ発展途上とはいえ、古文書学・書誌学における史料の年代測定、そして真偽判定にあたり、非常に有益なものになることが予想され、朝鮮の古文書研究にも積極的に導入すべきと思われる。科学分析的研究は、古文書の真偽判定や年代測定のみならず、料紙・筆墨・印肉などの製造方法や原料の同定といった様々な方面の研究へと広がる可能性をもっており、将来的に豊かな成果が期待される。

右に挙げた比較研究や伝来論的研究、科学分析的研究を進めることにより、任命文書の諸特質をより広い視野から捉えることが可能になると思われる。こうした研究を体系・体式・機能に関する研究と併行して進め、その成果を積み重ねることは、任命文書のみならず、今後、他種の文書を考察する上でも重要な情報を提供してくれるに違いない。ひいては、総合的な「朝鮮古文書研究」の構築につながってゆくであろう。すべて今後の課題としたい。

注

（1）事元前の高麗の任命文書制度については、矢木毅「高麗時代の銓選と告身」（『高麗官僚制度研究』京都大学学術出版会、二〇〇八年、初出は二〇〇〇年）参照。

（2）高麗末期には、千戸・百戸を任命する文書として「牒」を発給しており（『高麗史』巻八三、志三七、兵三、船軍）、朝鮮太祖代には、女真人を万戸や千戸に任命する際、「中枢院牒」という文書を発給していた（本書第四章注(52)参照）。なお、「牒」は公文書一般を指す場合があるため、これらの文書の体式が牒式文書であったとは必ずしもいえず、千戸・百戸などの軍官を任命していることから判断すれば、あるいは箚付であった可能性も考えられる。

（3）高麗が元の文書制度を受容した点については、朴竣鎬『예의 패턴――조선시대 문서 행정의 역사――』（笑臥堂、二〇〇九年）がごく簡単に触れているが（六五〜七〇頁）、その内実はほとんど未解明である。

（4）安貞姫「朝鮮初期의 事大論」（『歴史教育』六四、一九九七年）。

（5）朝鮮後期には、「伝令」という文書が軍官任命の際に発給されることもあった。伝令については、이정일「임명 전령의 발급 범위와 형식에 대한 연구」（『古文書研究』三〇、二〇〇七年）参照。

（6）官僚の父母や祖父母を追贈する文書も、『経国大典』において官教の体式で規定された（『経国大典』巻三、礼典、追贈式）。

（7）朴竣鎬『예의 패턴』（前掲）。

（8）ただし、功臣録券と功臣教書に限っては事例数が多いため、研究が比較的蓄積されつつあるといえる。

（9）赤羽奈津子・石本利宏・大西啓司「清代誥勅命文書の可能性について」（『東洋史苑』七八、二〇一二年）、小島浩之「東京大学総合図書館所蔵 鷗外文庫『明代勅命』管見」（『漢字文献情報処理研究』一〇、二〇一〇年）、清水浩一郎「南宋告身の文書形式について」（『歴史』一〇九、二〇〇七年）、杉山清彦「清代マンジュ（満洲）人の『家』と国家――辞令書と系図が語る秩序――」（加藤雄三ほか編『東アジア内海世界の交流史』人文書院、二〇〇八年）、高良倉吉「古琉球辞令書とその形式」（『沖縄歴史論序説』三一書房、一九八〇年）、堤一昭「大元ウルス高官任命命令文研究序説」（『大阪外国語大学論集』二九、二〇〇三年）、沈永煥「北宋代 勅授告身 試論」（『泰東古典研究』二六、二〇一〇年）、同「南宋 淳熙五年（一一七八）呂祖謙 勅授告身」（『史林（首善史学会）』三六、二〇一〇年）、鞠徳源「明清誥勅命文書簡述」（故宮博物院明清档案部編『清代档案史料叢編』七、中華書局、一九八一年）など。

（10）この問題は、録文の史料的性格を考える上で看過できない重要な意味をもつ。高麗事元期から朝鮮初期の文書は、しばしば朝鮮後期や大韓帝国期・植民地期の族譜や文集に載録されることがあるが、それら録文の原文書自体が今日まで伝わる例はほとんどない。逆に、原文書が今日まで伝存している場合、それが族譜や文集に載録されている例もまた稀である。これは、族譜・文集の編纂当時に原文書が現存していれば、それをわざわざ録文の形で転載することを必要としなかったためではなかろうか。とすれば、族譜・文集へ文書を転載するとき、その基となったのは、原文書ではなく写しであった可能性も想定される。門中における文書の保管や利用については不明な点が多く、今後、こうした諸点に注意しつつ検討を進めることが求められる。

(11) 川西裕也「朝鮮時代古文書の伝来論的研究の現状と課題」（『韓国朝鮮文化研究』一二、二〇一三年）では、朝鮮時代の古文書の伝来論的研究に関わる先行研究を整理し、今後の課題について論じた。

(12) 韓国においては、古文書の料紙の科学分析に関する研究として、鄭善英「고문서의 紙質」（『古文書研究』二〇、二〇〇二年）、孫渓鍈「古文書에 사용된 종이 연구——『度支準折』을 중심으로——」（『古文書研究』二五、二〇〇四年）、同「조선시대 古文書에 사용된 종이 분석」（『韓国記録管理学会誌』五－一、二〇〇五年）など、わずかな論考があるにすぎない。鄭善英の研究は、料紙の寸法や製造法に触れ、その繊維や含有物についても言及しているが、記述がやや散漫であり、まとまりに欠けている感は否めない。一方、孫渓鍈の研究は、多数の料紙の密度や簾目・繊維を調査し、その時代的変遷と特徴を検討したものであり、本格的な料紙研究の嚆矢といえる。今後、こうした基礎データを蓄積することにより、料紙研究の一層の深化が期待される。なお書誌学の分野では、鄭善英「朝鮮初期 冊紙에 관한 研究」（『書誌学研究』一、一九八六年）、曹炯鎮「古書印出用 墨汁의 実験的 研究」（『書誌学研究』一九、二〇〇〇年）、朴相珍「목판 및 종이（韓紙）의 재질 분석」（『国学研究』二、二〇〇三年）、曹炯鎮「古書印出用 冊紙의 実験的 研究」（『書誌学研究』二七、二〇〇四年）など、書籍の料紙・墨に関する科学分析的研究が進められつつあり、緊密な連携が必要と考えられる。

(13) 田代和生「朝鮮国書原本の所在と科学分析」（『朝鮮学報』二〇二、二〇〇七年）。

(14) 小田寛貴『加速器質量分析法（AMS）による文化財資料の放射性炭素（一四C）年代測定——その基礎的研究と古文書への適用——』（名古屋大学博士学位論文、二〇〇〇年）、小田寛貴・池田和臣・増田孝「古筆切・古文書のAMS一四C年代測定——平安・鎌倉時代の古筆切を中心に——」（『名古屋大学加速器質量分析計業績報告書』一五、二〇〇四年）、小田寛貴「加速器質量分析法による歴史時代資料の一四C年代測定——和紙資料の測定を中心に——」（『国立歴史民俗博物館研究報告』一三七、二〇〇七年）など。

主要参考文献

日本語文献（五十音順）

赤羽奈津子・石本利宏・大西啓司「清代誥勅命文書の可能性について」（『東洋史苑』七八、二〇一二年）
池内宏「高麗恭愍王の元に対する反抗の運動」（『満鮮史研究（中世第三冊）』吉川弘文館、一九六三年、初出は一九一六年）
稲葉岩吉『光海君時代の満鮮関係』（大阪屋号書店、一九三三年）
江嶋寿雄「勅書（エジェヘ）と屯荘（トクソ）――清朝勃興期の社会経済史的概観――」（『明代清初の女直史研究』中国書店、一九九九年、初出は一九五二年）
大庭脩「豊臣秀吉を日本国王に封ずる誥命」（『古代中世における日中関係史の研究』同朋舎出版、一九九六年、初出は一九七一年）
小田寛貴『加速器質量分析法（ＡＭＳ）による文化財資料の放射性炭素（一四Ｃ）年代測定――その基礎的研究と古文書への適用――』（名古屋大学博士学位論文、二〇〇〇年）
――――「加速器質量分析法による歴史時代資料の一四Ｃ年代測定――和紙資料の測定を中心に――」（『国立歴史民俗博物館研究報告』一三七、二〇〇七年）
小田寛貴・池田和臣・増田孝「古筆切・古文書のＡＭＳ一四Ｃ年代測定――平安・鎌倉時代の古筆切を中心に――」（『名古屋大学加速器質量分析計業績報告書』一五、二〇〇四年）
片岡一忠『中国官印制度研究』（東方書店、二〇〇八年）
河内良弘「朝鮮世祖の字小主義とその挫折」（『明代女真史の研究』同朋舎出版、一九九二年、初出は一九七四年）
――――「女真人の朝鮮上京について」（『明代女真史の研究』同朋舎出版、一九九二年、初出は一九八三年）
川西裕也「朝鮮時代古文書の伝来論的研究の現状と課題」（『韓国朝鮮文化研究』一二、二〇一三年）
神田喜一郎「八思巴文字の新資料」（『神田喜一郎全集』三、同朋舎出版、一九八四年、初出は一九六九年）
北村秀人「高麗に於ける征東行省について」（『朝鮮学報』三二、一九六四年）

木下礼仁「『三国遺事』金傅大王条にみえる「冊尚父誥」についての一考察――唐告身との関連性によせて――」（『日本書紀と古代朝鮮』塙書房、一九九三年、一九七九年）

木村拓「一五世紀朝鮮王朝の対日本外交における図書使用の意味――冊封関係との接点の探求――」（『朝鮮学報』一九一、二〇〇四年）

桑野栄治「朝鮮世祖代の儀礼と王権――対明遥拝儀礼と圜丘壇祭祀を中心に――」（『久留米大学文学部紀要（国際文化学科編）』一九、二〇〇二年）

小島浩之「東京大学総合図書館所蔵 鷗外文庫『明代勅命』管見」（『漢字文献情報処理研究』一〇、二〇一〇年）

佐藤進一「中世史料論」（『日本中世史論集』岩波書店、一九九〇年、初出は一九七六年）

清水浩一郎「南宋告身の文書形式について」（『歴史』一〇九、二〇〇七年）

白鳥庫吉「『高麗史』に見えたる蒙古語の解釈」（『白鳥庫吉全集』三、岩波書店、一九七〇年、初出は一九二九年）

末松保和「麗末鮮初に於ける対明関係」（『高麗朝史と朝鮮朝史』吉川弘文館、一九九六年、初出は一九四一年）

杉山清彦「清代マンジュ（満洲）人の『家』と国家――辞令書と系図が語る秩序――」（加藤雄三ほか編『東アジア内海世界の交流史』人文書院、二〇〇八年）

高雄義堅「元代に於ける僧尼管属僧官並に度牒の研究」（『仏教学論纂（龍谷大学紀要一）』一九四四年）

高橋公明「朝鮮遣使ブームと世祖の王権」（田中健夫編『日本前近代の国家と対外関係』吉川弘文館、一九八七年）

高橋文治「張留孫の登場前後」（『モンゴル時代道教文書の研究』汲古書院、二〇一一年、初出は一九九七年）

高良倉吉「古琉球辞令書とその形式」（『沖縄歴史論序説』三一書房、一九八〇年）

田川孝三「朝鮮の古文書――官文書を主として――」（佐藤進一編『書の日本史』九、平凡社、一九七六年）

田代和生「朝鮮国書原本の所在と科学分析」（『朝鮮学報』二〇二、二〇〇七年）

竺沙雅章「元代華北の華厳宗――行育とその後継者たち――」（『宋元仏教文化史研究』汲古書院、二〇〇〇年、初出は一九九七年）

中枢院調査課編『李朝法典考』（朝鮮総督府、一九三六年）

堤一昭「大元ウルス高官任命命令文研究序説」（『大阪外国語大学論集』二九、二〇〇三年）

内藤雋輔「高麗兵制管見」（『朝鮮史研究』東洋史研究会、一九六一年、初出は一九三四年）

中村栄孝「受職倭人の告身」（『日鮮関係史の研究』上、吉川弘文館、一九六五年、初出は一九三一年）

中村裕一「『会昌一品制集』にみえる『奉勅撰』と『奉宣撰』」（『唐代公文書研究』汲古書院、一九九六年）

――『隋唐王言の研究』（汲古書院、二〇〇三年）

――「藩鎮の軍職と幕職の告身」（『唐令逸文の研究』汲古書院、二〇〇五年）

仁井田陞『中国身分法史』（東京大学出版会、一九八三年、初版は一九四二年）
野口善敬「元代江南における住持任命権者の変遷」（『元代禅宗史研究』禅文化研究所、二〇〇五年、初出は二〇〇三年）
浜中昇「麗末鮮初の閑良について」（『朝鮮学報』四二、一九六七年）
原田一良「高麗翼軍の成立――部隊単位『軍翼』への照明――」（『高麗史研究論集』新羅史研究会、二〇〇六年、初出は一九九四年）
舩田善之「日本宛外交文書からみた大モンゴル国の文書形式の展開――冒頭定型句の過渡期的表現を中心に――」（『史淵』一四六、二〇〇九年）
松川節「大元ウルス命令文の書式」（『待兼山論叢』二九、一九九五年）
宮紀子「『龍虎山志』からみたモンゴル命令文の世界――正一教教団研究序説――」（『東洋史研究』六三‐二、二〇〇四年）
――「徽州文書新探――『新安忠烈廟神紀実』より――」（『東方学報』七七、二〇〇四年）
森平雅彦「高麗王位下の基礎的考察――大元ウルスの一分権勢力としての高麗王家――」（『朝鮮史研究会論文集』三六、一九九八年）
――「駙馬高麗国王の成立――元朝における高麗王の地位についての予備的考察――」（『東洋学報』七九‐四、一九九八年）
――「元朝ケシク制度と高麗王家――高麗・元関係における禿魯花の意義に関連して――」（『史学雑誌』一一〇‐二、二〇〇一年）
――「朝鮮における王朝の自尊意識と国際関係――高麗の事例を中心に――」（今西裕一郎編『九州大学二一世紀COEプログラム「東アジアと日本――交流と変容――」統括ワークショップ報告書』九州大学大学院比較社会文化研究院、二〇〇七年）
矢木毅「高麗における軍令権の構造とその変質」（『東方学報』七〇、一九九八年）
――「高麗国初の広評省と内議省」（『高麗官僚制度研究』京都大学学術出版会、二〇〇八年、初出は二〇〇〇年）
――「高麗時代の銓選と告身」（『高麗官僚制度研究』京都大学学術出版会、二〇〇八年、初出は二〇〇〇年）
山口英男「文書と木簡」（石上英一編『日本の時代史』三〇、吉川弘文館、二〇〇四年）
吉田光男「一五世紀朝鮮の土官制――李朝初期地方支配体制の一断面――」（『朝鮮史研究会論文集』一八、一九八一年）

韓国語文献（가나다順）

姜性文「高麗末 紅頭賊 侵寇에 関한 研究」（『陸士論文集』三一、一九八六年）
権寧国「원 간섭기 고려 군제의 변화」（一四世紀高麗社会性格研究班編『一四세기 고려의 정치와 사회』民音社、一九九四年）
――「고려말 中央軍制의 변화」（『史学研究』四八、一九九四年）
金斗憲『韓国家族制度研究』（서울大学校出版部、一九六九年、初版は一九四九年）
金芳漢「파스파 문자 자료」（『몽골어연구』서울大学校出版部、一九九九年、初出は一九七一年）

金順南「朝鮮初期의 堂上官」(『史叢』四五、一九九六年)
金龍徳「高麗時代의 署経에 대하여」(『韓国制度史研究』一潮閣、一九八三年、初出は一九五六年)
金恩美「朝鮮後期 教旨偽造의 一研究」(『古文書研究』三〇、二〇〇七年)
金昊鍾「恭愍王의 安東蒙塵에 관한 一研究」(『安東文化』一、一九八〇年)
金赫「朝鮮時代 禄牌 研究」(『古文書研究』二〇、二〇〇二年)
金賢羅「고려후기 護軍의 地位와 構成員」(『지역과 역사』一四、二〇〇四年)
金炫栄「『고문서』 개념의 수용과 전근대 아카이브즈 자료의 정리」(『史学研究』九五、二〇〇九年)
金炯秀「고려후기 李子修의 官職任用資料 四점」(『国学研究』一二、二〇〇八年)
南権熙『高麗時代 記録文化 研究』(清州古印刷博物館、二〇〇二年)
南権熙・呂恩暎「忠烈王代 武臣 鄭仁卿의 政案과 功臣録券 研究」(『古文書研究』七、一九九五年)
南智大「조선초기 散階(官品)의 구조와 기능」(『韓国文化』一三、一九九二年)
――「朝鮮初期 官署・官職体系의 정비」(『湖西文化論叢』九・一〇、一九九六年)
盧明鎬ほか編『韓国古代中世古文書研究』上・下(서울大学校出版部、二〇〇〇年)
閔賢九「高麗後期의 軍制」(軍史研究室編『高麗軍制史』陸軍本部、一九八三年)
――「高麗 恭愍王代 反元的 改革政治의 展開過程」(択窩許善道先生停年紀念韓国史学論叢刊行委員会編『択窩許善道先生停年紀念韓国史学論叢』一潮閣、一九九二年)
박경「朝鮮前期 妻妾秩序 確立에 대한 考察」(『梨花史学研究』二七、二〇〇〇年)
裵在弘「朝鮮前期 妻妾分揀과 庶孼」(『大丘史学』四一、一九九一年)
朴相珍「목판 및 종이(韓紙)의 재질 분석」(『国学研究』二、二〇〇三年)
朴盛鍾『朝鮮初期 古文書 吏読文 訳註』(서울大学校出版部、二〇〇六年)
――「朝謝의 사용 의미와 文書式」(『古文書研究』四二、二〇一三年)
朴成鎬「현재 전하고 있는 王旨의 真偽 고찰」(『精神文化研究』三三-三、二〇一〇年)
――「조선 초기 功臣教書의 文書史的 의의 검토――一三九二년 李済 開国功臣教書와 一四〇一년 馬天牧 佐命功臣教書――」(『全北史学』三六、二〇一〇年)
――『朝鮮初期 王命文書 研究――経国大典体制 成立까지를 中心으로――』(韓国学中央研究院韓国学大学院博士学位論文、二〇一一年)

朴容玉「朝鮮太宗朝 妻妾分弁考」（『韓国史研究』一四、一九七六年）

朴龍雲『高麗時代 台諫制度 研究』（一志社、一九八〇年）

――「『고려사』 백관지의 특성과 역주」（『『高麗史』 百官志 訳註』 新書苑、二〇〇九年）

朴恩卿「高麗後期의 留郷品官勢力」（『高麗時代郷村社会研究』 一潮閣、一九九六年、初出は一九八四年）

朴宰佑「관리임용을 통해 본 국정운영」（『고려 국정운영의 체계와 왕권』 新丘文化社、二〇〇五年）

――「고려 政案의 양식과 기초 자료――『鄭仁卿政案』을 중심으로――」（『古文書研究』 二八、二〇〇六年）

――「一五세기 인사문서의 양식 변화와 성격」（『역사와 현실』 五九、二〇〇六年）

――「국가 및 관리 생활과 문서」（国史編纂委員会編 『고문서에게 물은 조선시대 사람들의 삶』 斗山東亜、二〇〇九年）

――「조선시대 문서행정의 체계적 이해（朴竣鎬 『예의 패턴』 書評）」（『古文書研究』 三六、二〇一〇年）

――「고려시대 署経의 행정절차와 성격」（『歴史文化研究』 三六、二〇一〇年）

朴竣鎬「『洪武礼制』 와 朝鮮 初期 公文書 制度」（『古文書研究』 二二、二〇〇三年）

――「『経国大典』 체제의 문서 행정 연구」（『古文書研究』 二八、二〇〇六年）

――「고려후기와 조선초기의 인사 문서 연구」（『古文書研究』 三一、二〇〇七年）

――『예의 패턴――조선시대 문서 행정의 역사――』（笑臥堂、二〇〇九年）

孫溪鍈「古文書에 사용된 종이 연구――『度支準折』 을 중심으로――」（『古文書研究』 二五、二〇〇四年）

――「조선시대 古文書에 사용된 종이 분석」（『韓国記録管理学会誌』 五－一、二〇〇五年）

宋寅州「元圧政下 高麗王朝의 軍事組織과 그 性格」（『歴史教育論集』 一六、一九九一年）

沈永煥「高麗 景宗元年（九七五） 金傅告身 分析」（『書誌学報』 三一、二〇〇七年）

――『조선시대 고문서 초서체 연구』（笑臥堂、二〇〇八年）

――「조선초기 태조 七년（一三九八） 李和尚妻李氏 〈封爵牒〉 考」（『歴史와 実学』 三九、二〇〇九年）

――「北宋代 勅授告身 試論」（『泰東古典研究』 二六、二〇一〇年）

――「南宋 淳熙五年（一一七八） 呂祖謙 勅授告身」（『史林』（首善史学会） 三六、二〇一〇年）

――「조선초 吉再의 추증과 〈追贈牒〉 의 復元」（『圃隠学研究』 七、二〇一一年）

沈永煥・朴成鎬・魯仁煥『변화와 정착――麗末鮮初의 朝謝文書――』（民俗苑、二〇一一年）

安貞姫「朝鮮初期의 事大論」（『歴史教育』 六四、一九九七年）

梁正錫「松広寺 王命文書를 통해 본 高麗 公式令 制誥規式」（『韓国史学報』 一八、二〇〇四年）

梁晋碩「한국 고문서학의 전개과정」(『奎章閣』三四、二〇〇九年)

柳池栄「조선시대 임명관련 教旨의 문서형식」(『古文書研究』三〇、二〇〇七年)

柳昌圭「고려후기 지방세력의 역학구조──在地品官과 郷吏層을 중심으로──」(『国史館論叢』一〇一、二〇〇三年)

呉宗禄「高麗後期의 軍事 指揮体系」(『国史館論叢』二四、一九九一年)

──「朝鮮初期 両界의 翼軍体制와 国防」(水邨朴永錫教授華甲紀念論叢刊行委員会編『水邨朴永錫教授華甲紀念 韓国史学論叢』上、探求堂、一九九二年)

李康漢「공민왕 五년(一三五六)『反元改革』의 재검토」(『大東文化研究』六五、二〇〇九年)

李慶喜「고려말 紅巾賊의 침입과 安東臨時首都의 대응」(『釜山史学』二四、一九九三年)

李基白「高麗 末期의 翼軍」(『高麗貴族社会의 形成』一潮閣、一九九〇年、初出は一九六九年)

李丙燾『高麗時代의 研究──特히 地理図讖思想의 発展을 中心으로──』(乙酉文化社、一九四八年)

李相佰「庶孽 差待의 淵源에 대한 一問題」(『李相佰著作集』乙酉文化社、一九七八年、初出は一九三四年)

李樹健ほか『一六세기 한국 고문서 연구』(아카넷、二〇〇四年)

李英淑「朝鮮初期 内命婦에 대하여」(『歴史学報』九六、一九八二年)

李載龒「朝鮮初期의 土官」(『朝鮮初期社会構造研究』一潮閣、一九八四年、初出は一九六六年)

──「朝鮮初期의 禄俸制」(『朝鮮初期社会構造研究』一潮閣、一九八四年、初出は一九七四年)

──「朝鮮初期의 翼軍」(『朝鮮初期社会構造研究』一潮閣、一九八四年、初出は一九八二年)

이정일「임명 전령의 발급범위와 형식에 대한 연구」(『古文書研究』三〇、二〇〇七年)

李貞薫『高麗前期 政治制度 研究』(慧眼、二〇〇七年)

李泰鎮「庶孽差待考──鮮初 妾子『限品叙用』制 成立過程을 中心으로──」(『歴史学報』二七、一九六五年)

李鉉淙「対明関係」(国史編纂委員会編『한국사』九、国史編纂委員会、一九七四年)

李亨雨「고려 禑王代의 遷都論과 정치세력」(『韓国学報』一一三、二〇〇三年)

鄭光「訳科蒙学과 蒙古語試券」(『朝鮮朝 訳科 試券 研究』成均館大学校出版部、一九九〇年、初出は一九八七年)

張東翼「慧諶의 大禅師告身에 대한 検討──高麗 僧政体系의 理解를 중심으로──」(『韓国史研究』三四、一九八一年)

──「金傳의 冊尚父誥에 대한 一検討」(『歴史教育論集』三、一九八二年)

──「征東行省의 置廃와 그 運営 実態」(『高麗後期外交史研究』一潮閣、一九九四年)

張志連「麗末鮮初 遷都論議에 대하여」(『韓国史論』四三、二〇〇〇年)

鄭求福「古文書 研究의 現況과 問題点」(『精神文化研究』四六、一九九二年)
――「高麗朝의 避諱法」(『韓国中世史学史』Ⅰ、集文堂、一九九九年、初出は一九九四年)
――「朝鮮朝의 告身」(『古文書와 両班社会』一潮閣、二〇〇二年、初出は一九九六年)
――「조선시대의 자문(尺文)」(『古文書와 両班社会』一潮閣、二〇〇二年、初出は一九九七年)
――「(古文書 용어풀이) 告身」(『古文書研究』二二、二〇〇三年)
鄭善英「朝鮮初期 冊紙에 관한 研究」(『書誌学研究』一、一九八六年)
――「고문서의 紙質」(『古文書研究』二〇、二〇〇二年)
趙美恩「朝鮮時代 王世子 代理聴政期 文書 研究」(『古文書研究』三六、二〇一〇年)
曹炯鎮「古書印出用 墨汁의 実験的 研究」(『書誌学研究』一九、二〇〇〇年)
――「古書印出用 冊紙의 実験的 研究」(『書誌学研究』二七、二〇〇四年)
千寛宇「麗末鮮初의 閑良」(『近世朝鮮史研究』一潮閣、一九七九年、初出は一九五六年)
崔根成「高麗 万戸府制에 관한 研究」(『関東史学』三、一九八八年)
崔承熙「台諫制度의 成立과 그 機能의 分析」(『朝鮮初期 言官・言論研究』서울大学校出版部、一九七六年、初出は一九七三年)
――「(改正増補版) 韓国古文書研究」(知識産業社、一九八九年、初版は一九八一年)
――「世宗朝의 王権과 国政運営体制」(『朝鮮初期 政治史研究』知識産業社、二〇〇二年、初出は一九九四年)
――「世祖代 王位의 脆弱性과 王権強化」(『朝鮮初期 政治史研究』知識産業社、二〇〇二年、初出は一九九七年)
崔鈆植「高麗時代 国王文書의 種類과 機能」(盧明鎬ほか編『韓国古代中世古文書研究』下、서울大学校出版部、二〇〇〇年)
崔在晋「高麗末 軍制의 運用에 관하여――元 干渉期를 中心으로――」(『東西史学』一、一九九五年)
崔貞煥「朝鮮前期 禄俸制의 整備와 그 変動」(『高麗・朝鮮時代 禄俸制 研究』慶北大学校出版部、一九九一年、初出は一九八二年)
――『새로 본 高麗政治制度研究』(慶北大学校出版部、二〇〇九年)
崔鍾沢「麗末鮮初 地方品官의 成長過程」(『学林』一五、一九九三年)
川西裕也「高麗・朝鮮의 非告身 임명문서에 대한 고찰」(『藏書閣』二七、二〇一二年)
韓永愚「麗末鮮初 閑良과 그 地位」(『朝鮮前期社会経済研究』乙酉文化社、一九八三年、初出は一九六九年)
韓㳓劤「勲官『検校』考――그 淵源에서 起論하여 鮮初 整備過程에 미침――」(『震檀学報』二九・三〇、一九六六年)
河炫綱「高麗地方制度의 研究」(『韓国中世研究』一潮閣、一九八八年)
韓成周「조선초기 受職女真人 연구――세종대를 중심으로――」(『朝鮮時代史学報』三六、二〇〇六年)

韓忠熙『조선초기의 정치제도와 정치』（啓明大学校出版部、二〇〇六年）
韓亨周「朝鮮 世祖代의 祭天礼에 대한 研究——太・世宗代 祭天礼와의 비교・검토를 중심으로——」（『震檀学報』八一、一九九六年）
韓嬉淑「朝鮮初期의 伴倘」（『歴史学報』一一二、一九八六年）
許興植「仏教와 融合된 王室의 祖上崇拝」（『高麗仏教史研究』一潮閣、一九八六年、初出は一九八三年）

中国語文献（ピンイン順）

丁明夷「霊石県発現的宋代抗金文件」（『文物』一九一、一九七二年）
鞠徳源「明清誥勅命文書簡述」（故宮博物院明清档案部編『清代档案史料叢編』七、中華書局、一九八一年）
張帆「元朝詔勅制度研究」（『国学研究』一〇、二〇〇二年）
照那斯図「元八思巴字篆書官印輯存」（『文物資料叢刊』一、一九七七年）
——「八思巴字篆体字母研究」（『中国語文』一五七、一九八〇年）
——「関于元統二年正月八思巴字聖旨抄件漢訳中的若干問題」（『内蒙古大学学報』一九九五-三、一九九五年）

データベース（가나다順）

국가기록유산（문화재청）　http://www.memorykorea.go.kr
규장각한국학연구원（서울대학교）　http://e-kyujanggak.snu.ac.kr/
왕실도서관 장서각 디지털 아카이브（한국학중앙연구원）　http://yoksa.aks.ac.kr/main.jsp
한국고문서자료관（한국학중앙연구원）　http://archive.kostma.net
한국사데이터베이스（국사편찬위원회）　http://history.go.kr/front/dirservice/dirFrameSet.jsp

初出一覧

本書は、九州大学大学院人文科学府に提出し、二〇一二年二月、学位を授与された博士論文「高麗末・朝鮮初における任命文書と国家」に加筆・修正を行ったものである。

序　章　第一節は「朝鮮時代古文書の伝来論的研究の現状と課題」(『韓国朝鮮文化研究』一二、東京大学大学院人文社会系研究科韓国朝鮮文化研究室、二〇一三年)第二節を改編、本章第三節以降は新稿

第一章「『頤斎乱藁』辛丑日暦 소재 麗末鮮初 고문서에 대하여」(『古文書研究』三六、韓国古文書学会、二〇一〇年)

第二章「高麗末・朝鮮初における任命文書体系の再検討」(『朝鮮学報』二二〇、朝鮮学会、二〇一一年)

第三章「朝鮮初期における官教文書様式の変遷――頭辞と印章を中心として――」(『朝鮮学報』二〇五、朝鮮学会、二〇〇七年)

第四章「고려말기 元 任命箚付 体式의 수용――「金天富箚付」의 검토――」(『古文書研究』三五、韓国古文書学会、二〇〇九年)

第五章「朝鮮初期における文武官妻封爵の規定と封爵文書体式の変遷」(『年報朝鮮学』一二、九州大学朝鮮学研究会、二〇〇九年)

終　章　新稿

あとがき

私は、学部時代から博士課程にいたるまでの実に長い間、九州大学文学部の朝鮮史学研究室にお世話になった。幼い時分から歴史好きだったので、高校生の頃には、大学では日本史か東洋史を勉強したいと漠然と考えていたが、まさか自分が朝鮮史学を専攻することになり、これほど長期間にわたって関係をもつとは露ほども思わなかった。

朝鮮史学研究室の存在を知ったきっかけは、大学入学式の直後に開かれた研究室ガイダンスである。当初関心を持っていた日本史学研究室を訪れたついでに、同じ階にあった朝鮮史学研究室を覗いたのだが、そのときは、変わったことをやっている研究室もあるなぁ、という印象を抱いただけだった。しかし、その後、授業で朝鮮史の講義を聴いたり、書店や図書館で韓国・朝鮮関係の本を眺めるうちに、次第に朝鮮史学に興味を持つようになっていった。

学部一回生の終わりに専攻を決定する際はずいぶん悩んだが、博多から釜山までフェリーでわずか三時間という距離の近さや、日本とりわけ九州との歴史的関係の深さなどから、九州大学で朝鮮史を学ぶことの意義は大きいと思い、結局、朝鮮史学を専攻することにした。

その当時は「韓流」など影も形もない頃だったため、朝鮮史学研究室の所属学生は、学部生と大学院生あわせて一〇名ほどにすぎなかった。史料購読のゼミでは、すぐに担当の順番が回ってきてしまうため、準備に苦労したが、研究室の机や蔵書を自由に使ったり、先生方や先輩・後輩と密に接することができたのは、少人数研究室ならではの利点だったと思う。

学部時代には、濱田耕策先生による『三国史記』と『桂苑筆耕集』、六反田豊先生による『備辺司謄録』、九州産業大学より出講されていた長節子先生による『成宗実録』の講読の授業を受けた。漢文読解も朝鮮語能力も未熟であり、毎回の授業についていくのは相当に大変だったが、分からない部分をとにかく先輩に聞きながら、何とかやり過ごしていたことを思い出す。三国時代から朝鮮後期にいたる文献史料の読解の基礎力をつけることができたのは、三先生の指導の賜物と感じている。

卒業論文にとりくむ過程で、高麗や朝鮮初期の史料をあれこれとめくったが、特に古文書からは当時の人々の息づかいが感じられるように思い、いつしかその魅力に惹かれていった。本論でもすでに述べたが、この時期の古文書についてはそれほど研究が進んでおらず、これまでとは異なる角度から高麗・朝鮮初期の歴史像を描くことができるのではないかとも考えた。修士課程以降、古文書学という、韓国の研究者からも珍しがられるテーマを選ぶようになったのは、こうした理由による。

大学院に進学すると、九州大学に着任されたばかりの森平雅彦先生に指導教員となって頂いた。以後、先生には現在にいたるまでご指導頂いているが、ご自身の研究にも学生への教育にも全力で取り組まれる先生の態度には常々敬服させられ、また私の目標とするところである。先生のゼミでは、『櫟翁稗説』や『吏文』、『高麗図経』といった文献を講読したが、一言一句をおろそかにせず、史料の裏の裏まで徹底的に深く読みこむ姿勢をはじめとして、実に多くの事柄を学ばせて頂いた。論文の添削指導では、論理の展開から細かな文章表現にいたるまで懇切にご指導下さった。曲がりなりにも博士論文が形になり、本書が刊行されるにいたったのは、何より先生のご助力のお蔭である。心から感謝申し上げたい。

また、副指導教員の濱田耕策先生は、私の研究に対する助言はもちろん、健康や財政面にも色々と気遣って下さった。ご多忙な折にも決してユーモアを忘れない先生の温かい態度には常に励まされ、元気づけられた。大学院では、朝鮮史のみならず、日本史や東洋史のゼミ・研究会にも参加することになった。九州大学文学部の特徴として、研究室間の敷居が低く、所属専攻以外の研究室に、気軽に足を運ぶことができるという点があげられるが、これは自身の研究の視野を広げる上で非常に有益なことだったと感じる。

佐伯弘次先生が主催する世宗実録研究会は、『世宗実録』日本関係記事の輪読会であり、桑野栄治・伊藤幸司・押川信久・李泰勳・松尾弘毅・荒木和憲の各先生・先輩方が参加されていた。隔週で開催される研究会の席上では、朝鮮史研究者と日朝関係史研究者による非常に水準の高い議論が活発に交わされており、この研究会への参加は、私にとって東アジア史の一環としての朝鮮史という問題を考える契機となったように思う。

東洋史の舩田善之先生のゼミでは、元代の石刻史料や法律書を講読し、元代史に関する基礎知識を得ることができた。モンゴル語の語彙や文法が混在する史料の読解には苦労したが、このときの経験は高麗・朝鮮時代の古文書を研究する上で大変役に立った。

博士課程在学中の二〇〇九年には、一年間、韓国京畿道にある韓国学中央研究院に客員研究員として滞在する機会を得た。研究院は多くの優れた古文書学研究者を輩出しており、また同院に附属する蔵書閣には朝鮮時代の古文書が多量に所蔵されている。私にとってはまさしく憧れの場所であった。

研究院では、ソウル大学校の名誉教授である朴秉濠先生、国史編纂委員会より出講されていた金炫栄先生のゼミに参席することを許された。朴秉濠先生の授業では、草書体で書かれた朝鮮後期の社会経済史関連の古文書を講読し、金炫栄先生の授業では、『典律通補』別篇に列挙された公文書を詳細に輪読した。両先生のゼミは、朝鮮時代の古文書全般についてじっくりと眺めなおす好機となり、実に有意義でありがたいものだったと感じている。

また、古文書学を専攻する多くの研究員や大学院生と親しく接したことも忘れられない。特に、蔵書閣の研究員であった沈永煥・朴成鎬の両氏とは、専門分野が近いこともあり、時には研究会の席上で、時には酒席上で様々な話を深く交わし、大いに触発された。

在外研究の受入先となって頂いた辛鐘遠先生には、しばしば登山に誘って頂いたが、これは非常によい気分転換となった。また、安承俊先生は史料閲覧に便宜を図って下さり、李建植先生は貴重な史料をご教示下さった。その他にも多くの方々にお世話になったが、韓国学中央研究院での在外研究は大変実り豊かなものだったと思う。

二〇一一年には、博士論文を書き上げ、九州大学大学院人文科学府に提出した。論文の審査には、森平雅彦先生が主査、濱田耕策・川本芳昭・坂上康俊・舩田善之の各先生が副査としてあたって下さり、口頭試問の際、適確かつ有益なご指摘を賜った。

現在、私は、六反田豊先生に受入教員となって頂き、日本学術振興会の特別研究員として東京大学大学院人文社会系研究科の韓国朝鮮文化研究室に所属している。多くの朝鮮史研究者に囲まれ、毎週のように朝鮮史関係の研究会が開かれている環境は実に新鮮であり、刺戟を受ける毎日である。この好機を活かして、さらに自分の研究を進展させることができればと考えている。

最後に、学業や進路に対してほとんど口を挟むことなく、自由に生き方を選ばせてくれた両親に感謝したい。

二〇一三年一二月

川西裕也

本書に収めた各章の研究を進めるにあたり、韓国国際交流財団の韓国専攻大学院生奨学金・在韓研究フェローシップ、および日本学術振興会の科学研究費補助金（特別研究員奨励費）による研究助成を受けた。本書の刊行に際しては、第三回九州大学人文学叢書における助成公布を得、それに関して九州大学大学院人文科学研究院からの支援を受けた。また、九州大学出版会の尾石理恵氏には本書の編集の細部にわたってご助力を頂いた。関連各位に厚く感謝申しあげます。

索　引

あ

い

う

え

お

か

き

こ

さ

し

そ

た

ち

つ

て

ひ

ふ

へ

ほ

れ

ろ

わ

著者紹介

川 西 裕 也 (かわにし ゆうや)

1981 年生まれ。2003 年, 九州大学文学部卒業。2006 年, 九州大学大学院人文科学府修士課程修了。2011 年, 同博士課程単位取得退学。2012 年, 九州大学大学院博士号（文学）取得。現在, 日本学術振興会特別研究員（PD）。

主要論文

「朝鮮初期における官教文書様式の変遷――頭辞と印章を中心に――」(『朝鮮学報』205, 2007 年)

「高麗末・朝鮮初における任命文書体系の再検討」(『朝鮮学報』220, 2011 年)

「高麗・朝鮮의 非告身 임명문서에 대한 고찰」(『장서각』27, 2012 年)

「朝鮮時代古文書の伝来論的研究の現状と課題」(『韓国朝鮮文化研究』12, 2013 年)

九州大学人文学叢書 5

朝鮮中近世《ちょうせんちゅうきんせい》の公文書《こうぶんしょ》と国家《こっか》

――変革期の任命文書をめぐって――

2014 年 3 月 31 日　初版発行

著　者　川　西　裕　也

発行者　五十川　直　行

発行所　一般財団法人　九州大学出版会

〒 812-0053　福岡市東区箱崎 7-1-146
九州大学構内

電話　092-641-0515（直通）

URL　http://kup.or.jp/

印刷・製本　大同印刷株式会社

ISBN978-4-7985-0122-2

「九州大学人文学叢書」刊行にあたって

九州大学大学院人文科学研究院は、人文学の研究教育拠点としての役割を踏まえ、一層の研究促進と研究成果の社会還元を図るため、出版助成制度を設け、「九州大学人文学叢書」として研究成果の公刊に努めていく。

1　王昭君から文成公主へ——中国古代の国際結婚——
藤野月子（九州大学大学院人文科学研究院・専門研究員）

2　水の女——トポスへの船路——
小黒康正（九州大学大学院人文科学研究院・教授）

3　小林方言とトルコ語のプロソディー——一型アクセント言語の共通点——
佐藤久美子（長崎外国語大学外国語学部・講師）

4　背表紙キャサリン・アーンショー——イギリス小説における自己と外部——
鵜飼信光（九州大学大学院人文科学研究院・准教授）

5　朝鮮中近世の公文書と国家——変革期の任命文書をめぐって——
川西裕也（日本学術振興会特別研究員（ＰＤ））

6　始めから考える——ハイデッガーとニーチェ——
菊地惠善（九州大学大学院人文科学研究院・教授）

以下続刊

九州大学大学院人文科学研究院